Die
industriellen und landwirtschaftlichen
Haftpflichtversicherungsverbände.

Von

Dr. iur. Paul Moldenhauer,
Dozent der Versicherungswissenschaft an der Handelshochschule Köln.

Berlin 1907.
J. Guttentag, Verlagsbuchhandlung,
G. m. b. H.

Herrn Geheimen Regierungsrat

Dr. von Böttinger

Mitglied des preußischen Abgeordnetenhauses

gewidmet

vom Verfasser.

Vorwort.

Der starke Zug nach genossenschaftlichem Zusammenschluß, der unser ganzes Wirtschaftsleben durchzieht, macht sich auch in dem Versicherungswesen, wo er eigentlich nie ganz gefehlt hat, wieder stärker geltend. Aber diesen auf genossenschaftlicher Grundlage errichteten Versicherungsunternehmungen wird von den Versicherungsgesellschaften die Existenzberechtigung abgesprochen, da sie nicht in der Lage seien, dauernd die Versicherung zu billigeren Prämien zu gewähren und nicht die nötige Sicherheit für die Erfüllung ihrer Verbindlichkeiten böten. Wie man diese Bedenken gegenüber den kleinen Sterbekassen, den Ortsviehversicherungsvereinen, den neuen Gründungen auf dem Gebiet der Feuerversicherung geltend macht, so auch gegenüber den Haftpflichtversicherungsverbänden. Da sich aber gerade in letzter Zeit die Errichtung industrieller und landwirtschaftlicher Haftpflichtversicherungsverbände mehrt, unterstützt durch die Novelle zu den Unfallversicherungsgesetzen von 1900, hielt ich es für eine dankenswerte Aufgabe, der bisherigen Entwickelung dieser Verbände nachzuspüren, ihre heutige Verbreitung und ihre Einrichtungen darzustellen und die gegen sie erhobenen Vorwürfe einer kritischen Betrachtung zu unterziehen. Im wesentlichen war ich dabei auf das von den Verbänden mir gelieferte, leider stellenweis recht unvollständige Material angewiesen. Trotzdem glaube ich ein zutreffendes Bild von der heutigen Lage geben zu können, das den Schluß gestattet, daß weder die von der einen Seite geäußerten Bedenken, noch die von der anderen gepriesenen Vorzüge sich in vollem Umfang aufrechterhalten lassen. Nicht dem Haftpflichtversicherungsverband schlechthin, wohl aber dem unter bestimmten Voraussetzungen errichteten und mit bestimmten Kautelen versehenen muß man eine Existenzberechtigung zuerkennen. Ein Verdrängen der Haftpflichtversicherungsgesellschaften halte ich dabei weder für möglich noch für wünschenswert.

Köln, im Juli 1907

Paul Moldenhauer.

Inhaltsverzeichnis.

Einleitung.

§ 1.

Gegenseitige und Unternehmerversicherung.

Aus zwei Wurzeln hat sich das Versicherungswesen entwickelt: einmal aus der gegenseitigen Unterstützung, die ein Ausfluß verwandtschaftlicher oder gesellschaftlicher oder beruflicher Zusammengehörigkeit war, und zweitens aus dem Streben, aus dem Unterschied zwischen den geforderten Beiträgen und den zu zahlenden Entschädigungssummen einen Gewinn zu erzielen.

Einen Keim zur Versicherung haben wir also bereits in dem Eintreten der Familie für einen durch irgend einen Zufall geschädigten Angehörigen derselben zu erblicken[1]). Kein Vertrag sah eine solche Unterstützung vor, sondern sie erklärt sich einfach aus der verwandtschaftlichen Zusammengehörigkeit. Jahrhunderte lang ist dies die einzige Form der Unterstützung gewesen. An Stelle der Familie tritt mit der Zeit der weitere Verband der Sippe. Aber langsam zergehen diese verwandtschaftlichen Verbände, ihre Funktionen werden von künstlichen übernommen, den Gilden. Sie umfaßten örtlich die gesellschaftlich oder beruflich (Zünfte) einander nahestehenden Personen. Ihre Zwecke sind mannigfaltig, aber zu ihnen gehört auch die Fürsorge für den von einem Unglück betroffenen Genossen. Freilich nicht mehr in dem vollen Umfang, wie Familie oder Sippe einzutreten pflegte. Bestimmte Ereignisse (Tod, Brand, Gefangenschaft) sind es, die eine Unterstützung hervorrufen. Bald schon beginnt man für diese Unterstützungen besondere Einrichtungen, besondere Kassen zu schaffen, so eine Totenkasse oder Sterbelade, in die Einlagen gemacht werden müssen, um bei Sterbefällen eine Unterstützung, die allmählich auch in ihrem Umfang im voraus bestimmt wird, zu gewähren, oder eine Brandkasse oder eine Viehlade zum Ersatz gestorbenen oder gestohlenen Viehes, oder eine Kasse, um dem schiff-

1) Vgl. R. Ehrenberg Studien zur Entwickelungsgeschichte der Versicherung. Zeitschrift für die gesamte Versicherungswissenschaft, Bd. 1, S. 101 ff.

brüchig Gewordenen aufzuhelfen oder das Lösegeld für einen in Gefangenschaft geratenen Zunftbruder aufzubringen. Damit ist aber der Übergang zur Versicherung gegeben, d. h. zur Vorsorge für einen zufällig eintretenden Vermögensbedarf durch Verteilung desselben auf eine Mehrheit von Personen. Auch unabhängig von Gilden oder Zünften entstehen solche Kassen, indem sich dann der Zusammenschluß lediglich in der Versicherung erschöpfte. So sind aus dem Altertum die collegia tenuiorum (Begräbnisvereine), die Soldatenvereine, die Verbände jüdischer Eselstreiber zum Ersatz von gestohlenen oder von wilden Tieren zerrissenen Eseln, aus späterer Zeit die Brandgilden, die sich in Deutschland namentlich in Holstein und der Weichselniederung bildeten, zu erwähnen. Allen diesen Versicherungseinrichtungen ist gemeinsam, daß sie lokal begrenzt sind und sich nur auf gesellschaftlich oder beruflich einander nahestehende Personen erstreckten. Es sind primitive Einrichtungen, die für die Weiterentwickelung der Versicherung zunächst nur eine untergeordnete Bedeutung gehabt haben. Diese ist vielmehr in erster Linie auf die Unternehmerversicherung zurückzuführen.

Das Grundelement der Unternehmerversicherung ist ein spekulatives. Ein Unternehmer schließt mit einer größeren Anzahl von Personen Verträge ab, durch die er sich verpflichtet, jedem einzelnen den durch bestimmte unvorhergesehene Ereignisse eintretenden Vermögensbedarf zu decken. Dafür müssen ihm die Gegenkontrahenten, die Versicherten, von vornherein eine bestimmte Geldleistung machen. Letztere ist so berechnet, daß sie nicht nur ausreicht die Schäden zu decken, sondern noch ein Überschuß dem Unternehmer als Gewinn verbleibt. Das Risiko des Unternehmers besteht darin, daß die Schäden die Beiträge, Prämien, übersteigen. Der erhoffte Gewinn bietet das Äquivalent für diese Möglichkeit. Den Versicherten kann der Ausgang gleichgültig bleiben, sie bezahlen ihre feste Prämie, ob nun der Unternehmer mit Gewinn oder mit Verlust arbeitet. Für den Unternehmer ergibt sich nun die Notwendigkeit, möglichst sorgfältig die Prämien zu berechnen. Er darf sie nicht zu niedrig ansetzen, sonst schneidet er mit Verlust ab. Er darf sie aber auch nicht zu hoch bemessen, sonst verliert die Versicherung ihren Reiz für die Versicherten oder die Konkurrenz tut ihm Eintrag. Diese Notwendigkeit einer rationellen Prämienbemessung führt aber zu der Erkenntnis von den Voraussetzungen eines vernünftigen Versicherungsbetriebes und damit zur Ausbildung der Versicherungstechnik. So ist die

Entstehung der Versicherungstechnik und damit die gedeihliche Entwickelung des Versicherungswesens in erster Linie der Unternehmerversicherung zu verdanken.

Diese entsteht zunächst in der Seeversicherung. Hier fehlen die Voraussetzungen einer gegenseitigen Unterstützung, wie wir sie auf anderen Gebieten gesehen haben. Nur wenige treiben das gefährliche Geschäft des Seehandels, es besteht keine natürliche Gefahrengemeinschaft, wie Familie, Sippe und Gilde sie bilden. Schon das Altertum hatte den Seehandel durch ein spekulatives Geschäft, das Seedarlehen, unterstützt, durch das ein Kapitalist sich an dem Unternehmen beteiligte gegen das gewöhnliche Maß weit übersteigende Zinsen, dafür aber mit der gefährlichen Abmachung, daß das Darlehen bei unglücklichem Ausgang der Seefahrt nicht zurückzuzahlen sei. Aus dem Seedarlehen hat sich dann die Seeversicherung im Laufe des 14. Jahrhunderts in Italien entwickelt. Die großen Bankiers und Darlehensgeber waren es auch hier, die gegen im voraus zu entrichtende Prämie eine bestimmte Summe zu zahlen versprachen, wenn das Schiff unterging. Die Häufigkeit der Abschlüsse, die Entwickelung einer Assekuranzbörse förderte die Ausbildung der Versicherungstechnik. Man gewann Grundlagen für eine rationelle Prämienberechnung, es entsteht die moderne Versicherungsunternehmung. Sind es zunächst Einzelunternehmer, die das Geschäft betreiben, Privatassekuradeure, so werden sie doch vom Beginn des 18. Jahrhunderts an mehr und mehr durch die Hauptform der heutigen Unternehmerversicherung, die Versicherungsaktiengesellschaft, verdrängt.

Durch diese Entwickelung der Unternehmerversicherung erhält aber auch die gegenseitige neue Impulse. Sie ahmt die Technik der ersteren nach, strebt über ihre engen lokalen Grenzen hinaus und entwickelt sich im Laufe des 19. Jahrhunderts zu dem heutigen großen Versicherungsverein auf Gegenseitigkeit. Äußerlich, in seiner ganzen Geschäftsgebarung, wird er der Aktiengesellschaft so ähnlich, daß viele Versicherte sich im unklaren befinden, ob sie bei einer Aktiengesellschaft oder bei einem Versicherungsverein a. G. versichert sind. Um so größer wird die Ähnlichkeit, als in der Lebensversicherung die Aktiengesellschaft dazu übergeht, die Versicherten in immer steigendem Maße an dem Gewinn zu beteiligen, während bei den gegenseitigen Unternehmungen die Nachschußpflicht der Versicherten selten praktisch, ja neuerdings immer mehr eingeschränkt wird. Auf anderen Gebieten tritt der Gegensatz schärfer hervor, so in der Hagelversicherung. Hier treten die Nachschüsse sehr häufig, fast regelmäßig ein, schwanken aber natürlich in ihrer Höhe entsprechend dem Umfang der Hagelschäden. Hier stehen sich die Versicherten bei den Aktiengesellschaften mit ihren festen Prämien in guten Jahren schlechter, in schlechten besser als die Versicherten der gegenseitigen.

Aber neben den großen gegenseitigen Unternehmungen, die sich an jedermann wenden, deren Versicherte sich aus allen Gesellschaftsständen und Berufsklassen rekrutieren, haben sich jene alten Einrichtungen erhalten, deren Mitglieder durch gleiche berufliche oder soziale Interessen zusammengehalten werden. Neben der großen Lebensversicherungsbank a. G. bestehen die zahllosen kleinen Sterbekassen, neben der Viehversicherungsgesellschaft die in die Tausende zählenden Ortsviehversicherungsvereine. Teils haben diese kleinen Vereine ein ehrwürdiges Alter, teils sind sie neueren Ursprungs, ja die neueste Zeit zeigt eine starke Tendenz zur Gründung solcher kleinen genossenschaftlichen Versicherungsvereine. Die Gründe sind verschieden. Als Hauptgrund ist jedenfalls der starke Zug zu genossenschaftlichem Zusammenschluß anzusehen, der unsere Zeit durchzieht und in der Entwickelung des Kartellwesens nach oben, in der Entwickelung des Genossenschaftswesens nach unten seinen Ausdruck findet. Dazu kommt die im Versicherungswesen fortschreitende Kartellierung, die den Interessenten es nahe legt, durch eigenen Zusammenschluß sich von den großen Versicherungsgesellschaften unabhängig zu machen. Dazu dann manche falsche Auffassung von den Grundlagen der Versicherungstechnik, manche Irrtümer über die übertriebenen Gewinne der Versicherungsgesellschaften, manch persönlicher Ehrgeiz, der in der Gründung eines eigenen Versicherungsvereins seine Befriedigung sucht. Auch der Wunsch mancher wirtschaftlichen Verbände, durch Einrichtung einer eigenen Versicherungsorganisation den Mitgliedern etwas Besonderes zu bieten und sie dadurch fester an den Verband zu fesseln, spielt hier mit hinein. Es wäre aber falsch, aus diesen Nebenmotiven die ganze Entwickelung zu erklären. Zu den Gebieten nun, in denen neben den Aktiengesellschaften und den großen Versicherungsvereinen sich sehr lebhaft die Tendenz nach einer Versicherung auf genossenschaftlicher Grundlage — die Rechtsform, in der dies geschehen soll, kommt hier nicht in Betracht — geltend macht, gehört auch die Haftpflichtversicherung. Namentlich in der Großindustrie und der Landwirtschaft mehren sich die Gründungen von Jahr zu Jahr, so daß es angebracht erscheint, diese Vorgänge einer objektiven und kritischen Betrachtung zu unterziehen. Die zahlreichen Haftpflichtversicherungseinrichtungen der Hausbesitzervereine sollen dagegen außer Betracht bleiben. Sie nehmen insofern eine besondere Stellung ein, als sie sich auf eine ganz bestimmte Gefahr — die Haftpflicht des Hausbesitzers — beschränken und nicht wie jene eine Ergänzung der reichsgesetzlichen Unfallversicherung bilden.

I. Die Entwickelung der industriellen und landwirtschaftlichen Haftpflichtversicherungsverbände [1]).

§ 2.

Das Haftpflichtgesetz von 1871 und seine Wirkungen.

Um dem Arbeiter gegenüber den durch Großbetrieb und Maschinentechnik erhöhten Unfallgefahren einen wirksameren Schutz zu gewähren als ihn bisher das gemeine Recht geboten hatte, wurde am 7. Juni 1871 das Gesetz betr. die Verbindlichkeit zum Schadenersatz für die bei dem Betriebe von Eisenbahnen, Bergwerken u. s. w. herbeigeführten Tötungen und Körperverletzungen, kurz das Haftpflichtgesetz, erlassen. Es sah im § 1 vor, daß für Körperverletzungen, die sich bei dem Betrieb einer Eisenbahn ereigneten, der Betriebsunternehmer hafte, sofern er nicht beweise, daß der Unfall durch höhere Gewalt oder durch eigenes Verschulden des Getöteten oder Verletzten verursacht sei. Weniger streng normierte der § 2 die Haftpflicht des Unternehmers eines Bergwerkes, Steinbruchs, Gräberei oder Fabrik; er sollte haften, auch wenn ein Bevollmächtigter oder ein Repräsentant oder eine zur Leitung oder Beaufsichtigung des Betriebes oder der Arbeiter angenommene Person durch ein Verschulden in Ausführungen der Dienstverrichtungen den Unfall herbeigeführt hatte. Es sollte ihm also entgegen den Vorschriften des gemeinen Rechtes die Einrede genommen werden, daß er bei Auswahl des Bevollmächtigten u. s. w. oder bei der Beaufsichtigung die erforderliche Sorgfalt aufgewandt hätte. Durch eine Verschärfung der Haftpflicht des Unternehmers suchte man demnach die Lage des Arbeiters zu bessern. Gleichzeitig wies man aber den Unternehmer

1) Vgl. hierzu: Manes, Die Haftpflichtversicherung, ihre Geschichte, wirtschaftliche Bedeutung und Technik, insbesondere in Deutschland, Leipzig 1902.

auf den Weg hin, wie diese ihm neu auferlegte Last zu tragen war. Es bestimmte nämlich § 4: War der Getötete oder Verletzte unter Mitleistung von Prämien oder anderen Beiträgen durch den Betriebsunternehmer bei einer Versicherungsanstalt, Knappschafts-, Unterstützungs-, Kranken- oder ähnlichen Kasse gegen den Unfall versichert, so ist die Leistung der letzteren an den Ersatzberechtigten auf die Entschädigung einzurechnen, wenn die Mitleistung des Betriebsunternehmers nicht unter einem Drittel der Gesamtleistung beträgt. In der Tat war der Weg der Versicherung der einzige, um die Last abzuwälzen, da eine Einschränkung der Bestimmungen des Haftpflichtgesetzes im Arbeitsvertrag ausdrücklich durch § 5 des Gesetzes verboten wurde.

Dieser Weg konnte aber in zwei verschiedenen Richtungen eingeschlagen werden, entweder man versicherte die Arbeiter allgemein gegen alle Betriebsunfälle, also auch solche, für die der Unternehmer nicht haftete, oder der Unternehmer versicherte ausschließlich die durch das Gesetz begründete Haftpflicht. Der erstere Modus entsprach mehr den Interessen der Arbeiter, die eine umfangreichere Versicherung erhielten, der letztere berücksichtigte ausschließlich das Interesse des Arbeitgebers, war aber wegen seiner Einschränkung natürlich billiger. Man hat beide Wege, den der Arbeiterkollektiv-Unfallversicherung und den der Haftpflichtversicherung, eingeschlagen und so ist das Haftpflichtgesetz der Anlaß zur Entwickelung der privaten Unfall- und Haftpflichtversicherung in Deutschland geworden, wenn es auch vorher schon eine Eisenbahnunfallversicherung gab und Roscher [1]) von einer am 10. Juli 1870 gegründeten allgemeinen Baugewerken-Unfallgenossenschaft in Leipzig berichtet. Das neu entstehende Versicherungsbedürfnis suchte man durch verschiedene Organisationen zu befriedigen, die teils die Haftpflichtversicherung allein oder zusammen mit ihr die Arbeiterunfallversicherung betrieben. Zum Teil waren es Versicherungsgesellschaften, die an das breite Publikum, d. h. hier die vom Haftpflichtgesetz erfaßten Unternehmer in ihrer Gesamtheit sich wandten und zwar gegenseitige und Aktiengesellschaften. Den Beginn machten die gegenseitigen, von denen bereits im Jahre des Erlasses des Haftpflichtgesetzes, also 1871, drei ge-

1) Carl Roscher, Zur Kritik der neuesten wirtschaftlichen Entwickelung im Deutschen Reich, Zittau 1876 S. 422. Es ist übrigens wahrscheinlich, daß hier ein Irrtum oder Druckfehler vorliegt. Auch Manes bezweifelt einzelne Daten bei Roscher.

gründet wurden, die Allgemeine Unfallversicherungsbank in Leipzig, die gegenseitige Lebens-, Invaliditäts- und Unfallversicherungsgesellschaft Prometheus in Berlin und die Unfallversicherungsgenossenschaft in Chemnitz. Zum Zwecke der Unfallversicherung errichtete die erstere eine Tochteranstalt, die Deutsche Unfall- und Invaliditätsversicherungsgenossenschaft in Leipzig. Aber schon im Jahre 1872 erschienen die ersten Aktiengesellschaften auf dem Plan, nämlich die Erste Deutsche Unfall- und Transportversicherungs-Aktiengesellschaft in Dresden, die Magdeburger Allgemeine Versicherungsanstalt, die Schlesische Versicherungsgesellschaft in Breslau und die Rhenania, Versicherungsaktiengesellschaft für Transport und Unfall in Köln. Diesen Gesellschaften folgten in den nächsten Jahren noch weitere, so der Allgemeine Deutsche Versicherungsverein in Stuttgart (1875) und die Kölnische Unfallversicherungs-Aktiengesellschaft (1880). Wie aus den Namen hervorgeht, wurden zum Teil auch andere Versicherungszweige, Lebens- und Transportversicherung von diesen Gesellschaften betrieben. Neben den einheimischen wirkten auch ausländische, von denen namentlich die beiden Schweizer Gesellschaften Zürich und Winterthur einen größeren Geschäftsbetrieb entfalteten.

Aber auf diese Organisationen beschränkte sich die Haftpflichtversicherung nicht. Wir sehen gleich von Anfang an, wie die Unternehmer selbst sich zu Haftpflicht- und Unfallversicherungsverbänden zusammenschließen. Bereits 1870 hatte Gallus in seiner Schrift „Das Gesetz der Haftpflicht und die Assekuranz" ausgeführt, daß als Form der Versicherung nur ein gegenseitiger Verband aller Eisenbahnen unter sich, aller Bergwerksbesitzer und aller Fabrikanten, auf welche sich das Haftpflichtgesetz bezöge, in Betracht käme. In der Tat sind es denn auch unter den ersten die privaten Eisenbahnen, die sich zur gemeinsamen Tragung der Haftpflicht 1872 zusammenschlossen. Die Versicherung sollte sich zunächst nur auf die Unfälle der Passagiere oder anderer, nicht in der Ausübung des Eisenbahnbetriebsdienstes begriffener Personen beziehen. Bis zum Betrage von 5000 Th. haftete die einzelne Bahn, außerdem trug sie von dem darüber hinausgehenden Betrag 5 %. Die Entschädigungen wurden jährlich nach dem Maßstab der abgefahrenen Personenmeilen umgelegt. Aber auch in den übrigen Industrieen ging man zur Gründung von Haftpflichtversicherungsverbänden über. Eine erschöpfende Darstellung dieser ersten Entwickelung läßt sich nicht geben, da die meisten dieser Einrichtungen nach 1884 wieder verschwunden sind, die Literatur der Jahre 1871 bis 1884, auch die der Versicherungspresse, wenig ergiebig ist. Immerhin zeigen die erhaltenen Nachrichten, daß diese Haftpflichtversicherungsverbände keine unbedeutende Rolle gespielt haben. So erwähnt Roscher bereits aus dem Jahre 1871 drei solcher, nämlich die Unfallversicherungsgenossenschaft sächsischer Steinkohlenwerke in Zwickau, eine Genossenschaft mit unbeschränkter Haftpflicht, die lediglich gegen die auf Grund des Haftpflichtgesetzes erhobenen Ansprüche Versicherung gewährte und 1873 43 Werke mit 8707 Arbeitern umfaßte, die Unfallversicherungsgenossenschaft zu Werdau mit beschränkter Haftpflicht, errichtet für die Besitzer von Spinnereien, Webereien, Appreturen, Maschinenbauanstalten, Eisengießereien, Färbereien und Gasanstalten in Werdau, und die Unfallversicherungsgenossenschaft zu Großenhain für die Mitglieder des damals 13 Personen umfassenden Fabrikantenvereins zu Großenhain. Letztere Genossenschaft übernahm 1875 auch die Versicherung gegen nichthaftpflichtige Unfälle. Ähnlich wie die Unfallgenossenschaft in Werdau war die zu Krimmitschau, 1872 gegründet, die sich ebenfalls nicht auf ein bestimmtes Gewerbe bezog, sondern für die Inhaber der in Krimmitschau und Umgebung gelegenen Spinnereien, Webereien, Appreturen, Maschinenbauanstalten, Eisengießereien, Färbereien und Gasanstalten errichtet war. Daneben finden wir wieder Haftpflichtverbände bestimmter Industrieen, so namentlich in der Textilindustrie. Man ließ zwar in der Leinwandindustrie den Gedanken an eine selbständige Haftpflichtversicherung sämtlicher Spinnereien und Webereien fallen [1]), dagegen gingen aber die Wollwarenfabrikanten mit eigenen Gründungen in Form von Lokalverbänden vor. Solche bestanden in Guben, Spremberg, Forst und Fürstenwalde. In der richtigen Erkenntnis aber, daß ein lokaler Verein schweren Schlägen nicht gewachsen wäre, suchten diese vier Vereine Rückdeckung bei der Schlesischen Lebensversicherungsgesellschaft. Auch der 1879 gegründete Unfallversicherungsverein in Gera gehörte der Textilindustrie an. Man sah den Vorteil dieser lokalen Verbände, wie aus einem Bericht des Forster Versicherungsverbandes der Wollwarenfabrikanten hervorgeht [2]), namentlich in der gegenseitigen Kontrolle. Eine große

---

1) Masius Rundschau 1872 S. 15.

2) Neumanns Zeitschrift für Versicherungswesen 1878 S. 551.

Gesellschaft habe zu große Kosten, weil der Arbeiter lange krank bleibe, der Fabrikant aber kein Interesse daran habe, ob der Arbeiter simuliere. Aus den übrigen Industriezweigen werden als besondere Gründungen erwähnt: der Unfallversicherungsverband der Rübenzuckerfabriken und der Unfallversicherungsverband der Spiritusfabrikanten, dem aber von 583 Mitgliedern nur 267 angehörten. Dagegen lehnte der Verein zur Wahrung der Interessen der chemischen Industrie eine Verbandsbildung ab [1]).

Andere Verbände suchten, ebenso wie in der Feuerversicherung, unmittelbaren Anschluß an eine große Versicherungsgesellschaft. So stand mit der Magdeburger Allgemeinen Versicherungsgesellschaft unter anderem der Deutsche Müllerverband in Verbindung. Sehr zahlreiche Gründungen zeigten sich im Baugewerbe, wo sie die Form von Genossenschaften annahmen, wie es scheint, um so der Konzessionspflicht zu entgehen. Es wird uns von solchen Gründungen, die bis ins Jahr 1872 zurückgehen, berichtet aus Chemnitz, Berlin, Leipzig, Hannover, Potsdam, Breslau, Danzig, Hamburg, Duisburg und Erfurt. Ja man plante 1876 die Gründung eines Verbandes der einzelnen Baugewerks-Unfallgenossenschaften. Das Schicksal dieser Genossenschaften scheint ein wechselvolles gewesen zu sein; an verschiedenen Stellen untersagte die Regierung den Geschäftsbetrieb, so daß auf dem Delegiertentage Deutscher Baugewerksmeister in Köln im Jahre 1880 Klage darüber geführt wurde, daß die Regierung die Bildung von Unfallversicherungsgenossenschaften der deutschen Baugewerksmeister überall sistiert habe.

Über das finanzielle Ergebnis aller dieser Haftpflichtversicherungsverbände, die sich nur auf die Industrie erstreckten, da das Haftpflichtgesetz nicht auf die Landwirtschaft ausgedehnt worden war, liegen nur wenige Mitteilungen vor. Im allgemeinen, mit Ausnahme der Bauunfallgenossenschaften, scheint es nicht ungünstig gewesen zu sein. Wir hören wenigstens von keinen Zusammenbrüchen, die die mit den großen Versicherungsgesellschaften engverbundene Fachpresse sicher verzeichnet hätte. Die Behauptung der Neumannschen Zeitschrift, auf dem Gebiete der Gegenseitigkeit begegne man mit wenigen Ausnahmen nur katilinarischen Existenzen, dürfte sich daher wohl nicht halten lassen [2]).

1) Als Quelle hierfür und die anderen Angaben Neumanns Zeitschrift der Jahre 1877—1884.

2) Jahrgang 1878 S. 201.

Als Resultat für diese Epoche 1871 bis Anfang der achtziger Jahre ergibt sich das Bestehen vereinzelter beruflicher Haftpflichtversicherungsverbände in der Industrie, deren Aufgabe die Versicherung haftpflichtiger, zum Teil auch nichthaftpflichtiger Unfälle der Arbeiter ist. Das Hauptgewicht liegt bei den großen gegenseitigen und Aktiengesellschaften.

§ 3.
Die Arbeiterunfallversicherungs-Gesetzgebung.

Das Haftpflichtgesetz von 1871 hatte sich nicht bewährt. Einmal gab es, wenn wir von den Eisenbahnbetrieben absehen wollen, nur dann dem Arbeiter einen Anspruch, wenn er ein Verschulden der Gegenseite nachweisen konnte, d. h. des Unternehmers oder dessen Bevollmächtigten, Repräsentanten u. s. w. Also nur in einem und zwar kleinen Teil der Fälle hatte er einen Anspruch. Nach der Reichsstatistik kamen von den Unfällen 1897 bei den gewerblichen Berufsgenossenschaften 17,30 % auf die Schuld der Arbeitgebers, 29,74 % auf die Schuld des Arbeiters, 4,83 % auf die Schuld des Arbeitgebers und Arbeiters zugleich, 5,31 % auf die Schuld von Mitarbeitern und anderen Personen und 42,82 % auf unvermeidliche Betriebsgefahr, höhere Gewalt, Zufälligkeit u. s. w.[1]). Nur wo der Arbeitgeber den Arbeiter auch gegen nichthaftpflichtige Unfälle versichert hatte, war dieser besser geschützt; das war aber die Minderzahl. Dazu kam ferner, daß der Arbeiter sein Recht häufig im Prozeß erstreiten mußte, da natürlich die Ansichten über die Schuldfrage oft weit auseinandergingen. Solche Prozesse, bei denen sich die Parteien gegenseitig die Schuld in die Schuhe zu schieben suchten, vergrößerten die zwischen dem Unternehmertum und der Arbeiterklasse mehr und mehr klaffende Kluft, wirkten also dem sozialen Frieden entgegen. So mehrten sich denn die Stimmen nach Reform des Haftpflichtgesetzes. 1878/79 waren fünf Anträge an den Reichstag gelangt, die eine Abänderung des bestehenden Zustandes bezweckten. Die Abänderung aber erfolgte nach der großen Idee Bismarcks durch Einführung einer Zwangsunfallversicherung der Arbeiter. An Stelle des privatrechtlichen Haftpflichtanspruches gegen den einzelnen Unternehmer, der als Voraussetzung ein Verschulden der Gegenseite hatte, trat der öffentlich-rechtliche Anspruch

1) **Klein**, Statistik der Arbeiterversicherung des Deutschen Reiches für die Jahre 1885—1904, Berlin 1906 S. 30.

gegen die in den Berufsgenossenschaften vereinigten Unternehmer, ein Anspruch, der als Voraussetzung nur den Betriebsunfall kennt, also die Schuldfrage völlig ausscheidet. 1881 legte die Regierung den ersten Entwurf vor, aus dem nach mehrfachen Abänderungen das Unfallversicherungsgesetz von 1884 entstand. Dieses erstreckte sich im wesentlichen auf dieselben Betriebe, die dem Haftpflichtgesetz unterstanden hatten. Die folgenden Jahre aber brachten schon weitere Ausdehnungen, 1885 auf das Transportgewerbe, 1886 auf die Landwirtschaft, 1887 auf die Seeleute und die noch nicht dem Gesetz unterworfenen Baubetriebe.

Welche Einwirkung hatten diese Vorgänge auf die Haftpflichtversicherung? Mit der Beseitigung des Haftpflichtanspruches des Arbeiters, der nur bei vorsätzlicher Herbeiführung des Unfalles durch den Betriebsunternehmer bestehen blieb, schien die Haftpflichtversicherung ebenso überflüssig geworden zu sein wie die private Arbeiterunfallversicherung. In der Tat liquidierten die beiden in § 2 erwähnten gegenseitigen Gesellschaften in Leipzig und die Chemnitzer Unfallversicherungsgenossenschaft, die Aktiengesellschaften dagegen wandten sich unter der Führung des fast allein als gegenseitige Unternehmung übrig bleibenden Stuttgarter Vereins, der damals vor allen anderen klar die Situation überschaute, dem noch brach liegenden Gebiet der heutigen Haftpflichtversicherung, sowie der Einzelunfallversicherung zu, und erlebten einen neuen Aufschwung. Sehr bald nahm denn auch die Zahl der Gesellschaften zu. Die industriellen Haftpflichtversicherungsverbände scheinen dagegen fast alle verschwunden zu sein, da sie ihre Aufgabe erfüllt glaubten, bis auf den Verein der privaten Eisenbahnen. Hier blieb ja die Haftpflicht gegenüber den Passagieren und sonstigen nicht im Betriebe beschäftigten, z. B. das Geleise überschreitenden Personen bestehen. In der Tat berichtet uns die Literatur der nächsten Jahre nach Erlaß des Unfallversicherungsgesetzes nichts mehr von diesen Verbänden.

Aber bald erkannte man, daß nicht jede Haftpflicht dem Betriebsunternehmer genommen worden war. Sie blieb bestehen gegenüber den im Betrieb beschäftigten, aber nicht versicherungspflichtigen Personen, z. B. Betriebsbeamten mit einem 2000 M. — jetzt 3000 M. — übersteigenden Gehalt, sofern nicht auch auf diese durch Statut die Versicherungspflicht ausgedehnt wird oder sie vom Unternehmer bei der Berufsgenossenschaft versichert werden, ferner gegenüber den auf der Betriebsstätte verkehrenden oder dieselbe passierenden Personen, gegenüber Arbeitern, die von einem andern, einer anderen Berufsgenossenschaft angehörenden Unternehmer gestellt werden, z. B. haftet der Besitzer einer Brauerei dem Monteur einer Maschinenfabrik, der in der Brauerei eine Montage ausführt, wie gegenüber einem Dritten. Dazu kam noch der Regreß der Berufsgenossenschaften gegen den Unternehmer in den Fällen, in denen durch strafgerichtliches Urteil festgestellt worden ist, daß er den Unfall durch Fahrlässigkeit mit Außerachtlassung derjenigen Aufmerksamkeit, zu der er vermöge seines Amtes, Berufes oder Gewerbes besonders verpflichtet ist, herbeigeführt hat [1]). Langsam beginnt jetzt wieder die Gründung von Haftpflichtversicherungsverbänden und zwar zunächst in der Industrie. Bereits 1885 trägt sich die Sächsische Textilberufsgenossenschaft mit dem Gedanken eines eigenen Verbandes und 1888 wird in einer Versammlung des Vereins der Rübenzuckerfabrikanten in Magdeburg angeregt, einen eigenen Haftpflichtversicherungsverband für die deutschen Zuckerfabrikanten einzurichten. Man hoffte auf eine Verbilligung der Verwaltungskosten, da die Verwaltung von den Beamten der Berufsgenossenschaft nebenamtlich geführt werden könne [2]). Hier taucht also der Gedanke auf, die Organe und Einrichtungen der Berufsgenossenschaften für die Zwecke der Haftpflichtversicherung der Unternehmer dienstbar zu machen, ein Gedanke, den man dann nicht mehr fallen gelassen und der in den verschiedensten Formen seine Verwirklichung gefunden hat. Die Anregung fiel auf fruchtbaren Boden. Man beschloß, einen eigenen Verband zu errichten, der am 1. April 1889 seine Tätigkeit aufnahm. Hieraus hat sich der heute bestehende Haftpflichtversicherungsverband für die Zuckerfabriken im Deutschen Reich (auf Gegenseitigkeit) entwickelt. 1891 folgte die Gründung der Unfallgenossenschaft der deutschen Steinindustrie, einer Genossenschaft mit beschränkter Haftpflicht. Der Name ist irreführend, es sollte hauptsächlich die Versicherung der Haftpflicht der Unternehmer der deutschen Steinindustrie Gegenstand des Geschäftsbetriebes sein. Da aber diese Haftpflicht sich auf einen Unfall gründete, wählte man den weniger korrekten Namen. Um gegen Massenunglück geschützt zu sein, sollte entsprechende Rückversicherung genommen werden. Der nächste Industriezweig, der sich einen eigenen Haftpflichtversicherungs-

1) Durch die Novelle von 1900 ist eine Erweiterung insofern erfolgt, als der Unternehmer der Berufsgenossenschaft auch ohne strafgerichtliches Urteil regreßpflichtig ist.

2) Neumanns Zeitschrift 1888 S. 540.

verband schuf, waren die Tiefbauunternehmer. Die Gründung, die wieder die Form einer Genossenschaft annahm, trat im Januar 1895 ins Leben. Wie sehr man sich damals auch anderwärts mit solchen Ideen trug, zeigt eine Notiz bei Neumann aus dem Jahre 1893, in der aus einem Artikel der Hamburger Börsenhalle angeführt wird, daß in neuester Zeit sich das Bestreben zeige, in und neben den Berufsgenossenschaften Verbände ins Leben zu rufen, welche ohne Grundkapital, ohne Vorprämie, ohne Ansammlung gehöriger Reserven lediglich durch Umlagen die Berufshaftpflicht der Unternehmer versichern wollten. Dieselbe Zeitschrift bringt 1895 den ersten großen Angriff gegen diese Neugründungen in einem Leitartikel, überschrieben: Haftpflicht-Versicherungsgenossenschaften. Von weiteren industriellen Gründungen aus der Zeit bis 1900 seien erwähnt: die Haftpflichtgenossenschaft der deutschen Glasindustrie (1898) und die Unfallhaftpflichtgenossenschaft der Besitzer von Ziegeleien und verwandten Betrieben (1898). Diese beiden eröffneten aber ihren Geschäftsbetrieb erst 1899.

In anderen Kreisen der Industrie schlug man einen anderen Weg ein. Angeregt von dem Verband der Dampfkesselfabriken, Brückenanstalten und Eisenkonstruktionswerkstätten traten im Jahre 1892 eine größere Anzahl westdeutscher Industrieller unter Führung des Abgeordneten und nachmaligen Ministers Möller-Brakwede zusammen und gründete den Haftpflichtschutzverband deutscher Industrieller. Sie bezweckten mit diesem Verbande ein Doppeltes. Einmal wollten sie auf die Beseitigung der noch bestehenden Haftpflichtreste hinwirken. Durch den späteren Geschäftsführer Professor van der Borght-Aachen wurden daher namentlich Untersuchungen über die Größe der Haftpflicht des Industriellen und über den Umfang des von den Berufsgenossenschaften genommenen Regresses angestellt. Ferner wurde eine Eingabe an den Reichstag gerichtet, in der die Beseitigung der Haftpflichtreste gefordert wurde[1]). Da man sich aber klar war, daß diese Absichten nicht so schnell verwirklicht werden konnten, man aber auch vor der Gründung eines eigenen Verbandes zurückscheute, suchte man auf die Gestaltung der Haftpflichtversicherung dadurch Einfluß zu gewinnen, daß seitens des Verbandes Normativbedingungen ausgearbeitet wurden, die die bisherigen Beschwerden der Versicherten gegen die Versicherungsbedingungen aus dem Wege

1) Vgl. Mitteilungen des Deutschen Haftpflicht-Schutzverbandes Nr. 7.

räumten. Mit einer größeren Zahl von Versicherungsgesellschaften wurden Verträge abgeschlossen, denen zufolge sich diese verpflichteten, den mit Mitgliedern des Verbandes abgeschlossenen Haftpflichtversicherungsverträgen die Normativbedingungen zu Grunde zu legen und die Mitglieder am Gewinn zu beteiligen. Ursprünglich nur für die Industrie gegründet, nahm der Verband später auch Landwirte als Mitglieder auf und änderte seinen Namen in: Deutscher Haftpflicht-Schutzverband um. Er ist schließlich über seine ersten Ziele hinausgegangen und zu einem allgemeinen Versicherungsschutzverband geworden, dem auch sein heutiger Name: Deutscher Haftpflicht- und Versicherungs-Schutzverband entspricht. Andere wirtschaftliche Verbände sind übrigens seinem Beispiel gefolgt und haben ebenfalls in dieser oder jener Form Begünstigungsverträge mit Haftpflichtversicherungsgesellschaften abgeschlossen.

Viel reger als die Industrie zeigte sich in dieser Periode die Landwirtschaft. Hatte sie in der ersten von 1871 bis 1884 gefehlt, da sich das Haftpflichtgesetz nicht auf sie bezog, so änderte sich jetzt die Sachlage dadurch, daß 1886 die Unfallversicherungsgesetzgebung auch auf die Landwirtschaft ausgedehnt wurde. Hier kam in erster Linie für eine Haftpflichtversicherung der Regreß der Berufsgenossenschaft in Betracht, dann aber die Haftpflicht für Dritten, die nicht ländliche Arbeiter waren, zugefügte Schäden, z. B. bei der Jagd. Seit Anfang der neunziger Jahre beginnt es sich zu regen[1]). Bereits 1893 trug sich die Hannoversche landwirtschaftliche Berufsgenossenschaft mit dem Gedanken, im Anschluß an ihre Einrichtungen eine besondere Haftpflichtversicherungsanstalt ins Leben zu rufen. Da aber 1894 das Reichsversicherungsamt entschied, daß die Berufsgenossenschaften nur solche Aufgaben übernehmen dürften, die ihnen reichsgesetzlich überwiesen worden seien, suchte man andere Formen. Die erste Gründung, die auf diese Weise zustande kam, war 1895 die landwirtschaftliche Unfall-Entschädigungsgenossenschaft in Sachsen-Altenburg, die von dem dortigen landwirtschaftlichen Verein ins Leben gerufen wurde. Dieser Gründung folgte 1896 der Haftpflichtversicherungsverein Sächsischer Landwirte, in Personalunion mit der Berufsgenossenschaft. Dasselbe Jahr brachte aber noch zwei weitere bedeutsame Gründungen: die Haftpflichtversicherungsanstalt für die

1) Vgl. außer den angegebenen Quellen Wygodzinski, Haftpflichtversicherung in der Landwirtschaft. Soziale Praxis Bd. 4 S. 807 ff.

Landwirte der Provinz Westfalen, errichtet vom westfälischen Bauernverein, und die Haftpflicht-Versicherungsanstalt des Hannoverschen Provinzialverbandes, errichtet von dem Provinzialverband der Provinz Hannover für die Mitglieder der Hannoverschen landwirtschaftlichen Berufsgenossenschaft und in enger Anlehnung an diese. Die folgenden Jahre brachten noch eine Reihe weiterer landwirtschaftlicher Gründungen, nämlich 1898 den Haftpflichtversicherungsverein Mecklenburgischer Landwirte in Grevesmühlen, 1899 den Haftpflichtversicherungsverein Oldenburgischer Landwirte in Oldenburg und die Haftpflichtversicherungsanstalt Weimarischer Landwirte. Aus der Mitte der neunziger Jahre stammte der Weichsel-Nogat-Haftpflichtschutzverein. Interessant ist die Entwickelung in Schleswig-Holstein. Hier entstanden von 1897 an in den einzelnen Kreisen besondere Haftpflichtversicherungsvereine, deren Manes nicht weniger als 18 aufzählt. Diese Einrichtungen haben sich aber offenbar nicht bewährt, da sie sich aufgelöst und 1906 zu dem landwirtschaftlichen Haftpflichtversicherungsverein für die Provinz Schleswig-Holstein auf Gegenseitigkeit zusammengeschlossen haben.

Auch auf anderen Gebieten finden wir in dieser Zeit zahlreiche Gründungen von Haftpflichtversicherungsvereinen, so namentlich seitens der Hausbesitzervereine seit 1889, und ferner im Gastwirtgewerbe.

§ 4.
Die Entwickelung der Haftpflichtversicherungsverbände seit 1900.

Die bereits im vorhergehenden Paragraphen erwähnten Bestrebungen, die von den Unfallversicherungsgesetzen übrig gelassenen Haftpflichtreste möglichst zu beseitigen, erhielten neue Nahrung, als im November 1896 dem Reichstag der Entwurf eines Gesetzes betr. die Abänderung der Unfallversicherungsgesetze vorgelegt wurde. So richtete der Deutsche Haftpflicht-Schutzverband eine dahinzielende Eingabe an den Reichstag [1]. Aber die Reichstagskommission wollte nicht so weit gehen. Sie begnügte sich mit der Annahme eines Antrages, daß es den Berufsgenossenschaften gestattet sein solle, Einrichtungen zur Versicherung ihrer Mitglieder gegen Haftpflicht zu treffen. Die Beteiligung sollte aber freiwillig sein. Begründet wurde der Antrag damit, daß bei der Bildung der Berufsgenossenschaften die Hoffnung bestanden habe, sie für eine Reihe von weiteren

1) S. Anm. 1 auf S. 17.

sozialen Aufgaben nutzbar zu machen. Durch den Antrag werde den Berufsgenossenschaften, die es wünschten, ein weiteres Feld der Arbeit eröffnet [1]). Da die Tagung des Reichstages bald darauf geschlossen wurde, kam der Kommissionsbericht nicht mehr zur Verhandlung im Plenum. Aber in dem neuen Entwurf, den die verbündeten Regierungen im Januar 1900 dem Reichstag vorlegten, war jener Antrag berücksichtigt worden. Er bestimmte im § 20 — jetzt § 23 — daß die Berufsgenossenschaften berechtigt sein sollten unter Berücksichtigung der landesgesetzlichen Vorschriften Einrichtungen zur Versicherung ihrer Mitglieder gegen Haftpflicht zu treffen. Die Teilnahme sollte freiwillig sein. Soweit es sich um die Haftpflichtansprüche aus der reichsgesetzlichen Unfallversicherung handele, sollten nicht mehr als $^2/_3$ durch Versicherung gedeckt werden [2]). In der Reichstagskommission wie im Plenum gingen die Ansichten weit auseinander [3]). Die einen wollten überhaupt keine Haftpflichtversicherung, da dadurch das Verantwortlichkeitsgefühl abgeschwächt werde. Mit Recht wurde entgegnet, dann müsse man auch die private Haftpflichtversicherung verbieten, und auf die strafrechtliche Verantwortlichkeit sowie die Selbstversicherung hingewiesen. Andere wiederum wollten die Selbstversicherung beseitigen, da bei teilweiser Deckung der Anreiz zur Versicherung zu gering sei, namentlich gegenüber den privaten Gesellschaften, für die diese Einschränkung nicht bestehe. Aber auch dafür fand sich keine Mehrheit, eben mit Rücksicht auf die dadurch ermöglichte Förderung der Fahrlässigkeit. Daß diese Folgerung unlogisch war, weil man den privaten Gesellschaften die volle Versicherung gestattete, verschlug dabei nichts. Ein Teil schließlich war für Zwang, und zwar in der Form, daß die Haftpflichtversicherung für alle Mitglieder der Berufsgenossenschaft obligatorisch sein sollte, wenn es von einer Zweidrittelmehrheit beschlossen werde. Namentlich die Vertreter der landwirtschaftlichen Interessen traten für diesen Antrag ein und schränkten ihn, als er keine Mehrheit fand, auf die landwirtschaftlichen Berufsgenossenschaften ein [4]).

---

1) Reichstagsdrucksachen 1895/97 Nr. 909 S. 4532 ff.

2) Reichstagsdrucksachen 1898/1900 Anlage Bd. 4 Nr. 523.

3) Reichstagsdrucksachen 1898/1900 Anlage Bd. 6 Nr. 703 u. Stenogr. Berichte Bd. 5 S. 3662 ff. u. Bd. 7 S. 5436 ff.

4) Vgl. auch Denkschrift der landwirtschaftlichen Berufsgenossenschaften zu der Novelle des Unfallversicherungsgesetzes (Arbeiter-Versorgung 1902 S. 24 ff.). Hier wird eine fakultative Einrichtung als finanziell

In dieser Form nahm ihn auch die Kommission an. Er wurde aber vom Plenum abgelehnt, indem die Gegner ausführten, daß für die Einführung einer Zwangsorganisation kein öffentliches Interesse bestehe. Die Sorgsamen würden gezwungen, für die Nachlässigen zu bezahlen. Auch von Regierungsseite wurde der Antrag bekämpft. Es blieb schließlich bei der Fassung des Entwurfs, Freiwilligkeit und $^1/_3$ Selbstversicherung bei Ansprüchen auf Grund der Unfallversicherungsgesetze. Eine Eingabe des Unfallversicherungs-Verbandes der privaten Gesellschaften, die überhaupt die Angliederung der Haftpflichtversicherung an die Berufsgenossenschaften scharf bekämpfte, hatte an dem schließlichen Resultat nichts zu ändern vermocht.

Aber diese neue Möglichkeit, Haftpflichtversicherungsverbände zu gründen, war nicht der einzige Umstand, der die Entwickelung beeinflußte. Es kamen noch drei weitere Momente hinzu. Einmal das Inkrafttreten des Bürgerlichen Gesetzbuches, dessen gegen früher stark verschärfte Haftpflicht des Tierhalters namentlich den Landwirten den Gedanken an eine Haftpflichtversicherung näher legte. Überhaupt bewirkte im Zusammenhang mit der Einführung des neuen Rechtes die häufigere Diskussion der Haftpflichtfragen in der Öffentlichkeit, stark geschürt durch die daran interessierten privaten Gesellschaften — ich erinnere nur an die Ausnutzung der Lehrerhaftpflicht — ein größeres Interesse und Verständnis für die Haftpflichtversicherung. Das Gesetz über die privaten Versicherungsunternehmungen vom 12. Mai 1901, das am 1. Januar 1902 in Kraft trat und zum ersten Male einheitlich die Aufsicht über die Versicherungsgesellschaften regelte, kam ebenfalls dem Drängen nach Gründung eigener Haftpflichtversicherungsverbände insoweit entgegen, als es einheitliche Normen für die Versicherungsvereine auf Gegenseitigkeit aufstellte, dieser Gesellschaftsform also die erforderliche sichere rechtliche Grundlage bereitete. Das Wichtigste war, daß diese Vereine durch die Zulassung die Rechtsfähigkeit erlangten. Schließlich aber wurde die Verbandsbildung gefördert durch den Zusammenschluß der Haftpflichtversicherungsgesellschaften. Im Jahre 1900 traten die Unfall- und Haftpflichtversicherungsgesellschaften zu dem Unfallversicherungsverband zusammen, der sich im Jahre 1904 zu

äußerst gefährlich geschildert, auch gebe sie keine Gewähr für Verbilligung der Prämien. Es würde deshalb kaum eine Berufsgenossenschaft zur Beschreitung dieses gefährlichen Weges geneigt sein. Man hat allerdings später diese Bedenken beiseite geschoben.

einem Kartell auswuchs durch Aufstellen gemeinsamer Versicherungsbedingungen und Vereinbarung eines Minimaltarifes, der für die Haftpflichtversicherung teilweise starke Erhöhungen vorsah. Dem Verband traten alle Gesellschaften bis auf vier bei. Allerdings ist der Zusammenschluß ein weniger fester als der der Feuerversicherungsgesellschaften, da die Vereinbarungen sich nicht auf das alte Geschäft und die zahlreichen Begünstigungsverträge mit wirtschaftlichen Verbänden beziehen, es auch den Kartellgesellschaften gestattet ist, in Konkurrenz mit einem Outsider von den Bedingungen und Prämien abzugehen. Alle diese Vorgänge lassen es erklären, daß die industriellen und landwirtschaftlichen Haftpflichtversicherungsverbände seit 1900 einen neuen Aufschwung nehmen.

Diejenigen Berufsgenossenschaften, die zuerst von dem Recht des § 23 des Hauptgesetzes zu den Unfallversicherungsgesetzen Gebrauch machten, waren die landwirtschaftlichen. Die Landwirtschaft hatte ja schon bei den Reichstagsverhandlungen ihr Interesse an diesen Einrichtungen bekundet und eine besondere Denkschrift zu der Novelle war von den landwirtschaftlichen Berufsgenossenschaften ausgearbeitet worden, in der man für Zwangshaftpflichtversicherung eintrat. Bereits 1901 richtete die Präsidentenkonferenz der deutschen Landwirtschaftskammern an die Kammern das Ersuchen, die Vorstände der Berufsgenossenschaften zu bitten, gemäß § 23 Haftpflichtversicherungseinrichtungen zu gründen [1]). Im Februar 1903 legte der Landeshauptmann der Provinz Hessen-Nassau der Genossenschaftsversammlung eine Vorlage betr. die Errichtung einer Haftpflichtversicherungsanstalt der Hessen-Nassauischen landwirtschaftlichen Berufsgenossenschaft vor, nachdem schon bereits 1897 eine Denkschrift über diese Frage verfaßt worden war. Auch die landwirtschaftlichen Berufsgenossenschaften von Schlesien und Ostpreußen beschlossen die Gründung einer Haftpflichtversicherungseinrichtung. Weniger Interesse für solche Gründungen zeigte man naturgemäß dort, wo bereits landwirtschaftliche Haftpflichtversicherungsverbände bestanden, z. B. in Hannover, Sachsen, Sachsen-Weimar [2]). Die Verhandlungen mit dem Bundesrat, dem die Genehmigung zusteht, zogen sich längere Zeit hin, so daß erst 1905 die ersten Haftpflichtversicherungsanstalten

---

1) Neumanns Zeitschrift 1901 S. 483.

2) Protokoll über die Verhandlungen der am 8., 9. u. 10. Oktober 1903 in Detmold abgehaltenen Konferenz der deutschen landwirtschaftlichen Berufsgenossenschaften S. 39 ff.

auf Grund des § 23 errichtet wurden und zwar von den drei vorerwähnten Berufsgenossenschaften. Einen Schritt weiter taten diese, indem sie im folgenden Jahr, also 1906, einen Rückversicherungsvertrag miteinander schlossen. Eine noch weitergehende Vereinigung strebte die landwirtschaftliche Berufsgenossenschaft von Sachsen-Meiningen an. Sie wünschte eine Erörterung auf dem landwirtschaftlichen Berufsgenossenschaftstag 1906, über die Möglichkeit auf Grund des § 23 eine gemeinsame Haftpflichtversicherungseinrichtung für alle landwirtschaftlichen Berufsgenossenschaften zu errichten. Der Berichterstatter Landesrat Stöhr-Cassel war mit der Kommission der Ansicht, daß nach der jetzigen Lage der Gesetzgebung die Errichtung einer solchen Anstalt nicht zu ermöglichen sei. Er hielt aber eine solche Vereinigung auch nicht für zweckmäßig, da man dann wieder mit großen Verwaltungskosten zu rechnen habe, die man gerade durch die Anlehnung an die einzelne Berufsgenossenschaft zu vermeiden suche[1]). Zur Zeit liegen seitens der landwirtschaftlichen Berufsgenossenschaften von Reuß j. L., des Großherzogtums Hessen und des Großherzogtums Oldenburg Gesuche um Genehmigung der Errichtung einer Haftpflichtversicherungsanstalt dem Bundesrat vor.

Die gewerblichen Berufsgenossenschaften haben sich dieser Frage gegenüber weit zurückhaltender gezeigt. Der Grund liegt im wesentlichen in der Bestimmung des Gesetzes über die Selbstversicherung. So erklärt es sich, daß die bedeutungsvollste Gründung der neueren Zeit, der Haftpflichtverband der Deutschen Eisen- und Stahlindustrie, der 1904 für die Mitglieder von sieben Berufsgenossenschaften der Eisen- und Stahlindustrie gegründet wurde, die Form des Versicherungsvereins a. G. angenommen hat. Ebenso ist der 1905 gegründete Haftpflichtversicherungsverband für die Zuckerfabriken im Deutschen Reich ein Versicherungsverein auf Gegenseitigkeit, desgleichen der 1907 ins Handelsregister eingetragene Versicherungsverband Deutscher Eisenbahnen und Kleinbahnen zu Berlin. Andere Berufsgenossenschaften treten dagegen neuerdings für Gründungen nach § 23 ein. So liegt dem Bundesrat ein diesbezüglicher Antrag der Straßen- und Kleinbahn-Berufsgenossenschaft vor und die Glasberufsgenossenschaft hat beschlossen, die Haftpflicht-Genossenschaft der Deutschen Glas-

1) Protokoll über die Verhandlungen der am 15, 16. u. 17. September 1906 in Speyer abgehaltenen Konferenz der deutschen landwirtschaftlichen Berufsgenossenschaften S. 80 ff.

industrie, e. G. m. b. H., in eine Einrichtung der Berufsgenossenschaft umzuwandeln. Ebenso will die Tiefbauberufsgenossenschaft eine Haftpflichtversicherungsanstalt errichten, die wahrscheinlich an die Stelle der Unfallgenossenschaft der Deutschen Tiefbauunternehmer treten wird.

Von den Berufsgenossenschaften, die noch nicht zu eigenen Gründungen geschritten sind, haben sich am meisten mit dem Gedanken der Errichtung von Haftpflichtversicherungseinrichtungen die der Textilindustrie beschäftigt. Nach Mitteilungen des Dozenten der Versicherungswissenschaft an der Handelshochschule in Leipzig, Dr. Wörner, gehen die Bestrebungen bei der Sächsischen Textilberufsgenossenschaft bis zum Jahre der Gründung (1885) zurück und sind dann immer wieder aufgetaucht, zunächst aber durch den Abschluß eines Vergünstigungsvertrags mit der Kölnischen Unfallversicherungs-Gesellschaft (1895) zurückgedrängt worden. Erst die Kartellbewegung des Jahres 1904 ließ in der Textilindustrie den Wunsch nach einer berufsgenossenschaftlichen Selbstgründung wieder aufleben. So setzte man denn auf die Tagesordnung der am 15. Februar 1905 zu Berlin stattgefundenen Konferenz der Geschäftsführer und der technischen Aufsichtsbeamten der deutschen Textilberufsgenossenschaften die Frage: Empfiehlt sich die Gründung eines Haftpflicht-Versicherungsverbands der deutschen Textilindustrie? Der Berichterstatter Dr. Wörner hielt als Organisationsform den Versicherungsverein a. G. für am geeignetsten, empfahl aber, zunächst eine abwartende Stellung einzunehmen, bis sich die Verhältnisse bei den gewerblichen Versicherern noch mehr geklärt hätten, deren neue Tarifierung im eigenen Kreise bereits als teilweise verfehlt bezeichnet würde und deren Abänderung daher demnächst wohl zu erwarten sei. Diese Abänderung ist bald darauf vorgenommen worden. Die Konferenz beschloß, zunächst eine Umfrage über die in den letzten Jahren gezahlten Prämien und erhaltenen Entschädigungen zu veranstalten.

Andere Berufsgenossenschaften wollen sich ebenfalls noch abwartend verhalten, bis weiteres Material und weitere Erfahrung gesammelt sei, so die Seidenberufsgenossenschaft, die 1904 eine Enquete unter ihren Mitgliedern veranstaltet hatte, und die Molkereiberufsgenossenschaft. Andere haben sich dagegen direkt ablehnend verhalten, teils weil durch Begünstigungsverträge mit privaten Gesellschaften für die Haftpflichtversicherung der Mitglieder gesorgt sei, teils weil man das Gebiet für zu klein hielt (Landwirtschaftliche Berufsgenossenschaft Schaumburg-Lippe), oder weil kein Bedürfnis bestehe (Berufsgenossenschaft der Gas- und Wasserwerke; es handelt sich hier meist um städtische Werke), oder weil die Mitglieder noch durch langfristige Verträge mit privaten Gesellschaften gebunden seien, also zunächst nur ein geringer Beitritt zu erwarten sei. Diesen Gedanken führt unter anderen die Rheinische landwirtschaftliche Berufsgenossenschaft in einem Schreiben an die Landwirtschaftskammer der Rheinprovinz vom 2. Dezember 1904 aus, in dem sie ihre ablehnende Haltung begründet. Auch die Selbstversicherung wird hier wieder als Hinderungsgrund dargestellt. Um so mehr war die ablehnende Haltung begründet, als in demselben Jahr der Haftpflichtversicherungsverein des Rheinischen Bauernvereins gegründet worden ist.

II. Die bestehenden Haftpflichtversicherungsverbände.

§ 5.

Allgemeine Übersicht.

Wie schon aus der Darstellung der Entwickelung der Haftpflichtversicherungsverbände hervorgegangen ist, hat sich die Industrie und Landwirtschaft nicht immer derselben Gesellschaftsform zur Verwirklichung ihrer Absichten bedient, vielmehr finden wir eine ganze Reihe von verschiedenen Organisationen des privaten wie des öffentlichen Rechtes.

Unter den älteren Haftpflichtversicherungsverbänden erscheinen eine größere Zahl von eingetragenen Genossenschaften, fast ausschließlich mit beschränkter Haftpflicht. Daß man früher diese Form wählte, ist erklärlich, weil die Genossenschaft durch Eintragung ins Genossenschaftsregister Rechtsfähigkeit erhält, im anderen Falle man dagegen erst um besondere Verleihung hätte einkommen müssen. Nichtsdestoweniger kann die Genossenschaft nicht als die geeignete Form für eine Versicherungsunternehmung bezeichnet werden, denn ein austretendes Mitglied hat auch den Anspruch auf Herauszahlung seines Geschäftsguthabens, also eines Teiles des Genossenschaftsvermögens und sogar ein Gläubiger des Mitgliedes kann die Mitgliedschaft unter den im Genossenschaftsgesetz (§ 66) vorgesehenen Voraussetzungen aufkündigen. Dadurch wird aber die Sicherheit einer Genossenschaft gefährdet. Schon Schulze-Delitzsch hatte sich gegen Versicherungsgenossenschaften ausgesprochen [1]), aber erst durch das

1) Parisius und Crüger, Kommentar zum Genossenschaftsgesetz, Berlin 1906, S. 75.

Gesetz vom 12. Mai 1901 ist den Genossenschaften die Befugnis genommen worden, Versicherung auf Gegenseitigkeit zu treiben, diese ist vielmehr ausschließlich dem Versicherungsverein auf Gegenseitigkeit vorbehalten worden. Die Motive heben namentlich hervor, daß die sehr geringe Anzahl von Versicherungsgenossenschaften das mangelnde Bedürfnis gezeigt habe und ein solches vollends für die Zukunft zu verneinen sei, nachdem die im Gesetz im einzelnen ausgearbeitete Form der Vereine auf Gegenseitigkeit zu Gebote stehe. Auf die bereits bei Inkrafttreten des Gesetzes bestehenden Versicherungsgenossenschaften fand das Verbot aber keine Anwendung (§ 102).

Als Hauptform der Haftpflichtversicherungsverbände erscheint demnach der Versicherungsverein auf Gegenseitigkeit, der seine Rechtsfähigkeit durch die Zulassung zum Geschäftsbetrieb erhält. Er ist entweder ein größerer Verein, der ins Handelsregister eingetragen werden muß, auf den die Vorschriften des Handelsgesetzbuches entsprechend Anwendung finden und dessen Organisation der der Aktiengesellschaft nachgebildet ist (Vorstand, Aufsichtsrat und oberstes Organ an Stelle der Generalversammlung der Aktionäre), oder ein kleinerer Verein, d. h. in unserem Falle ein örtlich eng begrenzter, der den Vereinen des bürgerlichen Rechtes (BGB. §§ 24—53) nahesteht. So zählt zu den größeren Vereinen der Haftpflichtverband der Deutschen Eisen- und Stahlindustrie, zu den kleineren gehört der Haftpflichtversicherungsverein a. G. Sommersdorf und Umgebung [1]). Auch die vor 1900 gegründeten gegenseitigen Haftpflichtversicherungsverbände haben sich entsprechend der Vorschrift des § 101 des Versicherungsaufsichtsgesetzes in Versicherungsvereine a. G. umgewandelt. Die Versicherungsvereine, ebenso wie die Versicherungsgenossenschaften, unterstehen der Aufsicht des Kaiserlichen Aufsichtsamtes, wenn sie ihren Geschäftsbetrieb über einen Bundesstaat hinaus erstrecken, also namentlich die größeren industriellen, dagegen den Landesbehörden (Preußen: Regierungspräsident), wenn sie ihren Geschäftsbetrieb auf einen Bundesstaat beschränken. Das trifft auf fast sämtliche landwirtschaftliche Haftpflichtverbände zu. Eine von den übrigen abweichende Form weist die Haftpflichtversicherung des Vereins der Privateisenbahnen auf. Hier handelt es sich nicht um einen selbständigen Verein, sondern um eine unselbständige Einrichtung des Vereins der Privateisenbahnen.

1) Vgl. Veröffentlichungen des Kaiserl. Aufsichtsamtes für Privatversicherung 1903, S. 125.

Neben den privatrechtlichen Haftpflichtversicherungsverbänden finden wir dann noch eine Anzahl auf öffentlich-rechtlicher Grundlage beruhende. Hier ist zunächst die Haftpflichtversicherungsanstalt des Hannoverschen Provinzialverbandes zu erwähnen. Sie ist keine Einrichtung mit eigener Rechtspersönlichkeit, sondern Rechtsträger ist laut § 1 der Satzungen der Provinzialverband der Provinz Hannover.

Die größere Zahl der öffentlich-rechtlichen Haftpflichtversicherungseinrichtungen bilden aber die von den Berufsgenossenschaften errichteten. Wie bereits erwähnt (§ 4), gibt der § 23 des Hauptgesetzes zu den Unfallversicherungsgesetzen den Berufsgenossenschaften das Recht, Einrichtungen zu treffen zur Versicherung der Betriebsunternehmer und der ihnen in Bezug auf Haftpflicht gleichgestellten Personen gegen Haftpflicht. Die Teilnahme ist freiwillig. Soweit es sich um Haftpflichtansprüche aus der reichsgesetzlichen Unfallversicherung handelt, darf nicht mehr als zwei Drittel durch Versicherung gedeckt werden. Der Beschluß, eine solche Haftpflichtversicherungseinrichtung zu schaffen sowie die hierfür erlassenen Statuten, ebenso spätere Änderungen bedürfen der Genehmigung des Bundesrates. Diese Versicherungseinrichtungen dürfen nicht nur die Haftpflicht in die Versicherung einschließen, welche sich als Ersatzpflicht der Mitglieder gegenüber der Genossenschaft darstellt, sondern auch jede andere unmittelbare Haftpflicht, von der die Genossenschaftsmitglieder in Bezug auf den Betrieb betroffen werden [1]). Eine Frage ist, ob auch Versicherung gewährt werden kann gegen Haftpflichtansprüche, die gegen den Versicherten in anderer Eigenschaft als der des Betriebsunternehmers, z. B. als Mieter, als Radfahrer, als Familienvater wegen schuldhafter Handlungen seines Kindes erhoben werden. Molt scheint diese Möglichkeit als vorhanden anzunehmen [2]), wenn er sie auch als völlig außerhalb der von den Berufsgenossenschaften zu verfolgenden Zwecke, nämlich der Arbeiterversorgung, gelegen erachtet. Die bisher erschienenen Satzungen gehen über die Betriebshaftpflicht hinaus. So erklärt ausdrücklich der Landeshauptmann der Provinz Ostpreußen in einem Rundschreiben vom 21. Januar 1905

---

1) Vertreter der verbündeten Regierungen in den Reichstagsverhandl. 1900 (Stenogr. Berichte Bd. 5 S. 5443), ferner Kommissionsbericht (Anlage Bd. 6 Nr. 703 S. 4430). Hahn, Kommentar zum Unfallversicherungsgesetz, Berlin 1901 S. 38; von Woedtke-Caspar, Kommentar, Berlin 1901 S. 131; Öfele, Kommentar, München 1902 S. 48.

2) Molt, Zur Haftpflichtversicherung, Stuttgart 1900 S. 31.

zur Erläuterung der Satzungen der Haftpflichtversicherungsanstalt der landwirtschaftlichen Berufsgenossenschaft Ostpreußen: Es ist insbesondere gleichgültig, ob die Beschädigung, für die ein Dritter von dem Versicherungsnehmer Entschädigung verlangt, mit dem landwirtschaftlichen Betriebe in Zusammenhang steht oder nicht. Ausdrücklich wird auch auf den Einschluß der Haftpflicht für Kinder und Dienstboten hingewiesen. In der Tat enthält das Gesetz nur die eine Beschränkung, daß die Versicherung sich nur auf die Betriebsunternehmer und die ihnen in Bezug auf Haftpflicht gleichgestellten Personen erstrecken dürfe, aber keine Beschränkung hinsichtlich des Umfanges der Versicherung. Man kann auch wohl kaum aus inneren Gründen zu einem andern Schluß kommen. Denn gerade bei der Landwirtschaft, die man ja besonders im Auge hatte, sind die Grenzen zwischen Berufs- und Privathaftpflicht so flüssig, daß eine solche Beschränkung höchst unpraktisch gewesen wäre, daher auch als nicht von dem Gesetzgeber gewollt anzusehen ist. Man kann auch nicht etwa sagen, daß eine solche weitgehende Interpretation mit den Zwecken und Zielen der Berufsgenossenschaft nicht in Einklang stände. Denn es ist zu berücksichtigen, daß auch die Versicherung der Betriebshaftpflicht an sich nichts mit der Unfallversicherung der Arbeiter zu tun hat. Zu den dem Betriebsunternehmer in Bezug auf die Haftpflicht gleichgestellten Personen gehören alle diejenigen, gegen die sich der in den verschiedenen Unfallgesetzen eröffnete Regreß richten kann, d. h. außer dem Betriebsunternehmer dessen Bevollmächtigte oder Repräsentanten, Betriebs- oder Arbeiteraufseher [1]). In den Satzungen der landwirtschaftlichen Berufsgenossenschaften wird noch hinzugerechnet: der mit dem Versicherten in Familiengemeinschaft lebende, als Mitunternehmer anzusehende Ehegatte.

Eine weitere Frage ist die nach der juristischen Natur dieser berufsgenossenschaftlichen Haftpflichtversicherungseinrichtungen [2]). Wie das Gesetz sagt, handelt es sich um eine Einrichtung der Berufsgenossenschaft, also nicht um eine rechtsfähige Anstalt, ebenso wie die Unfallversicherungsanstalten der Baugewerksberufsgenossenschaften Nebeneinrichtungen der betr. Berufsgenossenschaften sind. Rechtsträger ist also die Berufsgenossenschaft. Dies wird auch in den

---

1) Hahn a. a. O. S. 38.

2) Vgl. hierzu das Referat des Landesrats Stöhr-Kassel auf der Konferenz der landwirtsch. Berufsgenossenschaften 1903 in Detmold. Protokoll S. 33 ff.

Satzungen hervorgehoben. Eigene Rechtsfähigkeit kann die Anstalt auch nicht etwa auf dem Wege des § 22 des BGB., d. h. durch staatliche Verleihung erlangen, da dann die Anstalt eben keine Einrichtung mehr wäre. Überhaupt gilt dieser Paragraph nur für private Vereine, diese aber fallen unter das Versicherungsaufsichtsgesetz, das wiederum auf Berufsgenossenschaften und ihre Nebeneinrichtungen keine Anwendung findet [1]). Es würde demnach die Berufsgenossenschaft als Rechtsträger der Haftpflichtversicherungsanstalt auch für die Schulden derselben haften. Dem steht aber entgegen, daß laut § 31 des Gewerbeunfall- und § 34 des landwirtschaftlichen Unfallversicherungsgesetzes die Beiträge der Mitglieder und das Vermögen der Berufsgenossenschaft nur zu den dort angegebenen Zwecken Verwendung finden darf. In den Satzungen steht deshalb eine Bestimmung, daß für die Verpflichtungen der Anstalt aus den Versicherungsverträgen ausschließlich die Beiträge der Betriebsunternehmer, der zu bildende Betriebs- und Reservefonds und das sonst für die Zwecke der Anstalt bestimmte Vermögen haftet. Es bleiben also nur die Ansprüche Dritter. Für diese haftet allerdings die Berufsgenossenschaft z. B. aus dem Anstellungsvertrag, den sie mit einem für die Anstalt zu gewinnenden Beamten schließt, aus Druckaufträgen für Rundschreiben und dergl. Derartige Verpflichtungen darf die Berufsgenossenschaft eben nur soweit eingehen, als sie Deckung durch die Anstalt erwarten darf. Die Aufnahme eines größeren Darlehns, um der Anstalt den Betrieb zu ermöglichen, kann unter Umständen nicht mehr hierunter fallen. Aus eigenen Mitteln kann die Berufsgenossenschaft kein Darlehen gewähren, da dem der erwähnte § 31 bezw. 34 entgegensteht. Die Satzungen bestimmen deshalb, daß in besonders verlustreichen Jahren der Genossenschaftsvorstand die Mittel durch eine besondere Anleihe beschaffen dürfe. Hierzu ist die Genehmigung des Reichsversicherungsamts einzuholen, die aber nur unter der angeführten Voraussetzung erteilt werden darf, es sei denn, daß die Geldgeber damit einverstanden sind, daß ihnen für ihre Forderung nur das Vermögen der Anstalt, nicht aber das der Berufsgenossenschaft haftet. Aber unter dieser Bedingung wird es schwer sein, das Geld zu erhalten.

Die öffentlichen Haftpflichtversicherungsanstalten fallen nicht unter das Versicherungsaufsichtsgesetz, da sich dieses nur auf die privaten

1) So auch gegen Stöhr Geheimer Regierungsrat Radtke, Berlin. Protokoll S 40.

Versicherungsunternehmungen bezieht (§ 119). Die berufsgenossenschaftlichen Haftpflichtversicherungsanstalten sind dem Reichsversicherungsamt unterstellt (§ 23 des Hauptgesetzes). Freilich hat das Reichsversicherungsamt bezw. der Bundesrat vor Genehmigung der neuen Satzungen dieselben dem Aufsichtsamt zur Begutachtung vorgelegt[1]). Dadurch wird eine einheitliche Verwaltungspraxis angestrebt, die im Gesetz selbst aber keine Grundlage hat.

A. Die industriellen Haftpflichtversicherungsverbände.

§ 6.

Der Verein der Privateisenbahnen.

Der älteste industrielle Haftpflichtversicherungsverband ist der des Vereins der Privateisenbahnen. Wie bereits früher (S. 11) erwähnt, hatten schon im Jahre 1872 die Mehrzahl der damals bestehenden deutschen Privatbahnen eine Vereinbarung über die gemeinsame Tragung der Entschädigungen für Eisenbahnunfälle getroffen. Im Jahre 1897 wurden von dem infolge zahlreicher Verstaatlichungen zusammengeschmolzenen Verein Satzungen ausgearbeitet, die im Januar 1904 abgeändert worden sind.

Mitglieder des Vereins der Privateisenbahnen können sämtliche in Deutschland ansässigen Verwaltungen von Privateisenbahnen werden. Nur die Vereinsmitglieder können der Gegenseitigkeitsvereinigung angehören. Die Entscheidung darüber, ob und unter welchen Bedingungen eine Kleinbahn in die Gegenseitigkeitsversicherung aufgenommen werden kann, unterliegt der Beschlußfassung des Ausschusses. Bevor neue Bahnen in die Versicherung aufgenommen werden, sollen ihre Verhältnisse auf ihre Kosten einer Prüfung unterzogen werden. Die Ablehnung geschieht ohne Angabe von Gründen, eine Berufung an die Hauptversammlung findet nicht statt.

Die Haftpflichtversicherungsvereinigung übernimmt die Entschädigung aus Betriebsunfällen (Tötungen, Verletzungen oder sonstigen körperlichen oder geistigen Schädigungen), welche verunglückten Passagieren und anderen bei dem Unfallereignis nicht in der Ausübung des Betriebsdienstes einer der versicherten Bahnen begriffen gewesenen Personen sowie deren Rechtsnachfolgern und Hinterbliebenen gegen eine der versicherten Bahnen auf Grund der Gesetze zustehen. Die

1) Vgl. Rundschreiben des Landeshauptmanns der Provinz Ostpreußen vom 6. März 1905 unter Ziffer 12.

Vereinigung tritt jedoch nur dann ein, wenn die zu leistenden Entschädigungen ausschließlich Regulierungskosten 1000 M. übersteigen. Für den Fall, daß der Betriebsunfall auf einem Bahnhof oder einer Bahnstrecke sich ereignet, die von einem Mitglied und einem Nichtmitglied gemeinschaftlich benutzt werden, gelten besondere Bestimmungen. In jedem Falle hat die versicherte Eisenbahnverwaltung 1000 M. und 5 % des 1000 M. übersteigenden Betrages selbst zu tragen. Um jedoch die Lasten für die Vereinigung weniger schwer zu gestalten, ist gleichzeitig eine Vereinbarung mit dem Allgemeinen Deutschen Versicherungsverein in Stuttgart getroffen worden, laut welcher die einzelnen Eisenbahnverwaltungen auch bei diesem Verein gegen Haftpflicht in dem angegebenen Umfang versichert sind. Der Stuttgarter Verein ersetzt den Mitgliedern pro Ereignis die den Betrag von 40000 M. übersteigende Summe. Jedoch hat er aus Anlaß eines Unfallereignisses nie mehr als 110000 M. zu übernehmen, während seine Ersatzpflicht für die einzelne Person auf 50000 M. beschränkt ist. Insoweit der Stuttgarter Verein haftet, besteht keine Ersatzpflicht der Vereinigung. Bei Rentenzahlungen findet keine Kapitalisierung statt, es zahlt vielmehr die Haftpflichtvereinigung so lange, bis der Gesamtbetrag der Entschädigungsquoten 40000 M. ausmacht, und dann zahlt der Stuttgarter Verein weiter, bis der Gesamtbetrag 110000 M. erreicht. Der Stuttgarter Verein tritt also bei einer Rente von 20000 M., deren Kapitalwert vielleicht 150000 M. beträgt, überhaupt nicht ein, wenn der Verletzte im zweiten Jahre nach dem Unfall stirbt. Es ist demnach kein Rückversicherungsvertrag geschlossen, sondern die einzelnen Eisenbahnverwaltungen sind direkt beim Stuttgarter Verein versichert, haben ihm gegenüber unmittelbar Rechte und Pflichten. Wirtschaftlich kommt die Sachlage natürlich auf ein Rückversicherungsverhältnis hinaus. Das Ergebnis ist also: bis zum Betrag von 40000 M. hält sich der Versicherte an die Vereinigung, für die Summe 40000 bis 150000 an den Stuttgarter Verein und für etwaige Mehrbeträge wieder an die Vereinigung. Die 5 % Selbstversicherung sind natürlich auch nur von dem auf die Vereinigung fallenden Betrag, nicht auf den für Rechnung des Stuttgarter Vereins gehenden zu berechnen.

Anzeigepflichten hat das Mitglied nicht nur gegenüber der Vereinigung (10 Tage), sondern auch dem Stuttgarter Vereine (30 Tage). Die durch Pflichtvergehungen gegenüber der Vereinigung entstandenen Nachteile hat die betr. Bahnverwaltung aus eigenen Mitteln zu decken. Sind solche Nachteile zwar nicht nachzuweisen, aber nach Überzeugung des Ausschusses eingetreten, so ist der Ausschuß befugt, die außer dem Vorweganteil von 1000 M. zur Last fallenden 5 % auf 20 % zu erhöhen, während den Stuttgarter Verein Versäumnis oder Verspätung in der Beobachtung der auferlegten Pflichten berechtigen, jede Ersatzverbindlichkeit abzulehnen. Gegen eine Entscheidung des Ausschusses steht der Bahnverwaltung die Berufung an die Hauptversammlung zu, deren Entscheidung verbindlich ist. Ausdrücklich erklären die Satzungen, daß eine Anfechtung im Rechtswege ausgeschlossen ist. Ansprüche gegen den Stuttgarter Verein können dagegen auf dem Rechtswege verfolgt werden.

Die Aufbringung der Mittel erfolgt für die Leistungen der Vereinigung durch Umlageverfahren, für die des Stuttgarter Vereins durch feste Prämie. Die Umlage erfolgt zur einen Hälfte nach dem Verhältnis der Zahl der im Jahre des Unfalls auf den einzelnen Bahnen zurückgelegten anrechnungsfähigen Wagenachskilometer, zur anderen Hälfte nach dem Verhältnis der anrechnungsfähigen Roheinnahmen jenes Jahres aus der Beförderung von Zivil- und Militärpersonen und von Personensonderzügen. Anrechnungsfähig sind die Wagenachskilometer und die Roheinnahmen bis zu 1 Million km und 100000 M. voll, über 1 bis 3 Millionen km und über 100000 M. bis 300000 M. zur Hälfte, über 3 bis zu 6 Millionen km und über 300000 M. bis zu 600000 M. zu einem Viertel und über 6 Millionen km und über 600000 M. zu einem Achtel.

Die an den Stuttgarter Verein zu zahlende feste Prämie beträgt 1 ‰ der Roheinnahmen, welche das betr. Mitglied aus der Beförderung von Zivil- und Militärpersonen, sowie von Personensonderzügen erzielt. Für diese Prämien haften die versicherten Bahnen dem Stuttgarter Verein gegenüber solidarisch. Auf die Bruttoprämie gewährt der Verein 35 % aus dem Nettogewinn, welchen er aus dieser Versicherung erzielt. Zur Feststellung des Nettogewinnes werden von der Gesamtsumme der bezahlten Prämien außer den gezahlten und reservierten Schäden 25 % als Verwaltungskosten abgezogen. Eventuelle Verluste eines Jahres werden bei den Überschußberechnungen der folgenden Jahre vorgetragen.

Der Gegenseitigkeitsversicherung gehören zur Zeit 22 Privatbahnverwaltungen an, die mit Ausnahme der Lübeck-Büchener und Eutin-Lübecker Eisenbahngesellschaft sämtlich Nebenbahnen betreiben.

Die Privatbahnberufsgenossenschaft umfaßte Ende 1905 163 Betriebe. Über die Geschäftsentwicklung, namentlich die Höhe der Schäden habe ich leider nichts in Erfahrung bringen können. Der Verein erklärte, da sich die Abwicklung des Einzelschadens unter Umständen jahrzehntelang hinziehe, stände ihm kein Material zur Verfügung.

§ 7.
Die Haftpflichtversicherungsgenossenschaften.

Unter den von Berufsgenossenschaften gegründeten Haftpflichtversicherungsverbänden, welche die Form einer eingetragenen Genossenschaft gewählt haben, ist die älteste die Unfallgenossenschaft der Deutschen Steinindustrie, eingetragene Genossenschaft mit beschränkter Haftpflicht zu Berlin, gegründet 1891. Ihr Geschäftsverkehr beschränkt sich lediglich auf die Mitglieder der Steinbruchsberufsgenossenschaft. Es können jedoch auch zur Steinindustrie (Steinbruchbetriebe, Steinmetzbetriebe, Kalk-, Zement-, Gips- u. s. w. Industrie) gehörige Vereinigungen von zwei oder mehreren Personen der Genossenschaft beitreten, auch wenn nur einer der Teilhaber der Steinbruchsberufsgenossenschaft angehört. Gegen einen die Aufnahme ablehnenden Bescheid des Vorstands steht dem Antragsteller die Berufung an den Aufsichtsrat und von da an die Generalversammlung offen.

Die Genossenschaft versichert gegen die Haftpflicht aus Unfällen, die Arbeiter oder Bedienstete im Gewerbebetrieb des Versicherten erleiden, ebenso aus Unfällen, von denen dritte Personen (Passanten) betroffen werden, sofern der Schadensfall durch den Geschäftsbetrieb des Versicherten herbeigeführt ist (Betriebshaftpflicht). Der Anspruch kann sich stützen auf die Bestimmungen der Unfallversicherungsgesetze, z. B. § 136 oder 139 des Gewerbeunfallversicherungsgesetzes, des Invalidenversicherungsgesetzes, des Haftpflichtgesetzes oder des Bürgerlichen Gesetzbuches (§§ 823 ff.) oder andere Bestimmungen des geltenden Rechtes. Den Unfällen werden gleichgeachtet Gesundheitsschädigungen der Arbeiter und Bediensteten im Gewerbebetrieb gemäß § 54 des Invalidenversicherungsgesetzes. Dies ist aber wohl so aufzufassen, daß auch Gesundheitsschädigungen eingeschlossen sind, die nur eine teilweise Erwerbsunfähigkeit hervorrufen. Der Hinweis auf das Invalidenversicherungsgesetz soll nur die Art der Ansprüche, gesetzliche im Gegensatz zu vertragsmäßigen, nicht ihren Umfang kennzeichnen.

In die Versicherung ist auf Antrag eingeschlossen die Gewährung einer Unterstützung in denjenigen Fällen, in denen ein gewerblicher Arbeiter oder sonstiger im Gewerbebetrieb Bediensteter nicht im berufsgenossenschaftlich versicherten Gewerbebetrieb, sondern anderweit im Dienste des Mitglieds, also bei Arbeiten für dessen Privatzwecke, auch auf Geschäftsreisen, ohne eigenes grobes Verschulden oder Absicht zu Schaden gekommen ist, auch wenn das Mitglied zum Ersatz dieses Schadens nicht rechtlich verpflichtet ist, wenn nicht eine Berufsgenossenschaft oder eine Krankenkasse für den Fall einzutreten hat. Hier erweitert sich also die Haftpflichtversicherung zu einer Kollektivunfallversicherung. Ersetzt werden diejenigen Beträge, welche der Verletzte erhalten haben würde, wenn die Berufsgenossenschaft für den Fall einzutreten hätte. Es kann jedoch bei Rentenzahlungen eine Abfindung bis zu 80% des Kapitalwertes der Rente gewährt werden. Schließlich versichert die Genossenschaft ihre Mitglieder gegen die Haftpflicht aus der Beschädigung fremden Eigentums, sofern diese aus Anlaß oder in Ausübung des Betriebes erfolgt. Ersetzt werden ferner die Kosten eines Strafverfahrens oder eines wegen der Haftpflicht geführten Zivilprozesses [1]). Die Schäden werden voll ersetzt mit folgenden Einschränkungen: 1) Bei Sachbeschädigung werden nur 75% und nicht mehr als 10000 M. gezahlt; 2) für Haftpflichtfälle, welche sich beim Schiffahrtsbetriebe ereignen, werden in allen Fällen seitens der Unfallgenossenschaft nicht mehr als 35000 M. für die verletzte oder getötete Person und 65000 M. für das ganze Unfallereignis gezahlt; 3) ist ein Schadensfall durch grobe Fahrlässigkeit des Betriebsunternehmers, insbesondere durch eine gröbliche Außeracht-

1) Zu den Leistungen der Haftpflichtversicherung gehören nicht nur die an den Verletzten zu bewirkenden Zahlungen einschl. der durch strafgerichtliches Urteil auferlegten Buße, sondern auch die durch die Abwehr eines unberechtigten Angriffs entstehenden Kosten, ferner die Kosten eines auf Veranlassung oder mit Zustimmung des Haftpflichtversicherers geführten Zivilprozesses. In der Regel werden auch die Kosten eines Strafprozesses ersetzt. Dagegen kann niemals zu den Leistungen gehören Ersatz von Geld- oder Ordnungsstrafen, da sonst der Zweck der Strafverfolgung vereitelt würde. Also ist es selbstverständlich, daß die Bedingungen Ersatz von Geldstrafen ausschließen, die auf das Nichtbefolgen von Bestimmungen der Arbeiterversicherungsgesetze über Anmeldung, Abmeldung u. s. w. gesetzt sind. Ob dagegen § 50 des Krankenversicherungsgesetzes pönalen Charakter hat, ist bestritten. Die Versicherungsbedingungen schließen ihn aus.

lassung der von der zuständigen Berufsgenossenschaft erlassenen Unfallverhütungsvorschriften verursacht worden, so werden nur 80% der von dem Versicherten auf Grund der §§ 136, 139 des Gewerbeunfallversicherungsgesetzes zu ersetzenden Beträgen vergütet.

Ausgeschlossen von der Versicherung sind vorsätzlich herbeigeführte Haftpflichtfälle, ferner Ersatz der Aufwendungen, die der Versicherte machen muß, weil er gegen die Bestimmungen der Versicherungsgesetze über Anmeldung, Betriebsveränderung u. s. w. verstoßen hat[1]), schließlich die Leistungen aus § 9 bis § 13 des Gewerbeunfallversicherungsgesetzes, also z. B. die von dem Betriebsunternehmer zu ersetzende Erhöhung des Krankengeldes eines durch einen Betriebsunfall verletzten Arbeiters von der 5. bis 13. Woche.

Wenn durch unrichtige Angaben im Teilnahme-Anmelde- oder Unterstützungsantrag sowie durch sonstige Übertretung der statutarischen Bestimmungen, namentlich auch in Bezug auf die deklarierten Lohnsummen absichtlich Beiträge hinterzogen werden, so tritt je nach Entschließung des Vorstands entweder der Verlust aller Ansprüche oder eine Konventionalstrafe bis zum zehnfachen Betrage der defraudierten Beitragssumme ein. Außerdem kann das betr. Mitglied ausgeschlossen werden. Dies kann auch dann erfolgen, wenn das Mitglied die vorstandsseitig erfolgte Aufforderung zu angemessener Sicherung seiner Arbeiter und Beamten ohne triftigen Grund unberücksichtigt läßt. Von eingetretenen Unfällen ist der Vorstand binnen sieben Tagen zu benachrichtigen. Der Anspruch kann auf dem Rechtswege gegen die Genossenschaft geltend gemacht werden.

Die Aufbringung der Leistungen erfolgt durch Beiträge der Mitglieder. Darüber bestimmt § 21 des revidierten Statuts: „Zur Deckung statutgemäßer Ausgaben wird von den einzelnen Genossen am Anfang jeden Geschäftsjahres eine Grundprämie erhoben, welche berechnet wird nach den im letztvergangenen Kalenderjahr von den Genossen gezahlten bezw. der Genossenschaft nachgewiesenen Gehalts- und Lohnsummen unter Berücksichtigung der Einschätzung der Betriebe in den Gefahrentarif. Die Grundprämie beträgt bis auf weiteres 1,2 ‰ der gemäß der Einschätzung der Betriebe in den Gefahrentarif beitragspflichtigen Gehalts- und Lohnsummen, mindestens aber fünf Mark.“ Bis 1903 betrug die Grundprämie 1 ‰. Für die Berechnung der Jahresbeiträge der Genossen sind in anbetracht

1) Vgl. Anm. 1 auf S. 34.

dessen, daß die Haftpflichtgefahr der Betriebe nicht im direkten Verhältnis zu ihrer Größe wächst, die Lohnsummen, d. h. die Löhne und Gehälter aller Arbeiter, Betriebs- und Kontorbeamten, wie folgt zur Anrechnung zu bringen:

bis zu	10 000 M.							voll
über	10 000 „	bis	20 000 M.	mit	90 %,	in maximo	mit	18 000 M.
„	20 000 „	„	60 000 „	„	80 „	„ „	„	40 000 „
„	60 000 „	„	120 000 „	„	70 „	„ „	„	60 000 „
„	120 000 „	„	200 000 „	„	50 „	„ „	„	80 000 „
„	200 000 „	„	300 000 „	„	40 „	„ „	„	100 000 „
„	300 000 „	„	400 000 „	„	35 „	„ „	„	120 000 „
„	400 000 „	„	500 000 „	„	30 „	„ „	„	140 000 „
„	500 000 „	„	600 000 „	„	28 „	„ „	„	160 000 „
„	600 000 „	„	700 000 „	„	27 „	„ „	„	180 000 „
		über	700 000 „	„	26 „			

Die Gefahrenziffer beträgt:

für Fabrikbetriebe und Steinhauereien	1,—
für Steinbruchbetriebe, Bergwerke, Tiefbaubetriebe	1,20
für Hochbaubetriebe	1,50

Also beträgt demnach der Beitrag für einen Steinbruch mit

$$600\,000 \text{ M. Lohnsumme } 1{,}20 \cdot 160\,000 \cdot \frac{1{,}2}{1000} = 230{,}40 \text{ M.}$$

Ein Vergleich dieser Prämie mit der des Minimaltarifes des Unfallversicherungsverbandes ist nicht möglich, da dieser die Prämie für Steinbrüche der Entscheidung der Direktion vorbehält, abgesehen davon, daß bei dem verschiedenen Umfang des Versicherungsschutzes bei beiden Parteien ein genauer Vergleich überhaupt nicht möglich wäre. Nur soviel sei erwähnt, daß nach dem Minimaltarif die Normalprämie für berufsgenossenschaftlich versicherte Betriebe beträgt: für Körperverletzung bei unbegrenzter Deckung 1,50 M. und für Sachbeschädigung 0,60 M. für je 1000 M. Jahreslohnsumme, also zusammen 2,10 M. Dabei nimmt die Prämie mit steigender Lohnsumme nicht so stark ab wie bei der Unfallgenossenschaft der Deutschen Steinindustrie. Es beträgt nämlich der Nachlaß bei einer Lohnsumme von 500 000 M. 50 % auf die Prämie, von mindestens 1 000 000 M. 60 %, während sich die oben angeführte Berechnung weit günstiger stellt. Allerdings ist zu berücksichtigen, daß auf die Prämie des Minimaltarifs folgende Rabatte gewährt werden: 10 % bei Versicherungen von mindestens zehnjähriger Dauer, 10 %, wenn die Prämie mindestens 75 M. beträgt, und 15 %, wenn die Prämie mindestens 150 M. beträgt.

Zu den Gefahrenziffern treten in gewissen Fällen Zuschläge:

a) für Anschlußgeleise mit Lokomotivbetrieb ist ein Zuschlag bis 20% zulässig;

b) für Schiffahrtsbetrieb Zuschlag bis 50%;

c) für Schießarbeit in Steinbrüchen, in deren Nähe bewohnte Baulichkeiten gelegen sind, bezw. begangene Wege vorbeiführen, oder welche an andere Brüche angrenzen, Zuschlag bis zu 20%;

d) für fehlende Einzäunung von Steinbrüchen und Gräbereien, wenn dieselben an öffentlichen Wegen oder in der Nähe solcher liegen, Zuschlag bis zu 20%;

e) für Drahtseilbahnen, sofern dieselben über öffentliche Wege gehen, Zuschlag bis zu 10%;

f) für Verstöße gegen die für den Betrieb geltenden Polizeivorschriften Zuschlag bis zu 20%.

Für die Unfallversicherung der Arbeiter wird als Zuschlag ein Zehntel der niedrigsten Gefahrenziffer genommen. Der Vorstand ist ermächtigt, für gemischte Betriebe, Nebenbetriebe und Betriebsarten, welche im Gefahrentarif nicht aufgeführt sind, selbständig die Gefahrenziffer und etwaige Zuschläge festzusetzen, sowie nach Bedarf von den Bestimmungen des Gefahrentarifes abweichende Einschätzungen vorzunehmen. Außer den Beiträgen ist ein Eintrittsgeld von 5 M. zu bezahlen.

Wenn die Beiträge zur Deckung der Leistungen nicht ausreichen, wird folgendes Verfahren beobachtet. Zunächst wird der Reservefonds bis zu einem Drittel herangezogen. Der Reservefonds wird gebildet:

a) durch einmalige Einzahlung eines Drittel vom Tausend der deklarierten Gesamtlohnsumme eines jeden Genossen,

b) durch verfallende Geschäftsanteile,

c) durch Beträge, welche dem Reservefonds durch Beschluß der Generalversammlung überwiesen werden,

d) durch den zehnten Teil des etwaigen alljährlichen Reingewinnes, welcher so lange dem Reservefonds zuzuführen ist, bis dieser mindestens die Höhe von 50000 M. erreicht hat.

Bleibt dann noch ein Fehlbetrag, so wird er auf die Mitglieder entsprechend ihren Grundprämien umgelegt. Jedoch können die Mitglieder nicht zur Zahlung eines 5‰ der der Beitragsberechnung zu Grunde zu legenden Beitragseinheiten übersteigenden Nachschusses gezwungen werden. Zur weiteren Deckung können Verwendung finden: der Rest des Reservefonds und die Geschäftsanteile der Mitglieder. Der Geschäftsanteil beträgt 15 M., ebensogroß ist die Haftsumme. Genossen, welche im Jahre vor ihrem Eintritt in die Genossenschaft an Arbeitslöhnen insgesamt mehr als 15 000 M. gezahlt haben, müssen für je angefangene weitere 15 000 M. einen weiteren Geschäftsanteil erwerben bis zu 100. Sollte auch jetzt noch sich ein Defizit ergeben, so findet eine Kürzung der Ansprüche statt.

Um jedoch diesen Gefahren zu entgehen, hat die Genossenschaft sich durch Rückversicherung gedeckt. Der zunächst mit der Allianz abgeschlossene Rückversicherungsvertrag verpflichtete diese für Schäden, die 6000 M. übersteigen, einzutreten, und zwar bis 30 000 M. pro Person, 60 000 M. pro Ereignis. Später ist der Selbstbehalt der Genossenschaft auf 10 000 M. erhöht worden. Die Allianz hat zum 1. Januar 1905 den Vertrag gekündigt, entsprechend den Abmachungen des Unfallversicherungsverbandes, der auf diese Weise die unbequeme Konkurrenz der Haftpflichtversicherungsverbände zu beseitigen oder doch einzuschränken hoffte. Der Vertrag ist dann aufs neue mit einem Outsider, dem Atlas in Ludwigshafen, abgeschlossen worden.

Über den Reingewinn hat die Generalversammlung zu verfügen, eventuell findet eine Rückvergütung der Beiträge statt.

Was die Geschäftsentwickelung angeht, so hat sich der Mitgliederstand seit 1895 auf rund 450 Mitgliedern gehalten; Ende 1905 gehörten der Genossenschaft 445 Mitglieder an, während die Steinbruchsberufsgenossenschaft 12 696 Betriebe umfaßte. Es waren also nur 3,5 % der Mitglieder der Berufsgenossenschaft bei der Unfallgenossenschaft versichert. Es ist übrigens zu bemerken, daß die Zahl der Betriebe etwas größer sein wird als die Zahl der Mitglieder, da ja ein Mitglied mehrere Betriebe besitzen kann. Die Differenz wird jedoch nicht groß sein, so daß man sie vernachlässigen kann. Bedeutend günstiger stellt sich die Sachlage, wenn wir die Lohnsummen ins Auge fassen. Nach dem letzten Geschäftsbericht waren während des Jahres 1905 versichert 475 Personen mit einer Lohnsumme von 48 300 490 M., während nach der Statistik der Amtlichen Nachrichten des Reichs-Versicherungsamtes die tatsächlich verdienten Löhne 151 679 568 M. betragen. Es fallen also auf die Unfallgenossenschaft 31,8 % der Lohnsumme, oder nahezu ein Drittel. Demnach dürfen wir annehmen, daß gerade die großen Betriebe zum größten Teil der Genossenschaft beigetreten sind, kommt doch auf einen versicherten Betrieb über 100 000 M. Lohnsumme. Die Aktiva sind von 1895 bis 1905 von 76 648,80 auf 215 400,29 M. gestiegen, der Reservefonds von 27 011,44 auf 118 060,52 M. Die Beiträge betrugen 36 259,65 M., für eigene Rechnung dagegen, d. h. nach Abzug der Rückversicherungsprämie 33 810,50 und zuzüglich der Überträge (Schaden- und Prämienreserven) 69 380,23 M., denen an Schadenzahlungen einschließlich Rückstellungen 62 273,64 M. gegenüberstanden. Die Verwaltungskosten betrugen 5323,52 M. oder 6,7 % der Einnahmen. Den Gesamteinnahmen von 79 841,08 stehen Ausgaben in Höhe von 72 370,81 M. gegenüber, so daß sich ein Gewinn von 7470,27 M. ergibt. Soweit mir die Rechenschaftsberichte vorliegen — alle seit 1895 außer 1897 und 1900 — hat die Genossenschaft stets mit Gewinn abgeschlossen.

Die nächstfolgende Gründung war die Unfallgenossenschaft der Deutschen Tiefbauunternehmer zu Berlin, eingetragene Genossenschaft mit beschränkter Haftpflicht. Sie wurde 1895 errichtet. In ihrem Statut lehnt sie sich sehr an die Unfallgenossenschaft der Steinindustrie an, die ihr als Vorbild gedient hat. Aufnahmefähig sind nur Mitglieder der Tiefbauberufsgenossenschaft und der Berufsgenossenschaften verwandter Gewerbe. Auch hier findet sich die Bestimmung, daß zum Tiefbau und verwandten Gewerben gehörige Vereinigungen von zwei oder mehr Personen der Genossenschaft beitreten können, wenn auch nur einer der Teilhaber einer Genossenschaft angehört. Der von der Genossenschaft gewährte Versicherungsschutz ist derselbe wie der der Unfallgenossenschaft der Deutschen Steinindustrie, mit folgenden Einschränkungen: Die Haftung der Genossenschaft ist nicht auf Gesundheitsschäden, deren Ursache kein Unfall ist, ausgedehnt. Wenigstens muß man das Wort Schadensfall in § 9 mit Rücksicht auf § 1 Abs. 2 und die besondere Hervorhebung in dem Statut der Unfallgenossenschaft der Deutschen Steinindustrie so eng interpretieren. Ausgeschlossen ist ferner die Haftpflicht für Sachschäden. Es ist freilich bereits auf der Genossenschaftsversammlung im Jahre 1902 angeregt worden, auch die Sachschäden in die Versicherung einzuschließen (vgl. Tiefbau, Organ der Tiefbauberufsgenossenschaft, vom 14. Juni 1902), auch im folgenden Jahre der Beschluß gefaßt worden, die Versicherung auch auf die Sachschäden bis zu 6000 M. mit 1/4 Selbstversicherung auszudehnen. Bis jetzt ist aber eine Satzungsänderung noch nicht erfolgt, da das Aufsichtsamt der Änderung die Genehmigung versagt hat. Nur in einem Punkt geht das Statut über dasjenige der Steinindustrie hinaus. Es bestimmt nämlich der Schlußsatz von § 10, daß der Vorstand auf Antrag die Gewährung von Unterstützungen für die sich aus § 96 des Unfallversicherungsgesetzes vom 6. Juli 1884 — jetzt § 136 des Gewerbeunfallversicherungsgesetzes — ergebende Inanspruchnahme von Bevollmächtigten oder Repräsentanten, Betriebs- oder Arbeitsaufsehern der Mitglieder beschließen und gewähren kann. Dementsprechend lautet Frage 6 des Fragebogens: Soll die Versicherung auch die Haftpflicht Ihrer Bevollmächtigten, Betriebs- und Arbeitsaufseher einschließen? Der Einschluß dieser Personen bürgert sich immer mehr ein, vgl. die Normativbedingungen des Haftpflicht- und Versicherungsschutzverbandes, die Versicherungsbedingungen des Unfallversicherungsverbandes und § 148 des Entwurfes eines Gesetzes über den Versicherungsvertrag.

Zur Deckung der Ausgaben wird ein Betrag erhoben, welcher 2 ‰ der gemäß der Einschätzung des Betriebes in den Gefahrentarif beitragspflichtigen Gehalts- und Lohnsummen (Beitragseinheiten) des betreffenden Rechnungsjahres, mindestens aber fünf Mark beträgt. Der Beitrag wird jährlich im voraus erhoben. Für die Berechnung der beitragspflichtigen Lohnsumme gilt folgendes:

Es sind Betriebe mit einer Gehalts- und Lohnsumme

	bis zu 30000 M.	. . . .	mit	100 %
von	30000 bis 50000 „	(für je 2000 M. um 1 % weniger)	„	100 bis 90 %
„	50000 „ 100000 „	(„ „ 5000 „ „ 1 „ „)	„	90 „ 80 „
„	100000 „ 500000 „	(„ „ 10000 „ „ 1 „ „)	„	80 „ 40 „
„	500000 „ 1000000 „	(„ „ 50000 „ „ 1 „ „)	„	40 „ 30 „
	über 1000000 „	. . . .	„	30 „

beitragspflichtig.

Die Skala fällt hier nicht so stark wie bei der Steinindustrie.

Die Gefahrenziffer, mit welcher die beitragspflichtige Lohnsumme zu vervielfältigen ist, beträgt:

1) für Tiefbauten aller Art ohne Maschinenbetrieb . . . . 1,—
2) für dergleichen „ „ mit „ 1,20
3) für Kanalisationsbauten in bewohnten Orten 1,25

Dazu treten dann noch besondere Zuschläge und zwar:

a) bei Schieß- und Sprengarbeiten bis zu 0,20
b) bei nachgewiesener Nichtbeachtung der Unfallverhütungs- und sonstigen gewerbspolizeilichen oder gesetzlichen Vorschriften bis zu 0,30
c) für die laut Antrag zulässige Versicherung gemäß § 10 des Statuts
   1) der Arbeiter und sonstigen Bediensteten des Mitgliedes, soweit sie berufsgenossenschaftlich nicht versichert sind, Zuschlag von 0,05
   2) der Betriebsbeamten, Zuschlag von 0,10

Schließlich kann der Vorstand für gemischte Betriebe, Nebenbetriebe und im Gefahrentarif nicht aufgeführte Betriebsarten selbständig die Gefahrenziffer und etwaige Zuschläge festsetzen sowie nach Bedarf vom Gefahrentarif abweichende Einschätzungen vornehmen.

Nach dem Minimaltarif des Unfallversicherungsverbandes darf die Haftpflichtversicherung bei Tiefbauten nur mit der Begrenzung von 100000 M. pro Person und 300000 M. pro Ereignis gewährt werden. Die Prämie beträgt im letzteren Fall 7,7 ‰ der Jahreslohnsumme, bei einer Begrenzung auf 20000/60000 4,8 ‰, ist also wesentlich höher als die der Genossenschaft.

Das Eintrittsgeld ist dasselbe wie bei der Unfallgenossenschaft der Deutschen Steinindustrie, beträgt demnach 5 M.

Zur Deckung eines Verlustes wird zunächst der Reservefonds und zwar bis zu einem Drittel herangezogen. Der Reservefonds wird gebildet:

a) durch einmalige Einzahlung eines Drittels vom Tausend der deklarierten Gesamtlohnsumme eines jeden Genossen,

b) durch die Zinsen seiner eigenen Bestände,

c) durch verfallende Geschäftsanteile und Guthaben ausgeschiedener Mitglieder am nicht verbrauchten Pauschquantum bei erledigten Unfällen,

d) durch Beträge, welche dem Reservefonds durch Beschlüsse der Generalversammlung überwiesen werden,

e) durch den fünften Teil des etwaigen alljährlichen Reingewinns, welcher so lange dem Reservefonds zugeführt wird, bis letzterer mindestens die Höhe von 50000 M. erreicht hat.

Reicht ein Drittel des Reservefonds nicht zur Deckung der Ausgaben, so werden die Mitglieder zu Nachschüssen bis zu 5 ‰ der Beitragseinheiten herangezogen. Genügt auch dieses nicht, so werden zur Deckung des Verlustes der Rest des Reservefonds sowie die Geschäftsanteile der Mitglieder verwandt. Darüber hinaus ist die Genossenschaft nicht zur Ersatzleistung verpflichtet, es tritt also Kürzung der Leistungen ein. Der Geschäftsanteil beträgt 20 M., für je angefangene 15000 M. Jahreslohnsumme ist ein Geschäftsanteil zu erwerben, jedoch nicht mehr als 100. Die Haftsumme beträgt 20 M. für jeden erworbenen Geschäftsanteil.

Über einen Reingewinn entscheidet die Generalversammlung. Eine Rückerstattung der Beiträge erfolgt an jeden Genossen im Verhältnis der für denselben ermittelten Beitragseinheiten.

Die Geschäftsentwickelung ist hinter der der Unfallgenossenschaft der Steinindustrie zurückgeblieben. Die Genossenschaft zählte am 31. Dezember 1905 96 Mitglieder gegen 70 am 31. Dezember 1898. Die Zunahme ist also gering. Die Tiefbauberufsgenossenschaft umfaßte 1905 16404 Betriebe. Nur ein geringer Bruchteil (ca. 0,6 %) gehören demnach der Unfallgenossenschaft an. Etwas günstiger stellt sich allerdings das Verhältnis, wenn man die Jahreslohnsummen miteinander vergleicht, sie betrugen bei der Tiefbauberufsgenossenschaft 150070085 M., dagegen bei der Unfallgenossenschaft 10607324 M. = 7,1 %. Die Gesamtaktiva betrugen Ende 1905 69872,73 M., davon fallen auf die Geschäftsanteile 14560 M. und den Reservefonds 27599,66 M. Die Prämieneinnahme betrug einschließlich Überträge 21078,25 M., während für Schäden einschließlich Schadenreserve 9125,75 M. ausgegeben wurden. Die Genossenschaft läuft das ganze Risiko für eigene Rechnung, macht also von dem Mittel der Rückversicherung keinen Gebrauch. Seit dem Jahre 1899 — soweit liegen mir die Geschäftsberichte vor — hat die Genossenschaft stets mit Gewinn abgeschlossen und war in der Lage, stets 5 % Dividende auf die Geschäftsanteile zu zahlen und eine Prämienrückgewähr von 66 2/3 %, seit 1902 von 50 % zu gewähren. Die Verwaltungskosten betrugen 1253,61 M. oder 5,5 % der Einnahmen.

Die Tiefbauberufsgenossenschaft hat übrigens beschlossen, eine Haftpflichtversicherungsanstalt auf Grund des § 23 zu gründen. In diese wird wohl die Genossenschaft aufgehen.

Im Jahre 1898 wurde die Unfall-Haftpflichtgenossenschaft der Besitzer von Ziegeleien und verwandten Betrieben, eingetragene Genossenschaft mit beschränkter Haftpflicht, in Berlin gegründet. Sie erhielt die Konzession 1899. Ihre neue Verfassung stammt aus dem Jahre 1904, der letzte Nachtrag, der sehr bedeutungsvolle Änderungen gebracht hat, vom 18. Juli 1906, genehmigt am 8. Dezember 1906. Wie der Name andeutet, können ihr nur Mitglieder der Ziegeleiberufsgenossenschaft und Mitglieder der Berufsgenossenschaften verwandter Betriebe beitreten. Dem vom Vorstande Abgewiesenen steht die Berufung an die Gesamtheit des Vorstandes und Aufsichtsrats zu.

Der Versicherungsschutz ist ziemlich umfangreich, er schließt nicht nur die Betriebshaftpflicht aus Unfällen, Berufs- und Gewerbekrankheiten, sondern auch für Sachbeschädigung ein, letztere allerdings nur bis 10000 M. und mit 1/4 Selbstversicherung. In allen anderen Fällen ist die Ersatzpflicht auf 60000 M. pro Person und 100000 M. pro Ereignis beschränkt. Ist der Schadensfall durch grobe Fahrlässigkeit des Betriebsunternehmers, insbesondere durch eine gröbliche Außerachtlassung der von der maßgebenden Berufsgenossenschaft erlassenen Unfallverhütungsvorschriften verursacht worden, so werden auch bei Unfällen nur 75 % des entstandenen Schadens ersetzt.

Auf Antrag kann die Haftung der Genossenschaft auch auf die Ersatzverbindlichkeiten ausgedehnt werden, welche dem Unternehmer aus irgend welchen andern mit einer Betriebsgefahr in keinem Zusammenhang stehenden Unfallhaftpflichtfällen in seiner Eigenschaft als Privatperson, als Dienstherr, Haus- und Grundbesitzer (soweit Gebäude und Grundbesitz zum versicherten Betrieb gehören oder sofern es sich um das eigene Wohnhaus handelt), ferner als Tierhalter und Fuhrwerksbesitzer erwachsen. Die Haftpflicht aus der gewerblichen Benutzung von Kraftfahrzeugen, sowie aus Betriebsleistungen, die von dem deutschen Hauptbetrieb als Ausfluß desselben im Ausland ausgeführt werden, können nur auf Grund eines Antrages des Versicherten durch Vorstandsbeschluß in die Versicherung einbezogen werden. Die Versicherung erstreckt sich ohne weiteres auf die Betriebshaftpflicht der Betriebsleiter (Repräsentanten, Direktoren), auf deren Privathaftpflicht dagegen nur auf Grund besonderen Antrags und gegen Zahlung einer besonderen Prämie. Ausgeschlossen von der Versicherung ist die Haftpflicht aus der Ausübung des Sportes oder der Jagd, aus mangelhaften Ausführungen von Lieferungen und Arbeiten aller Art, aus der nicht zu gewerblichen Zwecken erfolgenden Benutzung von Kraftfahrzeugen, gegenüber solchen Personen, die bis zum dritten Grade mit dem Versicherten verwandt oder verschwägert sind, sowie aus Handlungen der Familienangehörigen des Versicherten, ferner die auf Grund des BGB. (§§ 616, 617), des HGB. (§ 63), der Gesindeordnungen und des Gewerbeunfallversicherungsgesetzes bestehende Fürsorgeverpflichtung.

Im übrigen haben wir es hier mit einer reinen Haftpflichtversicherungsunternehmung zu tun. Die Reste der ehemaligen Arbeiterkollektivunfallversicherung, die den beiden vorgenannten Genossenschaften noch anhaften, sind hier weggefallen. Bei Streitigkeiten mit der Genossenschaft hat sich das Mitglied dem Ausspruch der Generalversammlung zu fügen, unter Vorbehalt des Rechtsweges.

Die Aufbringung der Mittel erfolgt durch Prämien in Höhe von

1‰ der beitragspflichtigen Gehalts- und Lohnsummen, mindestens jedoch 5 Mark.

Bei fremdartigen Betrieben, für welche die Haftpflichtgefahr nach Ansicht des Vorstandes eine größere ist als bei den Betrieben der Ziegeleiindustrie, kann der Beitrag bis zu 50% erhöht werden. Desgleichen für Betriebe, die sich im Ausland vollziehen, wenn sie als Ausfluß eines Hauptbetriebes im Inland anzusehen sind. Für jedes Kraftfahrzeug zu Geschäftszwecken ist eine besondere Jahresprämie von 100 M. zu erheben. Im übrigen findet keine Abstufung der Prämie nach der Gefahr statt, auch keine Ermäßigung steigender Lohnsummen. Nur für die Privathaftpflicht sind besondere Prämien vorgesehen. Sie betragen nämlich für die Versicherung bis zu einer Versicherungssumme von 20000 M.:

1) als Privatperson . . . . 2,00 M.
2) als Dienstherr . . . . 2,00 „
3) als Hausbesitzer
   a) für das eigene Wohnhaus . . . . 1,00 „
   b) für Vermietung für je 1000 M. Brutto-Mietswert . . . . 0,75 „
4) für Haltung von Pferden und Fuhrwerk zu Privatzwecken pro Pferd . . . . 3,00 „
5) für Haltung von Hunden für Privatzwecke . . . 1,00 „

Die Prämien des Unfallversicherungsverbandes dagegen betragen für die Betriebshaftpflicht bei einer Versicherungssumme 20000/60000 1,10 ‰ und 50000/150000 1,25 ‰, für Sachbeschädigung 0,60 ‰.

Für die Privathaftpflicht hat der Unfallversicherungsverband folgende Tabelle aufgestellt.

	Körperverletzung bei Begrenzung auf 20000 M. für eine Person 60000 M. für ein Ereignis	Körperverletzung bei Begrenzung auf 50000 M. für eine Person 150000 M. für ein Ereignis	Unbegrenzt	Sachbeschädigung
	M.	M.	M.	M.
1. Privatmann, Familienvorstand u. Dienstherr (unter Einschluß der gleichartigen Haftpflicht der Ehefrau)	2,70	3,—	3,60	3,—

	Körperverletzung bei Begrenzung auf 20000 M. für eine Person 60000 M. für ein Ereignis	Körperverletzung bei Begrenzung auf 50000 M. für eine Person 150000 M. für ein Ereignis	Unbegrenzt	Sachbeschädigung
	M.	M.	M.	M.
für jeden Dienstboten oder jede Aushilfeperson . . .	0,70	0,80	1,—	0,80
2. Für Kraftfahrzeuge			100000 — 300000	
a) Für jedes Motor-zwei- oder Dreirad	27,—	36,—	43,—	15,—
für jeden Anhänge- oder Vorsteckwagen . . .	9,—	12,—	14,40	5
b) Privatautomobile zur Beförderung von Personen, für jedes Automobil mit nicht mehr als 2 Sitzen (mit Ausnahme der Rennwagen)	90,—	120,—	144,—	40,—
für jedes Automobil mit mehr als 2 Sitzen sowie für jeden Rennwagen	150,—	200,—	240,—	100,—
c) Geschäftsautomobile zur Beförderung von Waren, für jedes Automobil	75,—	100,—	120,—	40,—
d) Automobildroschken und Omnibusse zur gewerbsmäßigen Beförderung von Personen . .				
für jede Droschke . .	150,—	200,—	240,—	80,—
für jeden Omnibus . .	225,—	300,—	360,—	80,—
Außerdem Zuschlag für jeden Sitzplatz	3,75	5,—	6,—	
3. Haus- und Grundstückbesitzer. Für jedes Haus ist zu berechnen für je 1000 M. des Bruttomietswertes einschließlich des Mietswertes der vom Versicherungsnehmer selbst bewohnten Räume und des Wertes der leerstehenden Räume	0,90	1,—	Unbegrenzt 1,20	0,65
mindestens	3,15	3,50	4,20	1,50
4. Tierhaltung und Fuhrbetrieb				
a) Pferdehaltung				
1) bis zu 3 Pferden für jedes Pferd	4,05	4,50	5,40	8,—
2) bis zu 5 Pferden für jedes Pferd	3,60	4,—	4,80	7,50

	Körperverletzung bei Begrenzung auf 20000 M. für eine Person 60000 M. für ein Ereignis	50000 M. für eine Person 150000 M. für ein Ereignis	Unbegrenzt	Sachbeschädigung
	M.	M.	M.	M.
3) bis zu 10 Pferden für jedes Pferd	3,15	3,50	4,20	7.—
4) bei mehr als 10 Pferden für jedes Pferd	2,70	3,—	3,60	6.—
Zuschlag für Pferde im leichten Zug (vor Luxuswagen, Fiakern, Taxametern, Droschken, Fleischer- und leichten Federwagen) für jedes Pferd	2,70	3,—	3,60	—
5) für jedes fremde Aushilfepferd	1,80	2,—	2,40	3,—
b) Hundehaltung, für jeden Hund	2,25	2,50	3,—	2,50

Auch hier läßt sich ein genauer Vergleich wegen der Verschiedenheit der Versicherungsbedingungen und angesichts des provisorischen Charakters der Prämien der Unfall-Haftpflichtgenossenschaft nicht ziehen, doch ergeben sich im allgemeinen günstigere Sätze für die Mitglieder der Genossenschaft.

Als Eintrittsgeld sind 5 M. zu bezahlen.

Zur Deckung eines Verlustes wird zunächst der Reservefonds bis zu einem Drittel angegriffen. Dieser wird in ähnlicher Weise gebildet wie bei den vorerwähnten Unfallgenossenschaften, nur wird von dem jährlichen Reingewinn nur der zehnte Teil überwiesen, bis der Reservefonds 50000 M. erreicht hat. Ein weiterer Verlust ist durch Nachschüsse bis zu 5 ‰ der nachgewiesenen Löhne zu decken. Dann werden zur ferneren Tilgung der Rest des Reservefonds und die Geschäftsanteile herangezogen. Der Geschäftsanteil beträgt 30 M. Für jede angefangenen 30000 M. ist ein weiterer Geschäftsanteil zu erwerben. Kein Genosse darf mehr als 100 Geschäftsanteile besitzen. Die Haftsumme beträgt 30 M. für jeden Geschäftsanteil.

Über die Verwendung eines Überschusses entscheidet die Generalversammlung, sie kann auch Rückerstattung von Beiträgen beschließen.

Die Genossenschaft hat sich teilweise durch Rückversicherung gedeckt. Über Art und Umfang dieses Vertrages konnte ich nichts Näheres erfahren, der Schutz kann aber nicht gering sein, da 1905 auf 13893,30 M. Prämie 3129,40 M. Rückversicherungsprämie fielen.

Über die Geschäftsentwickelung ist auf Grund besonderer Mitteilungen folgendes zu berichten. Die Zahl der Mitglieder stieg von 400 im Jahre 1899 auf 634 im Jahre 1905. Im Jahre 1906 waren bis zum September weitere 165 Mitglieder hinzugetreten. 1905 waren bei der Ziegeleiberufsgenossenschaft 12 101 Betriebe versichert, auf die Haftpflichtgenossenschaft entfielen demnach 5,2 %. Die nachgewiesenen Lohnsummen stiegen von 4 542 341 M. auf 13 556 330 M., gegenüber 180 112 530 M. bei der Berufsgenossenschaft oder 7,5 %. Ist die Beteiligung auch noch gering, so befindet sich doch die Genossenschaft, wie die Zahlen beweisen, in aufsteigender Entwickelung. Der Reservefonds betrug Ende 1905 14 917,90 M., die Geschäftsanteile 21 510 M. Außerdem ist eine besondere Schadenersatzreserve von 7156,94 M. angesammelt. Die Verwaltungskosten betrugen 1905: 3097,94 M. Das Geschäftsergebnis ist in allen Jahren ein sehr günstiges gewesen, einer Prämieneinnahme von 63 526,05 M. steht eine Schadenzahlung von nur 2522,15 M. gegenüber. Im einzelnen wurden gezahlt:

1899	—,— M.	1903	168,45 M.
1900	11,25 „	1904	670,95 „
1901	560,10 „	1905	728,31 „
1902	383,09 „		

In demselben Jahre, in dem die Unfallhaftpflichtgenossenschaft der Ziegeleibesitzer gegründet wurde, nämlich 1898, wurde die Haftpflichtgenossenschaft der Deutschen Glasindustrie, eingetragene Genossenschaft mit beschränkter Haftpflicht in Berlin errichtet, welche aber auch erst 1899 ihren Geschäftsbetrieb begann. Aufnahmefähig sind nur Mitglieder der Glasberufsgenossenschaft. Die Genossenschaft gewährt Versicherung gegen die Betriebshaftpflicht einschließlich Gesundheitsschädigungen unbegrenzt. Sie übernimmt die Sachschädenhaftpflicht unbegrenzt und ohne Selbstversicherung. Außerdem deckt sie auf Antrag die Arbeiterkollektivunfallversicherung in demselben Umfang wie die Unfallgenossenschaft der Steinindustrie. Über die auf Grund des Unfallversicherungsgesetzes (§ 12) bestehende Fürsorgepflicht des Unternehmers verlautet in der Satzung nichts. Sie gilt daher, weil nicht ausdrücklich erwähnt, als von der Versicherung ausgeschlossen.

Gegen einen den Anspruch ablehnenden Bescheid des Vorstands steht dem Mitglied nach Entscheidung der Generalversammlung der Rechtsweg offen.

Die Beiträge werden auf Grund der nachgewiesenen Gehalts- und Lohnsummen und eines Gefahrentarifes berechnet. Betriebs- und Kontorbeamte, sowie Arbeiter, welche nicht berufsgenossenschaftlich, oder nicht anderweitig seitens des Unternehmers gegen Unfälle versichert sind, sind mit dem doppelten Betrage ihrer Gehalts- und Lohnsummen in Ansatz zu bringen. Die Grundprämie beträgt ½ ‰ der Beitragseinheiten. Die Prämie des Minimaltarifes des Unfallversicherungsverbandes ist die gleiche wie für Ziegeleien (vgl. S. 44).

Die Gefahrenziffer beträgt:

1) für Betriebe mit Motoren oder Zugtieren 1,—

2) für Betriebe ohne Motore oder Zugtiere 0,50

Dazu treten folgende Zuschläge zur Gefahrenziffer

a) für Anschlußgeleise mit Lokomotivbetrieb bis zu 20 %,

b) für Drahtseilbahnen, sofern dieselben über öffentliche Wege gehen, bis 10 %.

Für die Arbeiterkollektivunfallversicherung wird ein Zuschlag von 10 % auf die einfache Gefahrenziffer gelegt.

Für fremdartige Betriebe, Nebenbetriebe und Betriebsarten, welche im Kataster der Glasberufsgenossenschaft nicht geführt werden, kann der Vorstand die Gefahrenziffer und etwaige Zuschläge selbständig festsetzen.

Außerdem ist ein Eintrittsgeld von 5 M. zu entrichten.

Reichen die Beiträge nicht aus, so wird zunächst der Reservefonds bis zu einem Drittel herangezogen, dann die Mitglieder zu Nachschüssen bis zu 3 ‰ der Beitragseinheiten. Der Reservefonds wird in derselben Weise gebildet wie bei der Unfallhaftpflichtgenossenschaft der Ziegeleibesitzer. Schließlich können die Reste des Reservefonds und die Geschäftsanteile zur Deckung des Verlustes herangezogen werden. Der Geschäftsanteil beträgt 10 M.; für je angefangene 20000 M. ist ein weiterer Geschäftsanteil bis zu 50 zu erwerben. Die Haftsumme beträgt 10 M. für jeden Geschäftsanteil.

Über die Verwendung des Reingewinnes beschließt die Generalversammlung, eventuell findet Rückerstattung der Beiträge statt.

Die Genossenschaft ist durch Rückversicherung für alle Schäden über 6000 M. gedeckt. Dies erscheint namentlich notwendig mit Rücksicht auf die unbegrenzte Deckung des Haftpflichtrisikos für Personen- und Sachschäden.

Die Genossenschaft zählte Ende 1905 106 Mitglieder gegenüber 904 bei der Glasberufsgenossenschaft versicherten Betrieben, oder

11,7 %. Noch günstiger stellt sich das Verhältnis der Lohnsummen. Gegenüber 69 380 149 M. bei der Glasberufsgenossenschaft stehen 18 099 009 M. bei der Haftpflichtgenossenschaft oder 26,1 %. Das Vermögen beträgt 42 594,04 M., davon fallen auf den Reservefonds 23 612,61 M., die Geschäftsanteile 7490 M. Die Prämieneinnahmen betrugen 9364,10 M., von denen 2309,31 M. für die Rückversicherung und nur 79,30 M. für Entschädigungen verwandt wurden. Nach einer Angabe der Genossenschaft ist seit Bestehen derselben der Rückversicherer noch nicht in Anspruch genommen worden, es haben sich also keine Haftpflichtfälle über 6000 M. ereignet. Die Verwaltungskosten betrugen 680,78 M. oder 6,1 % der Einnahmen. Einer Gesamteinnahme von 11 150,14 M. stehen Ausgaben in Höhe von 3069,39 M. gegenüber, so daß sich ein Überschuß von 8080,75 M. ergibt. Die Genossenschaft hat die Umwandlung in eine Haftpflichteinrichtung gemäß § 23 des Hauptgesetzes zu den Unfallversicherungsgesetzen beschlossen (vgl. § 9 S. 68 ff.).

Allen diesen vier Haftpflichtgenossenschaften ist die enge Verbindung mit den Berufsgenossenschaften eigen. Die Bureaus liegen zusammen, die Verwaltung ist teilweise dieselbe. Es hat das den großen Vorzug, die Verwaltungskosten niedriger zu halten. Außer diesen Haftpflichtversicherungsgenossenschaften gibt es noch verschiedene Haftpflichtgenossenschaften der Baugewerksmeister. Trotz wiederholter Anfrage habe ich nur aus Hannover Antwort erhalten, während sich nach der Angabe einer Baugewerksberufsgenossenschaft noch solche Haftpflichtversicherungseinrichtungen in Potsdam, Breslau und Schwerin befinden sollen. Da sie aber wohl alle einander gleichen werden, mag es genügen, näher auf die Hannoversche Haftpflichtgenossenschaft der Baugewerksmeister einzugehen. Diese Genossenschaft wurde 1875 unter dem Namen „Baugewerken-Unfall-Genossenschaft zu Hannover (Eingetragene Genossenschaft)" gegründet (vgl. § 2). Sie wurde 1891 in eine Genossenschaft mit unbeschränkter Nachschußpflicht umgewandelt und führt ihre jetzige Firma seit dem 24. März 1905. Sitz der Genossenschaft ist Hannover. Aufnahmefähig sind die Mitglieder von Baugewerksinnungen, doch können ausnahmsweise auch solche Baugewerbetreibenden aufgenommen werden, welche einer Innung nicht angehören. Dem Abgewiesenen steht die Berufung an den Aufsichtsrat und von da an die Generalversammlung offen. Nach der Satzung ist der Geschäftsbetrieb nicht lokal beschränkt, tatsächlich aber stammen fast alle Mitglieder aus der Provinz Hannover, einige auch aus den angrenzenden Provinzen Westfalen, Hessen-Nassau, aus Berlin, Detmold u. a.

Die Genossenschaft übernimmt die Versicherung der Betriebshaftpflicht der Mitglieder aus körperlichen Unfällen und der Beschädigung beweglicher Sachen und zwar in der Begrenzung von 25000 M. pro Person und 50000 M. pro Ereignis. Eingeschlossen in die Versicherung ist auch Ersatz der Leistungen auf Grund des § 12 Abs. 1 des Gewerbeunfallversicherungsgesetzes (Zahlung des erhöhten Krankengeldes von der 5. bis 14. Woche), während die anderen Haftpflichtgenossenschaften dieses Risiko ausschließen.

Die Leistungen werden mittels Umlageverfahrens aufgebracht, und zwar in der Art, daß am Schlusse des Rechnungsjahres die Gesamtlohnsumme festgestellt und ausgerechnet wird, welcher Beitrag für das abgeschlossene Rechnungsjahr für jede Mark der von dem einzelnen Genossen deklarierten Löhne von letzterem zu zahlen ist. Außerdem müssen die Mitglieder vorweg eine Grundtaxe von 5 M. entrichten. In der Gewinn- und Verlustrechnung figuriert dieser Posten unter dem Namen: feste Jahresbeiträge. Insofern findet eine Gefahrenklassifikation statt, als für die in den Kreis des Haftpflichtgesetzes vom 7. Juni 1871 gehörenden Betriebe der Genossen — Steinbruch, Grube oder Fabrik — das Doppelte der in solchen Betrieben deklarierten Lohnsummen der Berechnung zu Grunde zu legen ist. Da aber schon während des Jahres Ausgaben entstehen, ist der Genossenschaftsvorstand berechtigt, vor Schluß des Rechnungsjahres von den Mitgliedern Vorschüsse einzuziehen und zwar nach Verhältnis der zuletzt nachgewiesenen Löhne. Es ist beschlossen worden, 1 ‰ der Löhne im voraus zu erheben. Damit ist man auch nach dem Geschäftsbericht für 1905 ausgekommen. Dem gegenüber sind die Prämien des Minimaltarifes des Unfallversicherungsverbandes bedeutend höher. Sie betragen bei einer Versicherung 20000/60000 3 ‰. Allerdings sind dies feste und jene nur provisorische Prämien. Die Prämien für Sachbeschädigung lassen sich überhaupt nicht vergleichen, da die Unfallgenossenschaft ja nur die Beschädigung von beweglichen Gegenständen in die Versicherung einschließt, dagegen die gerade im Baugewerbe viel wichtigere von unbeweglichen Gegenständen (Gebäuden!) nicht übernimmt. Außerdem ist ein Eintrittsgeld von 10 M. zu zahlen.

Die Satzung begrenzt die Höhe der Umlagen — nicht zu verwechseln mit den im Konkurse auf Grund des Genossenschaftsgesetzes zu erhebenden Nachschüssen — nicht. Ergibt sich ein Defizit, wenn z. B. nicht alle Umlagen eingehen, so wird der Reservefonds angegriffen. Er wird in ähnlicher Weise gebildet wie bei den übrigen Genossenschaften, nur daß hier eine Überweisung von Teilen des Jahresgewinnes fortfällt, da es beim Umlageverfahren keinen Gewinn gibt. Insofern allerdings kann sich ein Überschuß ergeben, als auch die vorläufig eingezogenen Beiträge — die erwähnten 1 ‰ — die Ausgaben übersteigen. Ist bei außerordentlichen Entschädigungsleistungen der Reservefonds erschöpft, so ist der Nachschuß nach dem Durchschnitt der letzten drei Jahre zu leisten. Der Geschäftsanteil beträgt 30 M.

Aus dem Geschäftsbericht ergibt sich nicht, daß die Genossenschaft einen Teil des Risikos auf dem Wege der Rückversicherung weiter gedeckt hat.

Die Zahl der Mitglieder betrug Ende 1905 139 mit einer Jahreslohnsumme von 5 360 718 M.

Das Vermögen betrug am 31. Dezember 1905 35 239,88 M., davon entfallen 29 160,72 M. auf den Reservefonds und 4 170 M. auf die Geschäftsanteile. Die Beiträge betrugen 6244,30 M., während für Entschädigungen 1780,22 M. gezahlt und 1579,16 M. reserviert wurden. Die Verwaltungskosten betrugen 1400,46 M. oder 18,9 % der Einnahmen. Den Einnahmen von 7411 M. stehen Ausgaben von 4759,84 M. gegenüber, während dem Reservefonds 2651,16 M. überwiesen wurden.

§ 8.

Die Haftpflichtversicherungsvereine auf Gegenseitigkeit.

Die Form des Versicherungsvereins auf Gegenseitigkeit haben drei industrielle Haftpflichtversicherungsverbände angenommen, nämlich der der Zuckerindustrie, der Deutschen Eisen- und Stahlindustrie und der Deutschen Eisenbahnen und Kleinbahnen.

Bereits 1889 wurde, wie schon früher erwähnt, seitens der Zuckerindustrie ein Unfallversicherungsverband gegründet, der 1894 den Namen Haftpflichtversicherungsverband für die Vereinszuckerfabriken annahm. Aus diesem ist dann der jetzige Haftpflichtversicherungsverband für die Zuckerfabriken im Deutschen Reich (auf Gegenseitigkeit) mit dem Sitz in Berlin entstanden. Er ist ein kleinerer Verein im Sinne des § 53 des Versicherungsaufsichtsgesetzes. Seine Tätigkeit begann er am 1. April

1905. Der Verband ist eine Gründung des Vereins der Deutschen Zuckerindustrie. Der Vorsitzende des Direktoriums dieses Vereins ist zugleich der Vorstand des Verbandes; die Bureaugeschäfte werden durch den Sekretär des Vereins besorgt, für die Benutzung der Bureauräume zahlt der Verband jährlich 400 M. Dem Vorstand steht ein Beirat zur Seite, der aus fünf Mitgliedern besteht, nämlich 1) aus zwei vom Ausschusse des Vereins der Deutschen Zuckerindustrie aus seiner Mitte oder aus dem Direktorium gewählten Personen, 2) aus zwei von der Mitgliederversammlung gewählten Personen, 3) aus dem Vorsitzenden des Vorstands der Zuckerberufsgenossenschaft. Aufnahmefähig sind die Mitglieder der Zuckerberufsgenossenschaft. Die Verbindung mit der Berufsgenossenschaft kommt ferner auch noch dadurch zum Ausdruck, daß für die Berechnung der Jahreslohnsummen die Anzeigen benutzt werden, welche die Fabriken jährlich an die Zuckerberufsgenossenschaft zu machen haben.

Der Verband deckt die Betriebshaftpflicht der Mitglieder, mag es sich um körperliche Unfälle oder sonstige Gesundheitsschädigungen oder Sachbeschädigung handeln, ferner die Haftpflicht, die aus dem Besitz von Arbeiter- und Beamtenwohnhäusern oder aus einem mit der Fabrik zusammenhängenden kaufmännischen Geschäftsbetrieb resultiert. Die Versicherung erstreckt sich auch auf die zur Zuckerberufsgenossenschaft gehörigen Nebenbetriebe. Eingeschlossen ist auch ohne weiteres die Haftpflicht der Bevollmächtigten, Repräsentanten und Aufseher. Eingeschränkt ist die Haftung insoweit, als Gesundheitsschädigungen nur ersetzt werden, insofern es sich um Berufs- oder Gewerbekrankheiten handelt, und bei Sachbeschädigung der Verband nur die den Betrag von 300 M. jedesmal übersteigende Entschädigungssumme zahlt. Die Höchstgrenze der vom Verband im Einzelfalle für Sachen oder Tiere zu gewährenden Entschädigung ist auf 10000 M. festgesetzt. Ausgeschlossen von der Versicherung sind erstens alle Schäden, die durch nicht auf Schienen laufende Motorwagen (Automobile, Straßenlokomotiven u. s. w.) herbeigeführt sind, und zweitens Bahnbetriebe in eigener Regie (Voll- oder Kleinbahn) mit Dampflokomotiven oder anderen Motoren, ebenso der Schiffahrtsbetrieb. Dagegen ist die Haftpflicht für Anschlußgeleise auf besonderen Antrag eingeschlossen. Die Entscheidung über Streitigkeiten erfolgt durch den Vorstand und Beirat. Gegen diese Festsetzung steht dem Versicherten mit Ausschluß des ordentlichen Rechtsweges die Berufung an ein Schiedsgericht zu. Zu diesem

Schiedsgericht ernennen der Verband und der Versicherte je ein Mitglied, und diese beiden wählen einen Obmann.

Die Aufbringung der Mittel erfolgt durch Umlagen nach Maßgabe der im Laufe des Geschäftsjahres von jedem Mitglied gezahlten Gehälter und Löhne einschließlich der Nebenbezüge. Eine Abstufung der Jahreslohnsummen findet nicht statt, auch ist kein Gefahrentarif vorgesehen. Nur die Besitzer von Anschlußgeleisen haben jährlich eine Vorausleistung zu machen, welche beträgt:

a) für jeden Straßenübergang außerhalb des Fabrikgrundstückes, dessen Beaufsichtigung dem Betriebsunternehmer obliegt, 5 M.,

b) für uneingefriedigte Geleise außerhalb des Fabrikgrundstückes entlang den Ausgangsfronten bewohnter Häuser, öffentlicher Straßen und Plätze pro Meter 0,025 M.

Für Geleisanlagen innerhalb des Fabrikgrundstückes wird eine Vorausleistung nicht erhoben. Der Begriff des Fabrikgrundstückes wird beim Vertragsabschluß durch besondere Vereinbarung zwischen dem Versicherten und dem Verbandsvorstand festgelegt. 1905 betrugen diese Vorausleistungen 556,50 M.

Zum Vergleich führe ich die Bestimmungen des Minimaltarifes des Unfallversicherungsverbandes an:

	Körperverletzung bei Begrenzung auf 20000 M. für eine Person 60000 M. für ein Ereignis M.	50000 M. für eine Person 150000 M. für ein Ereignis M.	Unbegrenzt M.	Sachbeschädigung M.
Zuschlag für Anschlußgleise [1])				
1 Gleise innerh der Betriebsstätte sowie Feldbahnen		Prämienfrei		Prämienfrei
2. Anschlußgleise außerhalb der Betriebsstätte				
für die ersten 100 m . . .	3,60	4,—	4,80	0,90
für je weitere 100 m . . .	1,80	2,—	2,40	0,45
für uneingefriedigte Gleise entlang den Ausgangsfronten bewohnter Häuser und auf öffentl. Straßen und Plätzen				
für die ersten 100 m . .	11,25	12,50	15,—	3,—
für je weitere 100 m . .	5,60	6,25	7,50	1,50
für jeden Übergang über Straßen und Wege, welche dem öffentl. Verkehr dienen	11,25	12,50	15,—	3,—

1) Die auf Grund des Vertrages mit der Eisenbahnverwaltung über-

Diese Sätze sind allerdings wesentlich höher als die des Haftpflichtversicherungsverbandes der Zuckerindustrie.

Außer den Umlagen ist noch ein Eintrittsgeld zu entrichten, welches für die während der ersten 12 Monate nach Inkrafttreten der Satzung beitretenden Mitglieder 100 M., später 2 ‰ der Jahreslohnsumme, mindestens 100 M. beträgt.

Die Deckung der laufenden Ausgaben erfolgt zunächst aus dem Reservefonds, dann aus dem baren Bestand des Gründungsfonds und wenn das nicht ausreicht, wird eine außerordentliche Umlage erhoben. Die Rückversicherungsprämien (0,30 ‰) werden pränumerando eingezogen.

Zur Sicherheit des Verbandes ist ein Gründungs- und ein Reservefonds vorhanden. Der Gründungsfonds beträgt 100000 M. und ist bar eingezahlt. Er wird den Zeichnern mit 4 % verzinst. Diese haben entsprechend § 22 der VAG. kein Kündigungsrecht. Sobald der Reservefonds den Betrag von 100000 M. erreicht hat, beginnt die Tilgung des Gründungsfonds; diese findet im gleichen Maße statt, in welchem dem Reservefonds weitere Beträge zugeführt werden, so daß die Tilgung vollendet ist, sobald der Reservefonds den Betrag von 200000 M. erreicht hat. Die Tilgung erfolgt durch Auslosen einer entsprechenden Zahl Anteilscheine, die je über 100 M. lauten.

Der Reservefonds wird gebildet durch jährliche Zuführung von 10000 M., die auf dem Wege der Umlage aufzubringen sind, bis der Reservefonds 200000 M. erreicht hat.

Über die Verwendung des Reservefonds bestimmt das Statut, daß wenn die laufenden Jahresausgaben 30000 M. übersteigen, die zum Reservefonds bezw. zur Tilgung des Gründungsfonds einzuzahlenden 10000 M. zunächst zur Deckung verwendet werden sollen, dann wird der Reservefonds in Anspruch genommen, soweit er 50000 M. übersteigt. Ein noch verbleibender Rest wird aus dem Gründungsfonds bis zu dessen vollen Betrag und dann aus den Resten des Reservefonds gedeckt. Für darüber hinaus aufzubringende Beträge haften die Mitglieder in unbegrenzter Höhe. Insoweit der Gründungsfonds in Anspruch genommen ist, besteht keine Pflicht zur Rückzahlung, er ist aber wieder aufzufüllen. Diese letztere Bestimmung

---

nommene Haftpflicht kann in die Versicherung eingeschlossen werden, für den Einschluß der Haftpflicht wegen Beschädigung von Eisenbahnen muß eine besondere von der Direktion festzusetzende Prämie berechnet werden.

gilt aber nicht für den Fall der Liquidation und des Konkurses (vgl. §§ 47, 51 des VAG.).

Zur besonderen Sicherheit hat der Verband einen Rückversicherungsvertrag mit der Ersten Österreichischen Allgemeinen Unfall-Versicherungs-Gesellschaft in Wien geschlossen, dem zufolge die Gesellschaft dem Verband in jedem Schadenfalle die den Betrag von 3000 Mark übersteigenden Entschädigungssummen und zwar in unbegrenzter Höhe vergütet. Bei Berechnung der 3000 M. bleiben Prozeß- und Verteidigungskosten unberücksichtigt. Die pränumerando zu zahlende Rückversicherungsprämie beträgt 0,30‰ der Jahreslohnsumme, außerdem 2 M. für jeden vorhandenen Straßenübergang und 1 Pf. pro laufenden Meter Anschlußgleis. Der Vertrag ist bis zum 31. Dezember 1914 geschlossen. Da 1904 sich der Unfallversicherungsverband bildete, der seinen Mitgliedern verbot, den Haftpflichtversicherungsverbänden Rückversicherung zu gewähren, mußte der Verband die Rückdeckung im Ausland suchen. Der Vertrag ist als typisch für diese Art Verträge im Anhang abgedruckt.

Um den Übertritt von Fabriken, die noch bei Haftpflichtversicherungsgesellschaften versichert sind, zu erleichtern, sind folgende Bestimmungen getroffen:

1) Für die Fabriken, welche dem Verband zwar angehören, sich aber bei Privatgesellschaften bereits bezüglich derjenigen Fälle versichert haben, auf welche der Haftpflichtversicherungsverband durch das Statut vom 23. Mai 1894 und durch die vorliegende Satzung seinen Zweck erweitert hat, deckt der Verband für die Dauer dieser Versicherung die Vermögensnachteile, für welche er nach dieser Satzung haftet, nur insoweit, als dieselben von der Privatgesellschaft nicht gedeckt werden oder die Fabrik einen Teil dieses Risikos als Selbstversicherer nicht übernommen hat. Diese Fabriken werden nur zu $^1/_4$ der Umlagen herangezogen.

2) Vereinsfabriken, welche zur Zeit bei Privatgesellschaften gegen alle diejenigen Fälle oder einzelne derselben versichert sind, welche der Verband deckt, sind berechtigt, auch für die Dauer dieser Versicherung dem Verband beizutreten. Der Verband tritt bezüglich dieser Fabriken innerhalb seines Zweckes aber nur ein, insoweit die Fabrik nicht durch die Privatgesellschaft gedeckt ist oder nicht einen Teil des Risikos als Selbstversicherer übernommen hat.

Die letzteren Fabriken werden nur zu der Hälfte der Umlagen herangezogen.

3) Die Fabriken zu 1) und 2) sind verpflichtet, den Versicherungsvertrag mit der Privatgesellschaft sobald als tunlich zu kündigen und nicht berechtigt, Prolongationen bestehender Privatversicherungen oder Neuversicherungen bei Privatgesellschaften innerhalb der Haftpflicht des Verbandes zu schließen.

Nach dem Geschäftsbericht für 1905 zählte der Verband am Ende des Jahres 196 Mitglieder gegen 424 Betriebe der Zuckerberufsgenossenschaft, also 46,2 % oder nahezu die Hälfte der Mitglieder der Zuckerberufsgenossenschaft sind dem Verband beigetreten. Leider sind die Lohnsummen nicht angegeben. An Schäden waren in diesem ersten Jahr zu zahlen 1170 M., außerdem wurden reserviert 1700 M. Die Mitglieder hatten aufzubringen 556,50 M. für die Anschlußgeleise, 4336,46 M. für die Rückversicherung und durch Umlage noch 4457,07 M.; dazu kommen noch die 10000 M. für den Reservefonds. Da die Lohnsummen fehlen, läßt sich die Höhe der Umlage nicht berechnen, also auch nicht mit dem vergleichen, was eine Versicherung bei einer Haftpflichtversicherungsgesellschaft gekostet haben würde. Im Durchschnitt fiel auf jedes Mitglied ein Beitrag von rund 100 M., angesichts des Umstandes, daß es sich hier durchweg um große Betriebe handelt, eine sehr geringe Summe. Es wäre aber natürlich verkehrt, nach dem Resultat eines vielleicht besonders günstigen Jahres zu urteilen.

Während der Haftpflichtversicherungsverband der Zuckerindustrie auf eine ältere Gründung zurückgeht, hat der Haftpflichtverband der Deutschen Eisen- und Stahlindustrie keinen Vorgänger gehabt. Nachdem durch einen Beschluß der Nordwestlichen Eisen- und Stahlberufsgenossenschaft die Bewegung 1901 in Fluß geraten war, nahm sich im folgenden Jahr der Verband der Deutschen Eisen- und Stahlberufsgenossenschaften der Angelegenheit an. Am 8. Dezember 1903 fand die konstituierende Versammlung in Frankfurt a. M. statt. Die Genehmigung des Kaiserlichen Aufsichtsamtes für Privatversicherung wurde am 19. März 1904 erteilt. Anfangs April nahm dann der Verband, der zu den größeren oder eingetragenen Versicherungsvereinen auf Gegenseitigkeit gehört, seine Tätigkeit auf.

Seine Organisation ist eine eigenartige, sich eng an die Berufsgenossenschaften anschließende. Der Verband ist in 7 Sektionen geteilt, entsprechend den 7 Berufsgenossenschaften der Eisen- und Stahlindustrie, die ihn gegründet haben, nämlich die Süddeutsche Eisen- und Stahlberufsgenossenschaft, die Südwestdeutsche Eisenberufsgenossenschaft, die Maschinenbau- und Kleineisenindustrie-Berufsgenossenschaft, die Sächsisch-Thüringische Eisen- und Stahlberufsgenossenschaft, die Schlesische Eisen- und Stahlberufsgenossenschaft, die Nordwestliche Eisen- und Stahlberufsgenossenschaft und die Rheinisch-Westfälische Hütten- und Walzwerksberufsgenossenschaft. Der Sitz des Verbandes ist Frankfurt, obgleich dort keine Verwaltung besteht; das Schwergewicht ruht bei den Sektionen, deren Sitz entsprechend dem der Berufsgenossenschaften die Städte Mainz, Saarbrücken, Essen a. d. Ruhr, Düsseldorf, Leipzig, Breslau und Hannover bilden. Eine Sektion bildet die Zentralstelle, z. Zt. Saarbrücken. Von dort aus wird auch die Sektion Berlin verwaltet im Bezirk der Nordöstlichen Eisen- und Stahlberufsgenossenschaft, die dem Verband zwar noch nicht beigetreten ist, deren Mitgliedern aber trotzdem Gelegenheit zur Versicherung bei dem Verband geboten werden soll. Die Organe des Verbandes sind der Vorstand, der Aufsichtsrat, die Sektionsversammlung und die Generalversammlung. Der Vorstand setzt sich aus sieben Personen zusammen. Jede Sektion muß im Vorstand durch eine Person vertreten sein. Jedes einzelne Vorstandsmitglied ist berechtigt, den Verband zu vertreten, doch kann durch Geschäftsanweisung des Aufsichtsrates für Schäden, für die eine über einen gewissen Betrag hinausgehende Ersatzleistung in Frage kommt, bestimmt werden, daß bei Regulierung derselben mehrere Vorstandsmitglieder zusammenwirken. Der von der Generalversammlung gewählte Aufsichtsrat setzt sich ebenfalls aus 7 Personen zusammen, entsprechend den 7 Sektionen. Das betr. Aufsichtsratsmitglied ist zugleich Vorsitzender der entsprechenden Sektionsversammlung, die sich aus den Mitgliedern der Sektion zusammensetzt. Die Generalversammlung besteht aus Delegierten, die von den Sektionsversammlungen gewählt werden.

Aufnahmefähig sind nur die Mitglieder der erwähnten Berufsgenossenschaften, jedoch bleibt es der Zentralstelle überlassen, über die Aufnahme von Mitgliedern anderer Eisen- und Stahlberufsgenossenschaften im Einvernehmen mit dem Aufsichtsrat zu entscheiden. Das ist z. B., wie bereits angeführt, bezüglich der Mitglieder der Nordöstlichen Eisen- und Stahlberufsgenossenschaft geschehen. Dem Abgewiesenen steht eine Berufung an den Aufsichtsrat und von da an die Sektionsversammlung offen. Während im allgemeinen sowohl die industriellen wie die landwirtschaftlichen Haftpflichtversicherungsverbände nur Jahresversicherung kennen, d. h. den Austritt zum Ende eines jeden Jahres nach vorheriger, rechtzeitiger Kündigung gestatten, muß sich der Versicherte beim Haftpflichtverband der Deutschen Eisen- und Stahlindustrie zunächst auf fünf Jahre verpflichten. Die Versicherungsgesellschaften drängen ebenfalls auf eine längere Versicherung, indem sie bei kürzerer als fünfjähriger Versicherung einen Zuschlag von 10 % erheben, dagegen bei zehnjähriger Versicherung einen Rabatt von 10 % gewähren.

Der Verband gewährt die Haftpflichtversicherung in sehr weitem Umfang. Er trägt nämlich nicht nur die Betriebshaftpflicht aus Körperverletzungen, Gesundheitsschädigungen und Sachbeschädigungen und zwar sowohl die der Unternehmer als auch ohne weiteres die gleiche der Betriebsleiter und Angestellten, sondern er schließt in die Versicherung auch die Privathaftpflicht ein, wie § 8 besagt: Ersatz der Verbindlichkeiten, die dem Versicherten als Privatperson, Haus- und Grundbesitzer (soweit Gebäude- und Grundbesitz zum versicherten Betrieb gehören), ferner als Tierhalter, Fuhrwerksbesitzer u. s. w. (für Automobilversicherung Zuschlag laut Beitragstarif) auf Grund aller in Deutschland jeweils geltenden Reichs- und Landesgesetze, polizeilichen Verordnungen oder sonst von einer Behörde erlassenen Bestimmungen für die Verletzung oder Tötung von Menschen unter Einschluß von Gesundheitsschädigungen, sofern es sich um Berufs- oder Gewerbekrankheiten handelt, auferlegt sind. Ausgeschlossen sind Unfälle bei Ausübung der Jagd und jedes Sportes. Der Verband kommt ferner auf für Ersatzansprüche aus Betriebsleistungen, die von dem deutschen Hauptbetrieb als Ausfluß desselben im Ausland ausgeführt werden. Angesichts der strengen Haftpflichtgesetze im Auslande dort, wo noch keine staatliche Unfallversicherung besteht, z. B. England, ist dies ein sehr weitgehender Versicherungsschutz, aber natürlich auch kein geringes Risiko. Ausgeschlossen ist der Ersatz derjenigen Krankengeld- und Gehaltszahlungen, die auf Grund gesetzlicher Fürsorgebestimmungen zu erfolgen haben (vgl. § 12 des Gewerbe-Unfallversicherungsgesetzes, § 616, § 617 des Bürgerlichen Gesetzbuches, § 63 des Handelsgesetzbuches, sowie die entsprechenden Bestimmungen der Gesindeordnungen).

Der Verband übernimmt die Haftpflicht in unbegrenzter Höhe mit folgenden Ausnahmen: für Sachbeschädigungen tritt er nur bis 50 000 M. ein, außerdem trägt der Versicherte 10 % Selbstversicherung. Für Sachschäden unter 20 M., sowie für solche durch Brand herbeigeführte wird eine Entschädigung nicht geleistet. Auch die Haftpflichtversicherungsgesellschaften schließen Brandschäden in der

Regel aus. Für Haftpflichtfälle, welche sich beim Schiffahrts- oder Bergbaubetriebe ereignen, werden in allen Fällen seitens des Verbandes nicht mehr als 35000 M. für die verletzte oder getötete Person und 65000 M. für das ganze Unfallereignis entschädigt. Sofern ein Betrieb wegen Verstoßes gegen die Unfallverhütungsvorschriften seiner Berufsgenossenschaft mit einem Zuschlag zur tarifmäßigen Einschätzung belegt ist, leistet der Verband bei Regreßnahme der Berufsgenossenschaft oder Krankenkasse nur bis 80% des Schadens Ersatz.

Bei etwaigen Differenzen ist das Mitglied verpflichtet, zunächst sich dem Ausspruch der Generalversammlung zu unterwerfen, nachdem eine Entscheidung des Aufsichtsrats voraufgegangen ist. Nach erfolgter Entscheidung der Generalversammlung ist nur binnen sechs Monaten die Beschreitung des Rechtsweges zulässig. Handelt es sich um die Ablehnung eines Anspruchs, so kann auch ohne vorherige Anrufung der Generalversammlung innerhalb einer Präklusivfrist von sechs Monaten seit Ablehnung durch den Aufsichtsrat die Klage erhoben werden.

Die Deckung der Ausgaben erfolgt durch zu Anfang eines jeden Geschäftjahres zu erhebende Beiträge, die nach Maßgabe der Jahreslohnsumme auf Grund des nachstehenden Tarifes erhoben werden.

Lohnsumme über — bis M.	Beitragssatz: für die Lohnsumme von M.	Beitragssatz: Betrag M.	Beitragssatz: für je weitere 1000 M. Lohn M.	Beitrag im Höchstbetrag M.
10000— 50000	10000	10	1,—	50
50000— 150000	50000	50	0,70	120
150000— 300000	150000	120	0,50	195
300000— 500000	300000	195	0,40	275
500000—1000000	500000	275	0,30	425
über 1000000	1000000	425	0,20	—

Nach dem Minimaltarif des Unfallversicherungsverbandes würde z. B. die Prämie für ein Stahlwerk mit 300000 M. Jahreslohnsumme 374,85 M. betragen, dazu käme noch unter Umständen die Prämie für Anschlußgeleise, Fuhrwerksbetrieb und Privathaftpflicht.

Bei fremdartigen Betrieben, für welche die Haftpflichtgefahr nach Ansicht des Vorstandes eine größere ist als bei den Betrieben der Eisen- und Stahlindustrie, kann der Beitrag bis zu 50% erhöht werden.

Für die Einbeziehung des Automobilrisikos beträgt der Beitrag 50 M. für ein Automobil und 20 M. für ein Motorrad. Außerdem ist ein Eintrittsgeld von 3 M. zu zahlen.

Ein Fehlbetrag ist in folgender Weise zu decken. Zunächst ist der Reservefonds bis zur Hälfte anzugreifen, jedoch müssen in demselben mindestens 50 000 M. bleiben. Der Reservefonds wird gebildet:

a) durch einmalige Einzahlung eines einem Drittel des ersten Jahresbeitrages jedes Mitgliedes entsprechenden Betrags,

b) durch Überweisung der gesamten verfügbaren Jahresüberschüsse, bis der Reservefonds die Höhe von 500 000 M. erreicht hat, soweit sie nicht zur Tilgung oder Wiederauffüllung des Gründungsfonds verwandt werden,

c) durch Beträge, welche dem Reservefonds weiterhin durch Beschluß der Generalversammlung überwiesen werden,

d) durch die Zinsen seiner eigenen Bestände.

Reichen diese Mittel nicht aus, so ist der Gründungsfonds bis zur Hälfte seines Bestandes zu verwenden. Der Gründungsfonds beträgt 500 000 M. und ist zu einem Viertel bar eingezahlt, der Rest durch Solawechsel gedeckt. Die Zeichner haben kein Kündigungsrecht, dagegen wird ihnen die Bareinzahlung mit 4 % verzinst. Die Tilgung, mit der begonnen werden soll, nachdem die Kosten der Errichtung und die im ersten Jahre entstehenden Kosten der Einrichtung getilgt worden sind, erfolgt aus den Jahreseinnahmen (Überschüssen) in dem Maße, in dem die Bildung des Reservefonds vor sich geht. Da der Reservefonds am Ende des zweiten Geschäftsjahres 31 248,29 M. betrug, war entsprechend dieser Höhe ein Teil des Gründungsfonds auf dem Wege der Auslosung zu tilgen.

Sollten auch diese Mittel nicht ausreichen, so sind die Mitglieder zu Nachschüssen bis zum fünffachen Betrage der für das Rechnungsjahr gezahlten Beiträge verpflichtet. Zur Deckung eines etwa dann noch verbleibenden Defizits werden die Reste des Reservefonds und dann des Gründungsfonds herangezogen. Darüber hinaus haftet der Verband nicht, es tritt vielmehr Kürzung der Ansprüche ein.

Um aber vor solchen Schlägen sicher zu sein, hat der Verband mit der Ersten Österreichischen Allgemeinen Unfall-Versicherungs-Gesellschaft in Wien, derselben Gesellschaft, die auch dem Haftpflichtverband der Zuckerindustrie Rückversicherung gewährt, einen Vertrag abgeschlossen, demzufolge diese Gesellschaft den 5000 M. übersteigenden Betrag der Schadenersatzleistungen des Verbandes trägt Der Vertrag ist 1904 auf die Dauer von zehn Jahren abgeschlossen und für die Dauer von fünf Jahren beiderseits unkündbar.

Durch seinen hohen Gründungsfonds, seine günstige Rückversicherung und vor allem dadurch, daß der Verband sich auf sieben mächtige Berufsgenossenschaften stützt, ist er der größte und bedeutendste industrielle Haftpflichtversicherungsverband. Trotzdem er von den Haftpflichtversicherungsgesellschaften mit aller Energie als gefährlichster Konkurrent bekämpft worden ist, hat er in den wenigen Jahren seines Bestehens doch eine größere Verbreitung gefunden. Der letzte Geschäftsbericht gibt zwar die Zahl der Versicherten nicht an, wohl aber die Jahreslohnsumme, diese betrug 237 650 000 M., während auf die sieben Berufsgenossenschaften 1070 844 736 M. entfallen. Trotz der kurzen Zeit und trotz des Umstandes, daß eine Reihe von Werken noch auf längere Zeit durch langfristige Versicherungsverträge an Haftpflichtversicherungsgesellschaften gebunden sind, entfallen also bereits 22,2 % der Lohnsummen auf den Haftpflichtverband. Rechnet man noch die 115 181 130 M. der Nordöstlichen Eisen- und Stahlberufsgenossenschaft hinzu, so sind es immer noch 20 %. Dabei hebt der Geschäftsbericht hervor, daß nicht nur eine große Anzahl der führenden Betriebe der Deutschen Eisenindustrie sich dem Verband angeschlossen hat, sondern auch relativ zahlreich die Anträge zum Beitritt aus den Kreisen der kleinen Betriebe einliefen.

Das finanzielle Ergebnis war in den beiden Jahren günstig. 1904 verlangte nur Schadenzahlungen im Betrage von 1055,45 M. gegenüber einer Bruttoprämieneinnahme von 29 293,46 M. oder 17 577,33 M. für eigene Rechnung, d. h. abzüglich der Rückversicherungsprämien. 1905 standen einer Prämieneinnahme für eigene Rechnung von 47 533,41 M. Schadenzahlungen von 22 761,40 M. gegenüber, davon 20 000 M. reserviert. Interessant ist das Verhältnis der Sach- zu den Körperschäden. Erstere verlangten in 21 Fällen 2666,80 M., letztere in 2 94,60 M. Auch im ersten Jahre war für Sachschäden 974,35 M., für Körperschäden dagegen nur 81,10 M. aufgewendet worden. Die Verwaltungskosten betrugen 23 051,90 M. oder 22 % der Einnahmen [1]). Den Gesamteinnahmen

1) In einer Polemik der Deutschen Versicherungszeitung mit dem Verband (vgl. Nr. 48 und Nr. 53 des Jahrganges 1906) werden zu den Verwaltungskosten noch die Abschreibungen auf das Inventar und die

von 104793,37 M. standen Ausgaben von 103789,01 M. gegenüber, so daß sich ein Überschuß von 1004,36 M. ergibt.

Der dritte industrielle Haftpflichtversicherungsverein ist der Versicherungsverband Deutscher Eisenbahnen und Kleinbahnen zu Berlin (Versicherungsverein auf Gegenseitigkeit), der am 3. Dezember 1906 die staatliche Genehmigung erhalten und mit Beginn des Jahres 1907 seine Tätigkeit aufgenommen hat. Er steht nicht in Verbindung mit der Privatbahn- oder der Straßen- und Kleinbahnberufsgenossenschaft, welch letztere eine eigene Gründung auf Grund des bereits erwähnten § 23 plant (vgl. § 9 S. 65), sondern mit der großen Bahnbaufirma Lenz & Co., Gesellschaft mit beschränkter Haftung in Berlin. Diese schießt die Verwaltungskosten vor; es steht ihr ferner der Vorsitz im Vorstande zu, solange sie mindestens bei dem vierten Teile der Verbandsbahnen Betriebsführerin ist. Der Verband ist der Rechtsnachfolger des Haftpflichtverbandes Deutscher Eisenbahn- und Kleinbahnverwaltungen zu Berlin.

Es können dem Verband im Deutschen Reich ansässige Privateisenbahnen und Kleinbahnen oder ihre Pächter bezw. Nießbraucher beitreten. Der Beitritt von Vollbahnen und ausländischen Bahnen ist ausgeschlossen, auch können im Deutschen Reich ansässige Eisen- oder Kleinbahnen dem Verband nicht mit den etwa ihnen gehörigen ausländischen Bahnstrecken beitreten.

Der Verband bezweckt gemeinsame Tragung derjenigen Entschädigungen, welche von einem Verbandsmitglied nach Maßgabe des Haftpflichtgesetzes vom 7. Juni 1871 zu zahlen sind für Unfälle (d. h. Körperverletzungen und Tötungen), die den Fahrgästen der Bahn oder andern nicht in der Ausübung des Betriebsdienstes begriffenen Personen zugestoßen sind. Demnach würde also Ersatz des Regresses, den die Berufsgenossenschaft auf Grund des § 136 des Gewerbe-Unfallversicherungsgesetzes an einer Eisenbahnverwaltung nimmt, nicht vom Verband geleistet.

Darüber geht aber der Verband noch hinaus, indem er ferner Ersatz leistet: a) für die Materialschäden (d. h. Schäden am Bahnkörper,

Kosten für die erste Errichtung sowie die Zinsen an die Gründungsfondszeichner gerechnet, so daß die Verwaltungskosten dann 42% der Beiträge ausmachten. Nun sind das allerdings Kosten, die auf den Versicherten lasten, wenn auch nicht ganz. Denn auf die an die Gründer gezahlten Zinsen (5000 M.) sind doch die eigenen Zinsen (5391,56 M.) zu verrechnen. Aber unter Verwaltungskosten im engeren Sinne kann man diese Ausgaben nicht rechnen.

an Bauwerken, rollendem Material und an der zur Beförderung übernommenen Ladung, sowie an Dienst- und Baugütern), welche bei einem Betriebsunfall entstanden sind, b) für die durch Feuer verursachten Schäden an rollendem Material.

Der Verband verbindet demnach mit der Haftpflichtversicherung eine Transport-, wenn man will, auch eine Feuerversicherung, unterscheidet sich also hierdurch weit von den bisher erwähnten Haftpflichtverbänden.

Für die Ersatzleistung gelten aber folgende Einschränkungen. Die Bahn hat stets einen Teil des Schadens selbst zu tragen und zwar beträgt dieser für jeden einzelnen Unfall oder Feuerschaden:

a)	bei normalspurigen Bahnen . .	2000 M.
b)	„ Bahnen von 1,00 m Spurweite	1250 „
c)	„ „ „ 0,75 m „	1000 „
d)	„ „ „ 0,60 m „	750 „

Erwachsen einer Verbandsbahn aus einem und demselben Vorkommnis Entschädigungsverpflichtungen nach dem Haftpflichtgesetz und Materialschäden, so wird dies als ein Unfall betrachtet, also demgemäß die Selbstversicherung berechnet.

In Haftpflichtfällen, bei denen die Verletzung oder Tötung mehrerer Personen durch ein und denselben Eisenbahnunfall in Frage kommt, ist die Ersatzleistung des Verbandes auf 200 000 M. beschränkt, wobei die Kosten etwaiger Haftpflichtprozesse nicht in Anrechnung gebracht werden. Bei Materialschäden werden nur die Selbstkosten der Wiederherstellung oder des Ersatzes, in letzterem Falle nach Abzug des Wertes für das unbrauchbare, vergütet. Erfolgt die Wiederherstellung in eigener Werkstatt oder durch eigene Leute der Bahn, so dürfen nur die wirklich gezahlten Arbeitslöhne zuzüglich 60 % Generalkosten und die wirklich aufgewendeten Kosten für Materialbeschaffung zuzüglich 5 % Generalkosten, jedoch abzüglich des Wertes des gewonnenen Altmaterials, ersetzt werden.

Während die Haftpflichtversicherungsverbände im allgemeinen ebenso wie die Haftpflichtversicherungsgesellschaften es dem Versicherten nicht gestatten, ohne ihre Genehmigung Haftpflichtansprüche dritter Personen anzuerkennen, hat hier jede Bahn die volle Berechtigung, sowohl einen Entschädigungsanspruch überhaupt anzuerkennen als auch die Höhe der Entschädigung und die Form, in welcher sie gewährt werden soll, selbständig zu vereinbaren. Nur über die Höhe einer durch Vergleich zu gewährenden Abfindungssumme hat sich die

Bahn vor Abschluß des Vergleichs mit dem Vorstand des Versicherungsverbandes zu verständigen. Einreden gegen die Richtigkeit und Zweckmäßigkeit des Verfahrens der von dem Unfall betroffenen Verbandsbahn stehen dem Versicherungsverband nicht zu, unbeschadet der Haftung der betr. Bahn für absichtliches oder grobfahrlässiges Verschulden. Gegen den ablehnenden Beschluß des Vorstandes kann die Bahn den Aufsichtsrat und gegen dessen Beschluß die Generalversammlung anrufen. Gegen deren Entscheidung kann der ordentliche Rechtsweg beschritten werden.

Die Aufbringung der Mittel erfolgt durch Umlagen, die von Fall zu Fall von den Mitgliedern nach Verhältnis der Bruttobetriebseinnahmen (Gesamtbetriebseinnahmen ohne Abzug der Ausgaben) in unbegrenzter Höhe erhoben werden. Dabei kennt der Verband eine eigentümliche, sonst ja auch im Versicherungswesen (Hagel- und Viehversicherung) übliche Rabattgewährung an solche Eisenbahnen, die keinen Unfall gehabt haben. Es wird nämlich die der Beitragsleistung zu Grunde zu legende Bruttobetriebseinnahme für jedes Jahr, in dem eine Bahn den Versicherungsverband nicht in Anspruch genommen hat, für diese Bahn um 10% bis höchstens 50% ermäßigt. Hat eine Bahn den Verband in Anspruch genommen, so wird ihr Beitrag für vier Jahre nach ihrer vollen Bruttobetriebseinnahme berechnet.

Die Umlegung der von der Firma Lenz & Co. vorgeschossenen Verwaltungskosten erfolgt nach Schluß des Geschäftsjahres.

Der Verband besitzt keinen Gründungsfonds, es soll auch kein Reservefonds gebildet werden, ebensowenig soll das Risiko ganz oder teilweise durch Rückversicherung gedeckt werden. In den allereinfachsten Formen werden also die Geschäfte betrieben, die ganze Last ruht auf den Schultern der Mitglieder. Wir haben es eben hier mit einem Verband zu tun, der nur große, sehr leistungsfähige Betriebe zu seinen Mitgliedern zählt. Das zeigt schon die sehr hohe Selbstversicherung. Dazu kommt, daß die Deckung dieser Gefahren bei Haftpflicht- wie Transportversicherungsgesellschaften eben wegen des großen Risikos auf Schwierigkeiten stoßen würde. Es ist eigentlich das System der Staatsbahnen, Deckung der Schäden aus den eigenen Betriebseinnahmen, hier auf die zu einem Verband zusammengefaßten Kleinbahnen übertragen worden.

Da der Verband erst in diesem Jahr in Tätigkeit getreten ist, kann über seine Entwickelung nichts berichtet werden. Die beiden hier in Betracht kommenden Berufsgenossenschaften umfaßten 1905 586 Betriebe.

§ 9.

Die Haftpflichtversicherungsanstalten der Berufsgenossenschaften.

Die gewerblichen Berufsgenossenschaften haben erst in letzter Zeit begonnen, von dem Recht, das ihnen, wie bereits früher erwähnt, der § 23 des Hauptgesetzes zu den Unfallversicherungsgesetzen gibt, eigene Haftpflichtversicherungsanstalten zu errichten, Gebrauch zu machen. Ja, zur Zeit ist noch keine Gründung vollendet, es liegen nur erst die Anträge dem Bundesrat vor und zwar seitens der Straßen- und Kleinbahn-, der Glas- und der Tiefbauberufsgenossenschaft. Immerhin gibt ein Blick in die Satzungsentwürfe ein einigermaßen zutreffendes Bild der künftigen Einrichtungen.

Rechtsträger der geplanten „Haftpflichtversicherungsanstalt der Straßen- und Kleinbahn-Berufsgenossenschaft" ist die genannte Berufsgenossenschaft; ihre Organe führen die Verwaltung. Als Ersatz für die laufenden Verwaltungskosten zahlt die Anstalt der Berufsgenossenschaft ein am Schlusse jedes Rechnungsjahres zu vereinbarendes Pauschquantum. Zur Erledigung der Geschäfte wählt der Genossenschaftsvorstand einen Bevollmächtigten aus seiner Mitte und einen Stellvertreter desselben. Dem Bevollmächtigten stehen zwei weitere Mitglieder des Genossenschaftsvorstandes als Beirat zur Seite. Ihre Zustimmung hat der Bevollmächtigte einzuholen bei Zubilligung einer Rente von über 1000 M. jährlich und bei Gewährung einer einmaligen Entschädigung von über 5000 M., sowie bei allen Rentenkapitalisierungen. Die von dem Bevollmächtigten aufzustellende Bilanz wird der Genossenschaftsversammlung zur Genehmigung vorgelegt. Eine Versammlung der Mitglieder der Haftpflichtversicherungsanstalt oder deren Vertreter findet nicht statt.

Mitglieder der Anstalt können nur solche Betriebsunternehmer sein, die der Straßen- und Kleinbahn-Berufsgenossenschaft als Mitglieder angehören. Der Antrag auf Aufnahme kann seitens des Bevollmächtigten abgelehnt werden, wenn der Antragsteller durch sein bisheriges Verhalten zu der Befürchtung Anlaß gegeben hat, daß er in besonders hohem Maße fremde Personen oder fremdes Eigentum gefährdet oder wenn bei ihm mit besonderer Haftpflichtgefahr verbundene Verhältnisse obwalten.

Die Haftpflichtversicherungsanstalt deckt die Betriebshaftpflicht der bei ihr versicherten Straßen- und Kleinbahnen und zwar sowohl aus Körperverletzung und sonstiger Gesundheitsschädigung wie auch aus Sachbeschädigung. Auch die Fürsorgepflicht auf Grund des § 12 des Gewerbe-Unfallversicherungsgesetzes ist in die Versicherung eingeschlossen. Ausgeschlossen von der Versicherung sind Brandschäden durch Funkenflug aus Lokomotiven — ein zu riesigen Ersatzansprüchen führendes und deshalb mit Recht gemiedenes Risiko — ferner alle Beschädigungen, deren Ersatz im ganzen den Betrag von 500 M. für das Schadenereignis nicht übersteigt und schließlich alle Beschädigungen, die in einem bei der Straßen- und Kleinbahnberufsgenossenschaft nicht versicherten Nebenbetriebe entstanden sind, es sei denn, daß dieser Nebenbetrieb in die Haftpflichtversicherungsanstalt aufgenommen worden ist.

Die Anstalt gewährt Ersatz in unbegrenzter Höhe, auch bei Sachschäden, nur bei den Ansprüchen, die sich auf das Gewerbe-Unfallversicherungsgesetz stützen, ist der Ersatz entsprechend der Vorschrift des § 23 auf $66^2/_3$ % beschränkt. Nach der Bestimmung des Statuts fallen darunter auch die Ansprüche aus § 12 des Gewerbe-Unfallversicherungsgesetzes, die aber doch nicht als Haftpflichtansprüche, sondern nur als eine dem Unternehmer auferlegte Fürsorgeverpflichtung betrachtet werden können. Die Schuldfrage fällt ja hier fort.

Wenn der Versicherte eine mit besonderer Gefahr für fremde Personen oder fremdes Eigentum verbundene Betriebseinrichtung auf eine an ihn ergangene schriftliche Aufforderung innerhalb einer ihm gestellten angemessenen Frist nicht beseitigt und dann durch die Betriebseinrichtung ein Schaden entsteht, so ist die Anstalt nicht verpflichtet, diesen Schaden zu ersetzen, es sei denn, daß die Versäumung den Umständen nach als eine unverschuldete anzusehen ist. Von jedem Beschädigungsanspruch ist bei Vermeidung des Verlustes des Ersatzanspruches binnen 30 Tagen nach erhaltener Kenntnis Mitteilung zu machen. Soweit über Streitigkeiten der Vorstand nicht endgültig entscheidet, werden sie vor einem Schiedsgericht ausgetragen. Der ordentliche Rechtsweg ist ausgeschlossen.

Die Aufbringung der Mittel erfolgt durch jährlich im voraus zu entrichtende Prämien. Diese sollen bis auf weiteres 6 ‰ der im vorletzten Kalenderjahr erzielten Bruttoprämieneinnahmen aus den versicherten Betrieben und den in den Versicherungsvertrag eingeschlossenen Nebenbetrieben betragen. Der Genossenschaftsvorstand ist befugt, für solche Versicherungsnehmer, bei denen mit besonderer Haftpflichtgefahr verbundene Verhältnisse obwalten, die zu zahlende Prämie und Umlagebeiträge verhältnismäßig bis auf den doppelten Betrag zu erhöhen.

Reichen die Beiträge nicht aus, so ist zunächst der Reservefonds heranzuziehen. Dieser wird gebildet:

a) durch eine einmalige neben der Prämie von jedem Versicherungsnehmer bei seinem Eintritt in die Anstalt zu bewirkende Einzahlung von $1/2$ ‰ der beitragspflichtigen Einnahmen,

b) durch die Zinsen der Bestände,

c) durch die nicht verbrauchten Beträge der Schadenreserven aus erledigten Unfällen,

d) durch die etwaigen jährlichen Überschüsse an Prämien.

Diese Beträge sollen so lange in den Reservefonds fließen, bis er eine Höhe erreicht hat, welche dem Gesamtbedürfnis der letzten drei Jahre gleichkommt.

Zur Deckung eines Verlustes darf der Reservefonds nur bis zur Hälfte seines Bestandes angegriffen werden. Ein noch nicht getilgtes Defizit ist durch Umlagen der Mitglieder im Verhältnis ihrer beitragspflichtigen Bruttoeinnahmen in unbegrenzter Höhe aufzubringen. Die Berufsgenossenschaft selbst haftet nicht für die Verpflichtungen der Anstalt gegenüber den Versicherten. So ausdrücklich § 4 der Satzungen (vgl. S. 29). Um die Mitglieder in einem Jahre nicht zu stark zu belasten, kann der Genossenschaftsvorstand mit Genehmigung des Reichsversicherungsamts beschließen, die erforderlichen Mittel ganz oder teilweise durch eine Anleihe zu beschaffen. Die Anleihe muß jedoch in längstens fünf Jahren mit den Zinsen zurückgezahlt werden ohne Rücksicht auf die Höhe der Umlage, die zur Erfüllung dieser Verpflichtung erforderlich ist.

Die Anstalt soll erst eröffnet werden, wenn wenigstens 40 Millionen beitragspflichtiger Roheinnahmen von den an der Anstalt sich beteiligenden Versicherungsnehmern nachgewiesen sind. Spätestens bis zum Ablauf von fünf Jahren seit Eröffnung der Anstalt ist der Genossenschaftsversammlung seitens des Genossenschaftsvorstandes eine Vorlage zu unterbreiten, in welcher die bis dahin gemachten Erfahrungen im allgemeinen und das Verhältnis zwischen Beiträgen und Leistungen im besondern einer Erörterung unterzogen und zu einer Beschlußfassung darüber aufgefordert wird, ob die bisherigen

Satzungen beibehalten oder abgeändert werden sollen oder ob die Anstalt aufzulösen ist.

Diese Anstalt steht in keinem Zusammenhang mit dem S. 62 erwähnten Versicherungsverband Deutscher Eisenbahnen und Kleinbahnen zu Berlin, der andere Bahnen umfaßt.

Der Entwurf des Statutes für die Haftpflichtversicherungsanstalt der Glasberufsgenossenschaft stimmt mit dem der Straßen- und Kleinbahnberufsgenossenschaft, was die Organisation angeht, überein, weicht dagegen in den Bestimmungen über den Umfang der Haftung erheblich ab. Die Anstalt soll die Betriebs- und Privathaftpflicht der Mitglieder der Glasberufsgenossenschaft, ferner die Betriebshaftpflicht der Bevollmächtigten, Repräsentanten, Betriebs- oder Arbeiteraufseher decken und zwar sowohl wenn es sich um Unfälle und Krankheiten, als auch wenn es sich um Sachbeschädigung handelt. Im letzteren Falle ist allerdings die Ersatzpflicht der Anstalt auf 20000 M. beschränkt, außerdem trägt der Versicherte in jedem Falle 20% des Schadens. Eine Ersatzpflicht tritt überhaupt nur bei Sachschäden über 20 M. ein. Ausgeschlossen von der Versicherung sind folgende Fälle. Einmal alle Fälle, in denen die Beschädigung in einem bei der Glasberufsgenossenschaft nicht versicherten Betrieb oder durch Verletzungen der Pflichten eines anderen Berufes entstanden ist, ferner die Haftpflicht wegen der von dem Versicherten seinem Ehegatten, seinen Kindern oder den Bevollmächtigten, Repräsentanten, Betriebs- oder Arbeiteraufsehern sowie deren Eigentum zugefügten Beschädigungen, soweit es sich nicht um einen Anspruch auf Grund der §§ 136 und 139 des Gewerbe-Unfallversicherungsgesetzes (z. B. Regreß der Berufsgenossenschaft) handelt. In den Versicherungsbedingungen des Unfallversicherungsverbandes findet sich eine ähnliche Bestimmung bezüglich aller Personen, welche bis zum dritten Grade mit dem Versicherten verwandt oder verschwägert sind. Man fürchtet hier, daß der Versicherte, da es sich um ihm nahestehende Personen handelt, leicht geneigt sein wird, seine Haftpflicht zuzugeben und eher für diese Personen als, wie er es nach den Bedingungen sollte, für den Versicherer Partei nimmt. Ebenso stimmt mit den Versicherungsbedingungen der Gesellschaften die Bestimmung überein, daß die Haftpflicht wegen Beschädigung von fremden Sachen, welche dem Versicherten zur Benutzung, Aufbewahrung, Instandsetzung oder Bearbeitung übergeben waren oder welche er sonst in Gewahrsam hatte, von der Versicherung ausgeschlossen ist. Es handelt sich ja hier auch nicht um gesetzliche, sondern nur um vertragliche Haftpflicht. Ferner tritt die Anstalt nicht ein für die Haftpflicht wegen Beschädigungen, für welche der Versicherungsnehmer in seiner Eigenschaft als Eigentümer eines nicht Betriebszwecken dienenden und auch nicht auf der Betriebsstätte befindlichen Privathauses verantwortlich ist. Schließlich ist die Automobilhaftpflicht und die für Schußwaffen von der Versicherung ausgeschlossen. Die Anstalt tritt nicht für Fürsorgeverpflichtungen, z. B. auf Grund des § 617 des BGB. oder § 63 des HGB. oder § 12 des Gewerbe-Unfallversicherungsgesetzes, ein.

Auch hier ist für Streitigkeiten ein schiedsgerichtliches Verfahren mit Ausschluß des Rechtsweges vorgesehen.

Die Leistungen werden durch jährlich im voraus zu leistende Beiträge aufgebracht, die vorläufig entsprechend den bisherigen Erfahrungen der Unfallgenossenschaft der Deutschen Glasindustrie (vgl. S. 48) auf 0,5 ‰ der im letztvergangenen Kalenderjahr gezahlten Löhne festgesetzt ist. Bis zur Aufstellung eines Gefahrentarifes ist der Genossenschaftsvorstand befugt, für solche Versicherungsnehmer, bei denen mit besonderer Haftpflichtgefahr verbundene Verhältnisse obwalten, die zu zahlende Grundprämie bis auf den dreifachen Betrag zu erhöhen. Sollten die Beiträge nicht ausreichen, so ist der Mehrbetrag durch Umlegung auf die Versicherten aufzubringen. Ein Maximalbetrag ist nicht festgesetzt. Damit aber die Versicherten nicht in besonders verlustreichen Jahren zu stark in Anspruch genommen werden, ist ein Reservefonds zu bilden. Zu diesem Zweck ist ein Betrag in Höhe von 15 % der Verwaltungskosten und der auf jedes Jahr entfallenden sonstigen Zahlungen alljährlich so lange an den Reservefonds abzuführen, bis der Reservefonds die Höhe von 25 000 M. erreicht hat. Außerdem fließen dem Reservefonds, und zwar auch dann, wenn er die vorgeschriebene Höhe erreicht hat, folgende Beträge zu:

1) seine eigenen Zinsen,

2) die sich etwa ergebenden Überschüsse, sofern nicht die Genossenschaftsversammlung eine andere Verwendung beschließt,

3) die von den Versicherten verwirkten Vertragsstrafen.

Um aber weitere Sicherheit gewähren zu können, ist der Genossenschaftsvorstand berechtigt, Rückversicherung gegen feste Prämie zu gewähren. Außerdem kann die Genossenschaftsversammlung beschließen, mit den von anderen gewerblichen Berufsgenossenschaften errichteten Haftpflichtversicherungsanstalten Verträge über gemeinsame

Tragung einzelner Risiken, insbesondere größerer Schäden, abzuschließen; also nicht etwa einen Vertrag über gemeinsame Tragung eines Teiles des ganzen Risikos.

Die Anstalt soll mit Beginn des auf die Genehmigung des Statutes folgenden Kalenderjahres eröffnet werden, sofern bis zu diesem Zeitpunkt Betriebsunternehmer mit einer Gesamtsumme gezahlter Löhne von mindestens 5 Millionen Mark ihren Beitritt erklärt haben. Da die bei der Unfallgenossenschaft versicherten Unternehmer bereits eine Jahreslohnsumme von über 18 Millionen Mark aufweisen, ist an der Erfüllung dieser Bedingung wohl kaum zu zweifeln.

Der Entwurf des Statutes für die Haftpflicht-Versicherungsanstalt der Tiefbau-Berufsgenossenschaft lehnt sich an die beiden vorerwähnten Entwürfe, namentlich den der Glasberufsgenossenschaft, an. Im einzelnen ergeben sich folgende Unterschiede. Im Namen des Genossenschaftsvorstandes führt eine aus seiner Mitte zu errichtende Abteilung die sämtlichen Geschäfte. Über Beschwerden befindet ein besonderer Beschwerdeausschuß, der aus 5 Mitgliedern, ausschließlich des Vorsitzenden, besteht. Die Mitglieder werden von der Genossenschaftsversammlung aus dem Kreise der Versicherten auf die Dauer von 3 Jahren gewählt. Den Vorsitz führt der Vorsitzende der Tiefbauberufsgenossenschaft, der aber im allgemeinen nicht abstimmen, sondern nur bei Stimmengleichheit den Ausschlag geben soll.

Die Mitglieder müssen mit sämtlichen bei der Tiefbauberufsgenossenschaft katastrierten Bauarbeiten und Nebenbetrieben beitreten. Der Umfang der Haftung ist derselbe wie bei der Glasberufsgenossenschaft, nur ist außerdem noch die Haftung für Wildschaden und für dem Versicherten zugefügte Schäden ausgeschlossen. Die Ersatzpflicht der Anstalt ist für das einzelne Ereignis in folgender Weise begrenzt:

a) bei Personenschaden: Ersatz der zu zahlenden Entschädigungsbeträge bis zur Höhe von 150 000 M., jedoch wird Ersatz des Schadens bis zu 5000 M. nur mit 90% gewährt und bei einem höhern Schaden stets der Betrag von 500 M. gekürzt,

b) bei Sachschaden: Ersatz der zu zahlenden Entschädigungsbeträge bis zur Höhe von 50 000 M., jedoch wird Ersatz des Schadens bis zu 10 000 M. nur mit 90% gewährt und bei einem höheren Schaden stets der Betrag von 1000 M. gekürzt.

Über einen abgelehnten Anspruch entscheidet der Beschwerdeausschuß, dessen Entscheidung nur binnen einer Präklusivfrist von einem Monat im schiedsgerichtlichen Verfahren angefochten werden kann.

Die Beiträge zerfallen in Grundprämien und Umlagen. Die Grundprämie beträgt 1½ ‰ der in dem vorhergehenden Kalenderjahr der Berufsgenossenschaft nachgewiesenen Gehalts- und Lohnsummen unter Zugrundelegung besonderer Prozentsätze und der entsprechenden Gefahrenziffer. Diese Prozentsätze und Gefahrenziffern sind die gleichen wie die auf S. 40 angeführten der Unfallgenossenschaft der deutschen Tiefbauunternehmer.

Ergibt die Berechnung der endgültigen Prämie einen höheren Satz als 2 ‰ der Lohneinheiten, so kann der erforderliche Mehrbedarf vor weiterer Heranziehung der Versicherten zunächst dem Reservefonds entnommen werden. Jedoch darf dieser in einem Jahr nur bis zur Hälfte seines Bestandes angegriffen werden. Dem Reservefonds ist jährlich ein Betrag von 10 %, sobald aber der Betriebsfonds seine satzungsmäßige Höhe erreicht hat, ein Betrag von 15 % der Verwaltungskosten und der auf jedes Jahr entfallenden sonstigen Kosten so lange zuzuführen, bis er eine Höhe erreicht, die dem Gesamtbedürfnis der letzten 5 Jahre gleichkommt. Außerdem fließen ihm seine eigenen Zinsen, die etwaigen Überschüsse, soweit darüber nicht anderweit verfügt wird, und die von den Versicherten verwirkten Ordnungsstrafen zu.

Um die Verwaltungskosten und die sonstigen Zahlungen der einzelnen Jahre bis zur Erstattung aus den am Schluß des Jahres einzuziehenden endgültigen Prämien vorschußweise zu decken, ist ein Betriebsfonds zu bilden. Zu diesem Zwecke werden jährlich 10 % der Jahresausgabe für Verwaltungskosten und Entschädigungen so lange zurückgestellt, bis der Betriebsfonds zuzüglich der jährlichen Einnahmen an Grundprämien auf eine dem Gesamtbedürfnis eines Rechnungsjahres an Verwaltungskosten und Entschädigungen entsprechende Summe nach dem Durchschnitt der jeweilig zuletzt abgelaufenen drei Rechnungsjahre gebracht ist.

Wenn die verfügbaren Mittel des Reservefonds zur Deckung des Fehlbetrages nicht genügen, kann der Genossenschaftsvorstand mit Genehmigung des Reichsversicherungsamts beschließen, die weiter erforderlichen Mittel ganz oder teilweise durch Anleihe zu beschaffen.

Die Anstalt soll nach erfolgter Genehmigung des Statuts eröffnet werden, sofern bis zu diesem Zeitpunkte mindestens 300 Betriebsunternehmer den Beitritt erklärt haben, von denen im vorhergehenden Rechnungsjahr eine Gehalts- und Lohnsumme von 20 Millionen Mark nachgewiesen ist. Wie auf S. 42 erwähnt, gehörten der Unfallgenossenschaft der deutschen Tiefbauunternehmer nur 96 Mitglieder mit 10 607 324 M. Jahreslohnsumme an; es müßte also noch ein starker Zuwachs erfolgen.

B. Die landwirtschaftlichen Haftpflichtversicherungsverbände.

§ 10.

Die Haftpflichtversicherungsanstalt des Hannoverschen Provinzialverbandes.

Für die landwirtschaftlichen Haftpflichtversicherungsverbände ist die 1896 gegründete Haftpflichtversicherungsanstalt des Hannoverschen Provinzialverbandes, die am 1. August 1896 den Geschäftsbetrieb eröffnete, in vielen Punkten vorbildlich geworden. Sie ist eine Einrichtung des Provinzialverbandes, hat demnach keine eigene Rechtspersönlichkeit, vielmehr ist der Provinzialverband Rechtsträger der Anstalt. Die Verwaltung wird von dem Landesdirektorium unentgeltlich geführt, jedoch unter Anrechnung der sachlichen Verwaltungskosten wie Schreibgebühren, Druckkosten, u. s. w. und unter Vorbehalt der Befugnis, besondere Bureau- und Kassenbeamte anzustellen und diese, sowie die nebenamtlich mit Wahrnehmung der Bureau- und Kassengeschäfte betrauten Bureau- und Kassenbeamten der Provinzialverwaltung und der landwirtschaftlichen Berufsgenossenschaft auf Kosten der Versicherungsanstalt angemessen zu besolden bezw. zu entschädigen. Die Entlastung des Rechnungsführers erfolgt durch den Provinziallandtag, der auch für Satzungsänderungen zuständig ist.

Aufnahmefähig sind nur die Mitglieder der Hannoverschen landwirtschaftlichen Berufsgenossenschaft. Die Aufnahme kann solchen Unternehmern verweigert werden, welche durch ihr bisheriges Verhalten zu der Befürchtung Anlaß geben, daß sie durch Fahrlässigkeit fremde Personen und fremdes Eigentum in hohem Grade gefährden, oder bei denen außerhalb des landwirtschaftlichen Betriebes liegende, mit besonderer Haftpflichtgefahr verbundene Verhältnisse obwalten. Gegen den die Aufnahme ablehnenden Bescheid des Landesdirektoriums steht dem Antragsteller die Beschwerde an den Provinzialausschuß frei.

Die Versicherung umfaßt die gesamte Haftpflicht des Versicherten, seiner mit ihm in Familiengemeinschaft lebenden Ehegattin und Kinder, sowie auch die der Betriebsbeamten für die im Betrieb vorgekommenen Handlungen und Unterlassungen. Die Versicherung erstreckt sich auch auf solche Fälle, welche auf außerhalb der Provinz Hannover gelegenen, einem der Hannoverschen landwirtschaftlichen Berufsgenossenschaft angeschlossenen landwirtschaftlichen Betrieb angehörigen Grundstücke oder im Grenzverkehr sich ereignet haben. Von der Versicherung ist ausgeschlossen die Haftpflicht wegen Beschädigungen, welche in einem, der Hannoverschen landwirtschaftlichen Berufsgenossenschaft nicht angeschlossenen landwirtschaftlichen Betriebe oder in einem gewerblichen Betriebe vorgekommen sind, sofern nicht der letztere als ein mit dem landwirtschaftlichen Betriebe des Versicherten verbundener Nebenbetrieb zur landwirtschaftlichen Unfallversicherung mit eingeschätzt ist[1]), ferner alle Schäden unter 20 M.,

1) Nach § 1 des Unfallversicherungsgesetzes für Land- und Forstwirtschaft gelten als landwirtschaftliche Nebenbetriebe insbesondere die Betriebe, welche bestimmt sind:

1) zur weiteren Bearbeitung oder Verarbeitung von Erzeugnissen der Land- oder Forstwirtschaft des Unternehmers,
2) oder zur Befriedigung von Bedürfnissen seiner Land- oder Forstwirtschaft,
3) oder zur Gewinnung oder Verarbeitung von Bodenbestandteilen seines Grundstückes.

Dagegen gelten nicht als landwirtschaftliche Nebenbetriebe:

1) Bergwerke, Salinen, Aufbereitungsanstalten, Werften, Bauhöfe, Hüttenwerke, sowie Betriebe, in denen Explosivstoffe oder explodierende Gegenstände erzeugt werden,
2) solche Betriebe, welche nach näherer Bestimmung des Reichsversicherungsamts wegen ihres erheblichen Umfanges oder wegen besonderer maschineller Einrichtungen oder wegen der Zahl der verwendeten gewerblichen Arbeiter den unter das Gewerbe-Unfallversicherungsgesetz fallenden Fabriken zuzurechnen sind.

Dies sind nach einer Bestimmung des Reichsversicherungsamts vom 16. Oktober 1901 (Amtl. Nachrichten 17, 623):

1) Steinbrüche und Gräbereien,
   a) welche unterirdisch betrieben werden,
   b) in denen die Zahl der Arbeitstage der beschäftigten versicherungspflichtigen Personen im Jahresdurchschnitt 1200 übersteigt,
2) Torfgewinnungsbetriebe, einschl. derjenigen, welche Preßtorf erzeugen, in denen die Zahl der Arbeitstage der beschäftigten versicherungspflichtigen Personen im Jahresdurchschnitt 1200 übersteigt,
3) Torfstreu- und Torfbrikettfabriken,

Schäden durch Schußwaffen, sofern der Einschluß dieser Gefahr nicht besonders beantragt wird, ferner die Haftpflicht wegen solcher Beschädigungen, die den mit dem Unternehmer in Familiengemeinschaft lebenden Ehegatten und Kindern oder deren Eigentum zugefügt werden, ausgenommen die Fälle des Regresses der Berufsgenossenschaft, ferner wegen solcher Beschädigungen, welche Betriebsbeamte oder die mit dem Versicherten in Familiengemeinschaft lebenden Angehörigen dem Versicherten oder dessen Eigentum zufügen.

Die Anstalt gewährt eine Entschädigung in Höhe von 90 %, jedoch nicht mehr als 60000 M. für sämtliche von einem Versicherten in einem Jahr erhobenen Ansprüche.

Von jedem Anspruch hat der Versicherte bei Vermeidung einer Ordnungsstrafe von 1 bis 30 M. binnen drei Tagen Kenntnis zu geben. Lehnt das Landesdirektorium die Ersatzpflicht ganz oder teilweise ab, so kann der Versicherte Beschwerde bei dem Provinzialausschuß einlegen, es steht ihm aber auch außerdem der Rechtsweg offen.

Neben einem Eintrittsgeld werden als Beiträge zunächst eine Grundtaxe von 50 Pf. für jeden mit nicht mehr als 500 Arbeitstagen zur landwirtschaftlichen Berufsgenossenschaft eingeschätzten, und von 1 M. für jeden höher eingeschätzten Versicherten erhoben. Nach Bedarf werden weitere Beiträge erhoben, nach Maßgabe des Geldwertes der Jahresarbeitsleistung, womit der Versicherte zur

---

4) Kalkbrennereien und Kalköfen,
   a) welche kontinuierliche Feuerung haben,
   b) in denen die Zahl der Arbeitstage 1200 übersteigt,
5) Ziegeleien, in denen im Jahresdurchschnitt mindestens 500000 Ziegelsteine (Mauersteine, Dachziegel, Hohlziegel, Platten, Drainröhren u. s. w.) hergestellt werden,
6) Mahl- und Ölmühlen, in denen die Zahl der Arbeitstage 1200 übersteigt,
7) Schneidemühlen und Holzbearbeitungsbetriebe,
   a) in denen zur weiteren Bearbeitung der geschnittenen Rohhölzer (Balken, Bretter, Latten u. s. w.) besondere maschinelle Einrichtungen (z. B. Hobelmaschinen) verwendet werden,
   b) in denen die Zahl der Arbeitstage 1200 übersteigt,
8) Zuckerfabriken,
9) Betriebe der Nahrungsmittelindustrie, soweit sie bisher der Nahrungsmittelindustrie-Berufsgenossenschaft anzugehören hatten, in denen die Zahl der Arbeitstage 1200 übersteigt,
10) Brauereien und Mälzereien, in denen die Zahl der Arbeitstage 1200 übersteigt.

Unfallversicherung der Hannoverschen landwirtschaftlichen Berufsgenossenschaft veranlagt ist, einschließlich der eigenen Arbeitsleistung der nicht selbstversicherten Unternehmer und deren Ehefrauen. Die Beiträge dürfen jedoch in einem Jahre nicht mehr als höchstens 3 % des Geldwertes der Jahresleistung betragen, ausgenommen den Fall, daß diese 3 % noch nicht 10 % der Beiträge zur landwirtschaftlichen Unfallversicherung ausmachen. Für die Versicherung der Haftpflicht wegen Beschädigung durch Schußwaffen sind 5 M. oder 10 M. zu zahlen, je nachdem die Versicherung sich nur auf den Versicherten oder auch auf die Familienangehörigen und Betriebsbeamten beziehen soll. Für solche Versicherten, bei denen außerhalb des landwirtschaftlichen Betriebes liegende, mit besonderer Haftpflichtgefahr verbundene Verhältnisse obwalten, kann das Beitragsverhältnis sowohl bezüglich der Beiträge selbst als auch bezüglich der Grundtaxe entsprechend den tatsächlichen Verhältnissen des Einzelfalles angemessen erhöht werden, die Beiträge jedoch nur bis zum vierfachen Betrage.

Die Beiträge sollen tunlichst zugleich mit denjenigen für die Hannoversche landwirtschaftliche Berufsgenossenschaft an die mit der Hebung der letzteren beauftragten Gemeindevorsteher gezahlt werden. Dafür haben die Zahlungspflichtigen den Gemeindevorstehern 4 % der Beiträge als Hebungsgebühr zu entrichten. Von zahlungssäumigen Versicherten wird der fällig gewesene Beitrag auf ihre Kosten durch die Post und erforderlichen Falles gerichtlich eingezogen. Außerdem kann bei wiederholter Versäumnis die Versicherung gekündigt werden.

Übersteigt der zur Zahlung gelangende Betrag die vorläufig angenommene Summe, so wird der Fehlbetrag aus der verfügbaren Hälfte des Reservefonds genommen. Dem Reservefonds sind jährlich mindestens 15 % der Verwaltungskosten und der Entschädigungsbeträge zuzuführen. Er ist auf eine dem Gesamtbetrage der für die jeweilig zuletzt abgelaufenen zehn Rechnungsjahre erforderlich gewesenen Verwaltungskosten und Entschädigungen gleichkommende Summe zu bringen und auf dieser Höhe zu erhalten. In den Reservefonds fließen weiter die sich etwa ergebenden Überschüsse, sofern darüber nicht anders verfügt wird, die Ordnungsstrafen und seine eigenen Zinsen.

Außerdem ist zur vorläufigen Bestreitung der Ausgaben ein Betriebsfonds zu bilden. Diesem werden jährlich mindestens 15 % der Jahresausgabe überwiesen. Er soll auf eine dem Gesamtbedürfnis eines Rechnungsjahres an Verwaltungskosten und Entschädigungen gleichkommende Summe nach dem Durchschnitt der jeweilig zuletzt abgelaufenen drei Rechnungsjahre gebracht und auf dieser Höhe erhalten werden.

Das Landesdirektorium kann mit Genehmigung des Provinzialausschusses die dem Betriebs- und Reservefonds zu überweisenden Beträge für ein einzelnes Rechnungsjahr ermäßigen, wenn solches mit Rücksicht auf zu zahlende ungewöhnlich hohe Entschädigungsbeträge im Interesse der Versicherungsnehmer angebracht erscheint.

Reicht die Hälfte des Reservefonds nicht aus, so wird der Fehlbetrag mit den Beiträgen für das nächste Jahr eingezogen; diese dürfen jedoch die erwähnte Höhe nicht übersteigen. Genügen auch diese Beiträge nicht, so müssen sich die entschädigungsberechtigten Versicherten eine verhältnismäßige Kürzung ihrer Entschädigungsansprüche gefallen lassen. Der Provinzialverband haftet den Versicherten nicht für die Verbindlichkeiten der Anstalt. Nur wenn sich bei der Liquidation wider Erwarten ein Fehlbetrag ergeben sollte, welcher durch die zur Durchführung der Liquidation erhobenen Beiträge der Mitglieder nicht gedeckt wird, wird dieser aus den sonstigen Mitteln des Provinzialverbandes bestritten.

Die Anstalt ist berechtigt, Rückversicherungsverträge abzuschließen.

Ueber die Entwickelung der Anstalt gibt nachstehende Tabelle Auskunft.

Jahr	Mitglieder am Ende des Jahres	Geldwert der Jahresarbeitsleistung M.	Beiträge M.	Entschädigung M.	Verwaltungskosten M.	Gesamtausgaben
1896 (vom 1. 8. 1896 an)	4 816	4 665 414	?	24 141,50	5361,93	35 347,71
1897	5 950	5 755 504	?	904,19	2682,58	4 289,59
1898	8 130	7 525 852	?	1 980,29	2760,27	6 072,96
1899	10 319	8 959 251	?	3 218,98	2952,03	8 476,01
1900	12 522	10 402 424	11 916,97	6 155,91	3360,34	13 957,21
1901	15 032	12 163 796	14 792,96	9 211,57	3567,42	18 055,70
1902	24 328	15 748 944	23 189,12	12 522,86	5231,47	28 164,46
1903	26 807	26 574 937	47 799,88	22 253,51	5024,44	57 323,50
1904	29 388	27 859 303	72 664,45	37 286,71	6161,25	88 836,46
1905	30 381	28 456 861	76 337,24	61 327,50	4535,85	98 750,63

Da die Hannoversche landwirtschaftliche Berufsgenossenschaft Ende 1905 259 046 Betriebe zählte, fallen auf die Haftpflichtversicherungsanstalt 11,7 %. Die starke Steigerung von 1901 auf 1902 ist nach dem Geschäftsbericht namentlich auf das Wirken der Landräte und der Sektionsvorstände zurückzuführen. Das Jahr 1896 brachte einen weithin bekannt gewordenen Schaden, indem einem Arzt von dem Sohne eines Mitgliedes das linke Auge auf der Jagd derart verletzt wurde, daß es die Sehkraft verlor. Die von der Anstalt bezahlte Entschädigung betrug 23 986,50 M. Daher die Bestimmung, daß die Schußwaffenhaftpflicht besonders zu versichern sei. Im Jahre 1905 hat sich wieder ein ähnlicher Fall ereignet, indem ein Jagdteilhaber dem andern das linke Auge ausschoß. Da die Vergleichsvorschläge von dem Verletzten abgelehnt wurden, die Anstalt andererseits die sehr erhebliche Entschädigungsforderung als eine angemessene nicht erachten konnte, schwebt seit Oktober 1905 der Prozeß. Wie bei den meisten landwirtschaftlichen Haftpflichtverbänden sind auch hier die Mehrzahl der Haftpflichtfälle von Tieren verursacht: von den vom 1. Okt. 1904 bis Ende 1905 entschädigten 274 nicht weniger als 222 oder rund 81 %.

Die Anstalt kam mit der Grundtaxe von 0,50 M. bezw. 1 M. aus in den Jahren: 1897 und 1898, sie erhob dagegen folgende Umlagen für je eine Mark des Geldwertes der Jahresarbeitsleistung 1896: 0,68 Pf., 1899: 0,05 Pf., 1900: 0,05 Pf., 1901: 0,1 Pf., 1902: 0,2 Pf., 1903: 0,2 Pf., 1904: 0,2 Pf. und 1905: 0,3 Pf. Mit der starken Steigerung der Schäden haben auch die Umlagen zugenommen, wenn sie auch immer noch gering sind. Die Verwaltungskosten betrugen 1905 3,2 % der Einnahmen, der Betriebsfonds wies Ende 1905 einen Bestand von 55 000 M., der Reservefonds von 53 340,71 M. auf.

§ 11.

Die Haftpflichtversicherungsgenossenschaften.

Unter den landwirtschaftlichen Haftpflichtversicherungsverbänden gibt es nur zwei in der Form der eingetragenen Genossenschaft, nämlich die landwirtschaftliche Unfall-Entschädigungs-Genossenschaft zu Altenburg (eingetragene Genossenschaft mit beschränkter Haftpflicht) und die Haftpflichtversicherungsgenossenschaft Sächsischer Landwirte. Die erstere ist 1895 gegründet worden. Aufnahmefähig sind nur Mitglieder landwirtschaftlicher Berufsgenossenschaften. Der bei weitem größere Teil der Mitglieder (von 24 006,516 versicherten Hektaren 22 887,946) fällt auf das Herzogtum S.-Altenburg. Die Genossenschaft gewährt Versicherung für alle Ansprüche, die auf Grund des Unfallversicherungsgesetzes, des Haftpflichtgesetzes oder nach anderen Bestimmungen des geltenden Rechtes für Unfälle von dritten Personen erhoben werden, ferner für Sachbeschädigungen. Jedoch beschränkt sich die Versicherung nur auf Unfälle, die sich in oder durch den Betrieb des Mitgliedes ereignen oder für die er als Besitzer eines Tieres haftbar ist. Allerdings bestimmt das Statut besonders, daß Fahrten eines Mitgliedes oder seiner Angehörigen oder seines Gesindes auch zu persönlichen, nicht rein betrieblichen Zwecken ebenfalls hierher gerechnet werden sollen. Nebenbetriebe müssen besonders versichert werden. Als solche waren angemeldet: 4 Ziegeleien, 18 Torf-, Kies- und Sandgruben, 7 Mühlen, 5 Brennereien, 2 Tongruben, 1 Steinbruch, 1 Fuhrwerk, 1 Baugewerbe, 1 Zimmerei, 1 Lohndampfdrescherei. Ausgeschlossen von der Versicherung sind Schäden an Gegenständen oder Tieren, die zwar jemand anderem gehören, die aber der Versicherte selbst oder durch seine Leute in Benutzung und Gebrauch hatte. Die Entschädigung wird unbegrenzt gewährt, jedoch hat der Versicherte bei jedem Sachschaden einen Betrag von 10 M. selbst zu tragen.

Zur vorläufigen Deckung der Ausgaben wird ein Beitrag von 10 Pfennig pro Hektar, mindestens aber 2 Mark erhoben. Die Beiträge für Sachbeschädigung werden alljährlich postnumerando festgesetzt und mit der nächsten fälligen Prämie erhoben. Berufsgenossenschaftlich versicherte Nebenbetriebe bezahlen 20 % von denjenigen Betrage, welchen der betreffende Betrieb an die Berufsgenossenschaft entrichtet. Zum Vergleich fügen wir den Prämientarif des Unfallversicherungsverbandes bei. (Siehe nebenstehende Tabelle.)

Wegen des provisorischen Charakters der Prämie der Genossenschaft ist ein genauer Vergleich nicht möglich. Nur das erhellt, wie viel höher zunächst bei einer Versicherungsgesellschaft die Prämie ist, wenn mit dem landwirtschaftlichen Betrieb eine größere Tierhaltung verbunden ist.

Außerdem ist ein Eintrittsgeld von 2 M. zu bezahlen.

Zur Deckung von Verlusten wird zunächst der Reservefonds herangezogen, dieser wird gebildet:

a) durch Beträge, welche dem Reservefonds durch Beschluß der Generalversammlung überwiesen werden;

b) durch die Zinsen seiner eigenen Bestände;

c) durch den jährlichen Reingewinn. Dieser wird dem Reservefonds zugeführt, bis derselbe die Höhe von 50000 M. erreicht hat von da an hat die Generalversammlung über den Reingewinn zu verfügen.

Übersteigen die Verluste ein Drittel des Reservefonds, so sind die Mitglieder zu Nachschüssen heranzuziehen bis zu 1 M. für den Hektar einschließlich der Prämie für Sachbeschädigung. Weitere Verluste sind durch die Restbestände des Reservefonds und die Geschäftsanteile der Mitglieder zu decken. Der Geschäftsanteil beträgt 10 M. und ist beim Eintritt in die Genossenschaft vollständig bar einzuzahlen. Mitglieder, welche 21–40 Hektare bewirtschaften, haben zwei, bei 41 bis 60 Hektaren drei, bei 61 und mehr Hektaren vier Geschäftsanteile

	Körperverletzung bei Begrenzung auf 20000 M. für eine Person 60000 M. für ein Ereignis M.	Körperverletzung bei Begrenzung auf 50000 M. für eine Person 150000 M. für ein Ereignis M.	Unbegrenzt M.	Sachbeschädigung M.
1) Für jeden Hektar				
a) Ackerland	0,07	0,08	0,10	0,04 [1])
b) Wiese oder Weinberg .	0,03	0,04	0,05	0,02
c) Wald, Heide oder Wasserfläche	0,02	0,02	0,03	0,01
2) Für Pferde bei einem Besitzstand bis zu				
3 Pferden für jedes Pferd	1,45	1,60	1,90	1,60
7 " " " "	1,30	1,45	1,75	1,45
bei mehr Pferden, für jedes Pferd	1,20	1,35	1,60	1,35
für andere Zugtiere (Ochsen, Kühe, Esel) für jedes Stück	0,20	0,25	0,30	0,25
für jeden Hengst . . .	1,80	2,—	2,40	2,—
" " Zuchtstier . .	1,80	2,—	2,40	2,—
" " Zuchteber . .	1,80	2,—	2,40	2,—
" " Hund . . .	2,25	2,50	3,—	2,50
Die sonstige Tierhaltung ist prämienfrei eingeschlossen. Als Mindestprämie für einen land- oder forstwirtschaftlichen Betrieb ist zu berechnen	4,50	5,—	6,—	1,—

1) Die Sachschadenprämie ad 1 ist nur dann zu berechnen, wenn keine Prämie für Tierhaltung (Ziffer 2) zu berechnen ist.

Nebenbetriebe, die der landwirtschaftlichen Berufsgenossenschaft zugeteilt sind, sind prämienfrei in die Versicherung eingeschlossen, ebenso die Haftpflicht als Privatmann, Dienstherr und Familienvorstand hinsichtlich Körperverletzung.

zu erwerben. Die Haftsumme beträgt 10 M. für jeden Geschäftsanteil. Reichen auch die Geschäftsanteile zur Deckung des Verlustes nicht aus, so tritt Reduktion der Ansprüche ein. Jedoch sollen aus den Überschüssen der folgenden Jahre diese Kürzungen den betreffenden Mitgliedern ersetzt werden und es sind, um dies zu ermöglichen, falls die ordentlichen Einnahmen nicht reichen, so lange Nachschüsse einzufordern, bis diese Kürzungen nachgezahlt sind. Die Genossenschaft zählte Ende 1905: 722 Mitglieder gegenüber 13 148 Mitgliedern der landwirtschaftlichen Berufsgenossenschaft S.-Altenburg oder 5,5 %, wobei allerdings unberücksichtigt geblieben ist, daß ein kleiner Teil (1 118,570 ha) außerhalb des Herzogtums wohnt. Auf das Mitglied kommen durchschnittlich 33,250 ha. Die Aktiva beliefen sich Ende 1905 auf 27 150,66 M., von denen 11 901,68 auf das Prämien-Reservekonto (Reservefonds) und 15 070 auf die Geschäftsanteile fallen. Die Einnahmen betrugen 5496,70, während für Schäden 902,80 M. zu zahlen waren. Eine Umlage für Sachbeschädigung ist in diesem Jahre wegen der geringfügigen Kosten nicht erhoben worden. Es ist bezeichnend, daß die 9 vorgekommenen Schäden von Pferden verursacht worden sind. Die Verwaltungskosten betrugen 2099,58 M. oder 38,2 % der Einnahmen.

Die Haftpflichtversicherungs-Genossenschaft Sächsischer Landwirte ist im Jahre 1896 gegründet worden und hat die Eigenschaft einer eingetragenen Genossenschaft mit beschränkter Haftpflicht gemäß dem (sächsischen) Gesetz vom 15. Juni 1868 betr. die juristischen Personen. Sie unterscheidet sich also dadurch wesentlich von den industriellen Haftpflichtgenossenschaften und der landwirtschaftlichen in S.-Altenburg, die alle auf dem Reichsgesetz betr. die Erwerbs- und Wirtschaftsgenossenschaften vom 14. Juni 1898 beruhen. Ein Unterschied besteht z. B. darin, daß die Haftpflichtversicherungsgenossenschaft Sächsischer Landwirte keine Geschäftsanteile kennt, daher auch die Bestimmung im § 6 des Statuts, daß die Ausscheidenden an dem Vermögen der Genossenschaft kein Anrecht haben. In der Generalversammlung geben je 100 Beitragseinheiten eine Stimme, während nach dem Reichsgenossenschaftsgesetz jeder Genosse nur eine Stimme hat. Auch ist Stellvertretung möglich, was nach dem Genossenschaftsgesetz, von einigen Ausnahmefällen abgesehen, nicht statthaft ist.

Mitglied der Genossenschaft kann jedes Mitglied der land- und forstwirtschaftlichen Berufsgenossenschaft für das Königreich Sachsen werden und zwar sowohl mit seinem Hauptbetrieb als auch mit seinen landwirtschaftlichen Nebenbetrieben und allen sonstigen Unternehmungen, selbst wenn diese zufolge ihres Umfanges oder aus gesetzlichen Gründen einer anderen als der landwirtschaftlichen Berufsgenossenschaft angehören oder nicht versicherungspflichtig sind. Ein Recht auf Versicherung haben aber die Unternehmer nicht, insbesondere können Nebenbetriebe aller Art abgelehnt werden.

Die Versicherung umfaßt die landwirtschaftlichen Haupt- und Nebenbetriebe der Versicherten. Solche Nebenbetriebe, welche bei der Genossenschaft noch nicht aufgenommen waren und im Laufe des Geschäftsjahres bei der landwirtschaftlichen Berufsgenossenschaft für das Königreich Sachsen versicherungspflichtig werden, z. B. kleine Brennereien, gelten auch bei der Genossenschaft und zwar vom Zeitpunkte ihrer Versicherungspflichtigkeit an, für versichert, sofern sich der betr. Betriebsunternehmer mit den ihm mitgeteilten besonderen Bedingungen für Versicherung von Nebenbetrieben schriftlich einverstanden erklärt hat und Prämie und Eintrittsgeld nachzahlt. Zur Aufnahme von industriellen und anderen Betrieben, die nicht landwirtschaftliche Nebenbetriebe sind, bedarf es einer besonderen Vereinbarung zwischen dem Mitglied und der Genossenschaft.

Im übrigen umfaßt die Versicherung die gesamte Haftpflicht der Versicherten für Beschädigung von Personen oder Sachen mit Ausnahme der Automobilhaftpflicht. Jedoch muß die Haftpflicht aus der Jagd, aus dem Halten von Hunden sowie aus der Vermietung und Verpachtung von Räumen, soweit dieselbe an Personen erfolgt, die in dem versicherten Betrieb des Vermieters oder Verpächters gar nicht oder nur aushilfsweise beschäftigt sind, besonders eingeschlossen werden. Außerdem gelten folgende weitere Beschränkungen. Bei Fuhrwerks- und anderen der Beförderung von Sachen dienenden Betrieben ist eine Haftung für Abhandenkommen und Beschädigung der zur Beförderung übernommenen Sachen ausgeschlossen, soweit die Entschädigungsverbindlichkeit den Betrag von 300 M. übersteigt. Gastwirtsbetriebe werden nur unter Ausschluß der Schadensersatzpflicht für fremde eingebrachte Sachen nach §§ 701 ff. des BGB. versichert, außerdem wird bei den Gastwirtschaften, in denen Ausspannung vorhanden ist, zur Bedingung gemacht, daß die einzelnen Pferdestände durch $1^1/_2$ Meter hohe feste Bretterwände voneinander getrennt sind, um die eingestellten Tiere vor gegenseitigen Verletzungen durch Schlagen zu schützen. Anderenfalls leistet die Genossenschaft keinen Ersatz.

Eine Begrenzung der Ersatzleistung des Vereins ist im Statut nicht vorgesehen.

Die Mittel werden durch im voraus zu leistende jährliche Beiträge aufgebracht, die 0,30 M. für je angefangene 100 Beitragseinheiten, mindestens aber 1,50 M. betragen. Die Beitragseinheiten sind dieselben, wie sie für die Unfallversicherung im Unternehmerverzeichnis der landwirtschaftlichen Berufsgenossenschaft für das Königreich Sachsen eingetragen sind, also Jahresarbeitsbedarf mal Gefahrenziffer. Für die Nebenbetriebe werden Beitragseinheiten zugeschlagen und zwar ist für sämtliche Nebenbetriebe auf 1 M. Lohn- oder Einkommenswert eine Beitragseinheit zu rechnen. Für die Nebenbetriebe ist ein Mindestbeitrag von 1,50 M. zu entrichten und bei Neuanmeldungen ein besonderes Eintrittsgeld von 1 M. Für Einschluß der Jagdhaftpflicht ist 5 M. jährlich zu zahlen, für die Versicherung eines jeden Hundes 1 M. Außerdem ist ein Eintrittsgeld von 0,30 M. für je angefangene 100 beitragspflichtige Einheiten, mindestens aber 1 M. zu erlegen. Nach dem Tarif des Unfallversicherungsverbandes beträgt die Prämie für die Haftpflichtversicherung als Jäger 20 M. für die ersten 10000 M., 1 M. für jede weiteren 1000 M. und 120 M. für unbegrenzte Versicherung, die Prämie für Sachbeschädigung ausschließlich Wildschäden 3 M.

Die Erhebung der Beiträge erfolgt durch Vertreter, die innerhalb eines Vertrauensmannsbezirks der landwirtschaftlichen Berufsgenossenschaft gewählt werden. Dafür wird ihnen von der Genossenschaft eine Inkassogebühr von 5% gewährt.

Reichen die Beiträge nicht aus, so wird erst der Reservefonds bis zu $^1/_5$ desselben angegriffen. Der Reservefonds wird gebildet aus den Eintrittsgeldern, den Zinsen seiner eigenen Bestände und dem etwa erzielten Überschuß. Hat der Reservefonds den Betrag von 300000 M. erreicht, so wird der Überschuß anteilig auf die Beiträge verrechnet, jedoch haben darauf nur die Genossen Anspruch, deren Mitgliedschaft über 5 Jahre besteht. Reicht auch $^1/_5$ des Reservefonds nicht aus, so werden die Mitglieder zu Nachschüssen bis zum zehnfachen Betrag des satzungsmäßigen Jahresbeitrages herangezogen.

Die Genossenschaft zählte Ende 1905 17562 Mitglieder mit 20993157 beitragspflichtigen Einheiten, oder 9,7% der Mitglieder der Berufsgenossenschaft bezw. 37,5% der bei der Berufsgenossenschaft eingetragenen Beitragseinheiten. Wieder ein Beweis dafür, daß namentlich die größeren Betriebe beigetreten sind. Neben den rein landwirtschaftlichen waren noch 21 250 industrielle und sonstige Betriebe versichert und zwar:

1)	Bauausführung	7
2)	Bäckerei	110
3)	Brauerei	12
4)	Brennerei	307
5)	Fleischerei	77
6)	Gastwirtschaft	374
7)	Geschirrhaltung	43
8)	Grube (Sand, Kies u. s. w.)	410
9)	Lohnfuhrwerk	5837
10)	Molkerei	19
11)	Müllerei	239
12)	Schmiederei	128
13)	Steinbruch	218
14)	Stellmacherei	72
15)	Vermietung und Verpachtung von Räumen	1727
16)	Ziegelei	41
17)	Handel	411
18)	Sonstige gewerbliche oder andere Betriebe	345
19)	Jagdausübung	695
20)	Hundehaltung	10 178
	Insgesamt	21 250

Danach treten also die rein landwirtschaftlichen Betriebe vollständig zurück hinter den gemischten, deren Haftpflichtgefahr natürlich bedeutend größer ist.

Gegenüber einer Prämieneinnahme von 79 668,90 M. und einem Schadenreservenübertrag von 32 540 M. stehen Entschädigungszahlungen, Regulierungskosten und Rückstellungen als Schadenreserve in Höhe von 73 811,12 M. Das Gesamtergebnis ist ein Überschuß von 22 180,35 M., der dem Reservefonds überwiesen wird, so daß dieser nunmehr einen Bestand von 138 233,15 M. aufweist. Die Verwaltungskosten betragen 16 447,31 M., darunter 3945,09 M. Inkassoprovisionen, oder 13,8 % der Einnahmen, wenn wir von diesen den Kassenbestand abziehen. Auch finden wir wieder als Hauptursache der Schäden die Tiere. Von den 396 im Jahre 1905 entschädigten Fällen waren verursacht: 43 durch Fuhrwerk, 164 durch Pferde, 139 durch Hunde, 18 durch sonstige Haustiere, also 364 oder 92 %. Das veranlaßt die Genossenschaft zu der Mahnung, daß es dringend notwendig sei, daß diejenigen Mitglieder, welche Geschirrhalter sind, auf ihren Fuhren dritte Personen entweder gar nicht mitnehmen, oder dies nur tun, nachdem diese vor dem Besteigen des Geschirrs ausdrücklich erklärt haben, auf ihre eigene Gefahr an der Fahrt teilnehmen zu wollen. Dem Gesinde sei das Mitnehmen fremder Personen ganz zu untersagen oder zum wenigsten unter der oben bedingten Einschränkung zu gestatten. Sehr interessant ist auch die nachstehende Übersicht über das Anwachsen der zur Anmeldung und Entschädigung gelangten Haftpflichtsachen.

Jahr	Anzahl der Mitglieder	Zahl der entschädigten Fälle	Gezahlte Schadensersatzbeträge und Prozeßkosten M.	Auf 1000 Mitglieder kommen zur Entschädigung gelangte Fälle	Auf 1000 Mitglieder kommen Zahlungen an Entschädigungen und Prozeßkosten M
1896	4 315	15	353,18	3,48	81,85
1897	5 420	37	1 959,61	6,83	361,55
1898	6 895	62	2 614,49	8,99	379,19
1899	8 581	60	4 551,46	6,99	530,41
1900	10 126	144	6 187,86	14,22	611,09
1901	12 261	215	18 797,47	17,54	1533,11
1902	14 386	287	29 289,33	19,95	2035,96
1903	15 634	335	31 107,67	21,43	1989,74
1904	16 489	402	33 784,16	24,38	2048,89
1905	17 562	396	49 323,54	22,55	2808,54

Also ein ununterbrochenes Steigen sowohl der Zahl der Fälle mit Ausnahme des kleinen Rückgangs 1899 und 1905, als namentlich der zu leistenden Entschädigungen, wenn auch große Schwankungen in den einzelnen Jahren, mit denen namentlich die Haftpflichtversicherung zu kämpfen hat, nicht eingetreten sind. Der Geschäftsbericht führt das Steigen der Ansprüche zum Teil darauf zurück, daß die Geschädigten wissen, daß der Ersatzpflichtige bei der Genossenschaft versichert ist, daß sie es also nicht mit diesem, sondern mit dessen Versicherung bei der großen allgemeinen Kasse zu tun haben. Wäre dies nicht der Fall, dann würde vielleicht oft dem Nachbar, dem guten Freunde, dem Angehörigen gegenüber von der Geltendmachung einer Forderung abgesehen werden. Deshalb richtet die Genossenschaft an ihre Mitglieder die Bitte, ihre Mitgliedschaft nicht allzu sehr in den Vordergrund zu stellen und weist an andrer Stelle darauf hin, daß für die Zubilligung der Entschädigung nicht Mitleids- oder Billigkeitsgründe maßgebend sein können. Im Jahre 1902 wurden zur Deckung der Ausgaben 15 000 M. dem Reservefonds entnommen. Die Versicherungsfachpresse knüpfte daran Betrachtungen über die mißliche Lage der Genossenschaft an und meinte, es würden jetzt zahlreiche Austritte erfolgen und damit das Ende nahe sein[1]). Wie sehr man sich in dieser Annahme getäuscht hat, beweist die angeführte Tabelle.

§ 12.

Die Haftpflichtversicherungsvereine auf Gegenseitigkeit.

Unter den größeren landwirtschaftlichen Haftpflichtversicherungsverbänden, die die Form des Versicherungsvereins auf Gegenseitigkeit angenommen haben, ist der älteste der Versicherungsverein gegen Haftpflicht für Landwirte der Provinz Westfalen in Münster. Er ist 1896 von dem Westfälischen Bauernverein und dem landwirtschaftlichen Provinzialverein für Westfalen und Lippe gegründet worden, sein Geschäftsbezirk erstreckt sich aber auch auf die niederrheinischen Kreise Rees, Mülheim a. d. Ruhr, Duisburg und Essen. Der Verein versichert nur die Mitglieder des Bauernvereins oder Mitglieder der der Landwirtschaftskammer für die Provinz Westfalen angeschlossenen landwirtschaftlichen Vereine. Dem Abgewiesenen steht das Recht der Berufung an den Aufsichtsrat zu. Wir finden also hier nicht die Anlehnung an die Berufsgenossenschaft, sondern an landwirtschaftliche Vereine bezw. die Landwirtschaftskammer.

Der Verein übernimmt die gesamte Haftpflicht seiner Mitglieder aus Körper- oder Sachbeschädigung, sofern die schädigende Handlung oder Unterlassung in dem landwirtschaftlichen Betriebe des Versicherungsnehmers oder in den damit verbundenen, zur landwirtschaftlichen Unfallversicherung eingeschätzten gewerblichen Nebenbetrieben vorgekommen ist. Es ist jedoch eine Statutenänderung geplant, nach der der Verein auch andere Nebenbetriebe versichern kann. Wie groß das Bedürfnis hierfür ist, zeigt das auf S. 83 abgedruckte Verzeichnis der bei der Haftpflichtversicherungsgenossenschaft sächsischer Landwirte versicherten Nebenbetriebe. Auch soll in Zukunft die Versicherung auf landwirtschaftliche Vereine, Genossenschaften und landwirtschaftliche Veranstaltungen aller Art ausgedehnt werden können. Die Versicherung beschränkt sich aber nicht nur auf die Betriebshaftpflicht, sondern gilt auch für solche Unfälle,

---

1) Vgl. Deutsche Versicherungs-Zeitung 1902 S. 120 und namentlich Ehrenzweigs Assekuranz-Jahrbuch Bd. 24 S. 144.

welche sich nicht unmittelbar im Betriebe, sondern auch bei sonstigen Dienstleistungen für den Unternehmer in unmittelbarem oder mittelbarem Auftrage desselben ereignen. Nach Auffassung des Vereins (vgl. seine verschiedenen Prospekte und Veröffentlichungen) gehört zur gesetzlichen Haftpflicht auch die auf der Gesindeordnung beruhende Fürsorgepflicht bei Unfällen des Gesindes; diese ist also ebenfalls in die Versicherung eingeschlossen. Es ist das angesichts des Fehlens einer reichsgesetzlichen oder landesgesetzlichen Krankenversicherungspflicht der ländlichen Arbeiter besonders wichtig. Die Versicherung erstreckt sich ferner auf diejenigen Entschädigungen, welche die mit dem Versicherten in Gemeinschaft lebenden Familienmitglieder und die im Betriebe angestellten Betriebsbeamten zu zahlen haben, sofern die von ihnen begangenen schädigenden Handlungen oder Unterlassungen in dem Betriebe des Versicherten vorgekommen sind. Es ist beabsichtigt, hinter Familienmitglieder den Zusatz einzuschieben: soweit sie im Auftrag des Betriebsleiters in dem versicherten Betrieb arbeiten. Veranlassung dazu gab ein Schadensfall, in dem ein in den Ferien bei seinen Eltern weilender Schüler einen Rentmeister auf der Jagd anschoß. Übrigens bestritt der Verein in diesem Fall schon auf Grund seiner bisherigen Bedingungen seine Ersatzpflicht.

Die Entschädigung ist begrenzt auf 20000 M. für jede Person und 60000 für ein Ereignis; Schäden unter 20 M. trägt der Versicherte allein. Ausgeschlossen sind die Beschädigungen, welche den mit dem Versicherten in Gemeinschaft lebenden Familienmitgliedern oder deren Eigentum zugefügt werden, und die Beschädigungen, welche Betriebsbeamte dem Betriebsunternehmer und dessen Eigentum zufügen aus den schon früher erörterten Gründen (vgl. S. 68). Geplant ist ferner eine den Versicherungsbedingungen der Versicherungsgesellschaften entlehnte Bestimmung, daß Beschädigung an Sachen, die dem Versicherten zur Aufbewahrung, Bearbeitung, Reparatur, miet- oder leihweiser Benutzung oder Beförderung übergeben worden sind, sowie Beschädigung an Sachen durch Explosion oder durch Feuer nicht unter die Versicherung fallen, letzteres wegen des großen hiermit verbundenen Risikos, z. B. Möglichkeit eines Riesenwaldbrandes infolge irgend einer Fahrlässigkeit. Schließlich soll die Haftpflicht des Versicherten wegen Wildschadens ausgeschlossen werden. Streitigkeiten zwischen dem Verein und den Versicherten entscheidet, soweit nicht die Beschwerde an die Generalversammlung erhoben wird, ein Schiedsgericht, welches aus je einem

Mitgliede des Westfälischen Bauernvereins, der Landwirtschaftskammer und einem Rechtskundigen besteht, der die Qualifikation zum Richteramt oder höheren Verwaltungsdienst hat und nicht Mitglied des Versicherungsvereins zu sein braucht, jedoch in Münster seinen Sitz haben muß.

Die Aufbringung der Mittel erfolgt durch jährlich im voraus zu erhebende Beiträge. Diese sind vorläufig festgesetzt: 1) für jeden Hektar des von dem Versicherten bewirtschafteten Grundbesitzes auf 10 Pf., angefangene Hektare werden für voll gerechnet; 2) für jede Mark des Grundsteuerreinertrages des Grundbesitzes des Versicherten auf einen halben Pfennig. Der Mindestbetrag ist 2 Mark. Der Vorstand kann in besonderen Fällen eine Erhöhung oder Ermäßigung der Jahresbeiträge eintreten lassen. In Zukunft soll mit Rücksicht auf die geplante Ausdehnung der Versicherung der Zusatz hinzutreten: die Festsetzung der Prämien für Nebenbetriebe, Genossenschaften, Ausstellungen, Pferderennen u. s. w. bleibt der Vereinbarung des Antragstellers mit dem Vorstande nach Maßgabe der vom Aufsichtsrate hierfür aufgestellten Tarife vorbehalten.

Reichen die Beiträge nicht aus, so hat der Vorstand Nachschußbeiträge bis zum vollen Ausgleich des Fehlbetrages zu erheben, also in unbegrenzter Höhe. Um jedoch solche Nachschüsse tunlichst zu vermeiden, wird ein Reservefonds angesammelt. Diesem werden alljährlich etwaige Überschüsse, die von den Versicherten verwirkten Ordnungsstrafen und seine eigenen Zinsen zugeschrieben, bis er die Höhe von 500 000 M. erreicht hat. Der Reservefonds darf im einzelnen Jahr nur bis zur Hälfte seines Bestandes angegriffen werden und ist dann in der angegebenen Weise wieder auf die Mindesthöhe von 500 000 M. zu ergänzen. Zur weiteren Sicherheit ist der Verein berechtigt, Rückversicherungsverträge abzuschließen. Er macht hiervon auch, wie mir mitgeteilt worden ist, von Fall zu Fall, also bei größeren Risiken, Gebrauch. Außerdem haftet der Provinzialverband der Provinz Westfalen für die Verbindlichkeiten des Vereins bis zur Höhe von 150 000 M. als Bürge. Aus diesem Grunde steht dem Provinzialverband ein weitgehendes Kontrollrecht zu. Es sind ihm jährlich der Rechnungsabschluß und die Bilanz einzureichen und auf Verlangen alle diejenigen Mitteilungen zu machen, welche sich auf den Geschäftsbetrieb des Vereins beziehen. Der Provinzialverband ist berechtigt, jederzeit Einsicht und Kenntnis von der Kasse, den Büchern, Belägen, Registern, Verhandlungen und Schriftstücken des Vereins zu nehmen, sowie an den ihm unter Angabe der Tagesordnung eine Woche vorher bekannt zu machenden Verhandlungen des Vorstandes, des Aufsichtsrates und der Generalversammlung mit beratender Stimme teilzunehmen. Was aber das Wichtigste ist: Beschlüsse über Statutenänderungen — hierin sind auch die Versicherungsbedingungen einbegriffen — oder die Auflösung des Vereins bedürfen der Zustimmung des Provinzialverbandes.

Der Verein hat bisher eine recht günstige Entwickelung genommen. Die Zahl der Mitglieder betrug Ende 1905 11 758 gegenüber 241 191 Betrieben der Westfälischen landwirtschaftlichen Berufsgenossenschaft oder 4,9 %. Jedoch sind gerade in der Landwirtschaft die vielen Kleinbetriebe zu berücksichtigen, die sich nicht versichern. Leider ist die Summe der versicherten Hektare nicht angegeben. Andererseits deckt sich der Geschäftsbezirk des Vereins, wie oben angeführt, nicht ganz mit dem der Berufsgenossenschaft. Die Einnahmen betragen 91 056,24 M., denen für Entschädigungen 26 450,15 M. gegenüberstanden. Es ist bezeichnend, daß hiervon der größte Teil auf Gesindeunfälle entfällt. In einem Rundschreiben „Wer verdient den Vorzug" wird ausdrücklich hervorgehoben, daß von ca. 100 000 M. Entschädigungen, die der Verein bezahlt habe, über 75 000 für Gesindeunfälle gezahlt worden seien, ein Beweis für die hohe Bedeutung dieser Versicherungsart bei dem Fehlen der ländlichen Krankenversicherung. Auch dieser Verein sieht sich genötigt, seine Mitglieder vor dem Mitfahrenlassen anderer Personen zu warnen (vgl. S. 84). Auch er richtet an die Mitglieder die dringende Bitte, ihn in der Abwickelung der Ersatzansprüche, die an die Mitglieder von dritter Seite — leider häufig unberechtigt — gestellt würden, auf das Gewissenhafteste zu unterstützen, und niemals Ansprüche durchzudrücken zu suchen, um Leuten, die absolut mit dem Verein nichts zu tun hätten und deshalb seinen Interessen völlig fern ständen, vielleicht gefällig zu sein.

Die Verwaltungskosten betrugen 16 630,44 M. oder 18,3 % der Einnahmen.

Das Jahr 1905 brachte einen Überschuß von 45 041,41 M., der dem Reservefonds zugeschrieben wurde. Dieser stieg dadurch auf 293 571,63 M., während das gesamte eigene Vermögen des Vereins sich auf 370 000 M. stellt. Unter Berücksichtigung der begrenzten Haftpflicht, des beträchtlichen eigenen Vermögens und der Bürgschaft des Provinzialverbandes kann daher die finanzielle Lage des Vereins als eine durchaus sichere betrachtet werden.

Im Jahre 1898 wurde der Haftpflichtversicherungsverein Mecklenburgischer Landwirte zu Grevesmühlen a. G. gegründet. Er versichert die Mitglieder der land- und forstwirtschaftlichen Berufsgenossenschaften der Großherzogtümer Mecklenburg-Schwerin und Mecklenburg-Strelitz, jedoch kann der Vorstand auch Nichtmitgliedern dieser Berufsgenossenschaften die Aufnahme gestatten, falls der Betrieb, welcher versichert werden soll, zu der Landwirtschaft in engerer Beziehung steht (Molkereigenossenschaften u. s. w.). Die Versicherung erstreckt sich auf die Privat- und Betriebshaftpflicht aus Personenbeschädigung. Nebenbetriebe der Landwirtschaft, d. h. Betriebe, welche bei der land- und forstwirtschaftlichen Berufsgenossenschaft versichert sind, ebenso die Haftung für eigene Kinder und persönliche Dienstboten sind ohne weiteres mitversichert. Alle anderen Betriebe müssen besonders versichert werden. Ebenso wird die Haftpflicht für Sachbeschädigung und die für Ausübung der Jagd nur auf Antrag übernommen. Im ersteren Falle haftet der Verein nicht für Flurbeschädigungen und Schäden unter 50 M., im letzteren (Jagd) ist die Haftung auf 15 000 M. für jeden einzelnen Schadensfall begrenzt. Mit Kraftfahrzeugen angerichtete Schäden sind nicht in die allgemeine Versicherung eingeschlossen. Es bedarf hierzu einer besonderen Versicherung, über deren Annahme und Bedingungen der Vorstand entscheidet. Die Verpflichtung zur Fürsorge für einen verletzten Arbeiter in den ersten 13 Wochen ist hier im Gegensatz zu dem Haftpflichtversicherungsverein des Westfälischen Bauernvereins von der Versicherung ausgeschlossen. Gegen einen die Ersatzpflicht ablehnenden Bescheid des Vorstandes steht dem Versicherten unbeschadet der Zulässigkeit des Rechtsweges die Berufung an die Generalversammlung zu.

Zur Deckung der Ausgaben werden jährlich 10 Pf. für je angefangene 100 M. Jahresarbeitsverdienst, mindestens jedoch 1 M. erhoben. Als Jahresarbeitsverdienst wird derjenige gerechnet, wie er für die Unfallversicherung im Unternehmerverzeichnis der beiden Berufsgenossenschaften summarisch, d. h. unter Mitbeachtung der Zuschläge auf Nebenbetriebe und Betriebsbeamte, eingetragen ist, jedoch unter Abzug der eventl. Selbstversicherung des Betriebsunternehmers. Für die Haftpflichtversicherung nicht landwirtschaftlicher Nebenbetriebe wird der Jahresarbeitsverdienst dem bei den Berufsgenossenschaften eingetragenen hinzugerechnet. Bei erhöhter Gefahr können die Beiträge, jedoch nur bis zum vierfachen Betrag, erhöht werden. Ein mir handschriftlich mitgeteilter Tarif enthält hierüber folgende Bestimmungen.

Abfuhrinstitut:

Unter Fuhrwerksbetrieb

Ärzte und Apotheker werden als solche nicht versichert.

Ackerbürger, die für fremde Leute ackern, 1 M. pro Pferd.

Brauerei zweifacher Beitrag.

Brennerei dreifacher Beitrag.

Bienenzucht im Hauptbetrieb oder in großem Maßstab 3 Pf. pro Volk.

Beamte, die in der Stadt wohnen und keine höhere Unfallgefahr besitzen, 1 M. Beitrag, 1 M. pro Pferd; für Haus und Dienstboten die gewöhnlichen Sätze.

Badegäste 50 Pf. pro vermietete Stube.

Bäcker, wenn kein landwirtschaftlicher Betrieb, 1 M. Grundbeitrag, wenn noch mit Müllerei u. s. w. verbunden, für die Bäckerei den einfachen Beitrag.

Büdnereien und Häuslereien mit mehr als einer Mietswohnung 1 M.

Badeanstalten nach der Anzahl der Bäder, pro 100 M. Einnahme 1 M. Grundbeitrag.

Cementfabrik zweifacher Beitrag.

Dampfdreschmaschinen, bis 25 Tage 1 M., bis 50 Tage 2 M., über 50 Tage 3 M., falls fremdes Stroh gedroschen wird.

Dampfmolkereien in eigenem Betrieb keine besondere Prämie.

Dachdeckereien vierfacher Beitrag.

Dorfbulle 1 M. Beitrag.

Dampfpflug pro Morgen 1½ Pf.

Fuhrbetrieb vierfacher Beitrag, wenn nur nebenher und Personenfuhrwerk; 3 M. pro Pferd, wenn Lastfuhrwerk.

Feldbahn nur besonders tarifiert, wenn außerhalb der Feldmark.

Fischerei:

a) Binnenfischerei vierfacher Beitrag und 2 M. für jedes Segelboot.

b) Seefischerei ebenso, nur 3 M. pro Segelboot.

Bei kleinen Betrieben (mit einem Familienangehörigen oder einem Gehilfen) nur 3 M. pro Boot, bei Binnenfischerei 1,50 M. pro Boot.

Forstwirtschaft gilt nicht als besonderer Betrieb.

Forstmeister, auch Förster, welche in der Stadt wohnen und Fuhrwerk halten, zahlen, wenn sie nicht höher zur Unfallversicherung eingeschätzt sind, 1 M. und pro Pferd 1 M., für Haus und Dienstboten die gewöhnlichen Sätze.

Förster, Stationsjäger und Holzwärter 1 M. Grundbeitrag.

Förster und Forstbeamte für Forstbetrieb 2 M.

Frohnerei dreifacher Beitrag.

Gastwirtschaft 3 M., große Betriebe, z. B. Hotels, den doppelten Beitrag.

Gemeinden pro 1000 Einwohner 2 M. und pro Haus 1 M.
Glockenläuter vierfachen Beitrag.
Häuser 2 M. und 2 M. für Dienstboten u. s. w.; auf dem Lande 1 M.
Hengst zur Zucht 10 M.
Jagd, gilt nur für die Person, 5 M.
Inspektoren, $^1/_8$ des Beitrages vom Gutsbeitrag, wenn das Gut beim Verein versichert ist, andernfalls $^1/_4$ des vom Gut zu zahlenden Beitrags.
Kohlenhandlung zweifacher Beitrag.
Korngeschäfte mit Speichereibetrieb zweifacher Beitrag.
Kiesgräbereien vierfacher Beitrag.
Kirchen inkl. Kirchenplatz
  Landkirchen 3 M.
  Stadtkirchen 4 M.
  Kirchhof 1 M.
Kreisvereinsfeste 20 M. inkl. Sachbeschädigung.
Landkrämer 1 M.
Lehrer 1 M.
Landwirtschaftliche Vereine 3 M.
Müllerei vierfacher Beitrag, falls jedoch zur landwirtschaftlichen Berufsgenossenschaft gehörig nur einfacher Beitrag.
Materialwarenhandlung einfacher Beitrag.
Molkereien pro 100 angefangene Kühe 1 M.
Manufakturgeschäfte einfacher Beitrag.
Milchfuhrgeschäfte 3 M.
Milchwagen 3 M.
Maschinenbauer einfacher Beitrag.
Obstanlagen mit Obstpressen zweifacher Beitrag.
Obstbaumpachtungen der Chausseeaufseher 1 M. als Nebenbetrieb.
Pferdehändler 12 Pf. pro gehandeltes Pferd.
Produktenhändler 3 M. pro Pferd.
Pferdezuchtverein 10 M. pro Hengst.
Pastorat 1 M.
Pappfabrik zweifacher Beitrag.
Rentner zahlen ebenso wie Förster.
Ringreiten u. s. w. 3 M. extra.
Schmiede einfacher Beitrag.
Sägereien als Gewerbebetrieb dreifacher Beitrag.
Stärkefabriken dreifacher Beitrag.
Schlächtereien 6 M. und für jede beschäftigte Person 3 M.
Seilereien einfacher Beitrag.
Stadtverwaltungen einfacher Beitrag und für jedes Gebäude 2 M., für je angefangene 1000 Einwohner 2 M.
Schifferei doppelter Beitrag.
Schulgemeinden, wenn sie als solche allein versichern wollen, 2 M. für das Schulhaus.
Torfbetrieb keine besondere Prämie, wenn er nicht Hauptbetrieb ist.

Tierärzte wie Forstmeister.
Tierschauen 20 M.
Viehhändler 10 Pf. pro Stück Rindvieh und 20 Pf. für Bullen, 1 Pf. pro Schaf, 2 Pf. pro Schwein.
Weidebetrieb für angefangene 100 Stück Vieh 5 M.
Wurstfabriken 6 M. und für jede beschäftigte Person 3 M.
Ziegeleien zweifacher Beitrag, mit großem Maschinenbetrieb, Feldeisenbahnen u. s. w. dreifacher Beitrag, falls zur landwirtschaftlichen Berufsgenossenschaft gehörig nur einfacher Beitrag.

Für die Versicherung gegen Sachbeschädigung wird ein Zuschlag von 40 % des Beitrags erhoben.

Außerdem ist ein Eintrittsgeld in Höhe von 5 Pf. für je angefangene 100 M. Jahresarbeitsverdienst, mindestens jedoch 1 M. zu zahlen.

Sind in einem Ortspolizeibezirk mehrere Mitglieder, so wählen diese einen Vertrauensmann, der die Beiträge erhebt.

Zur Deckung eines Mehrbedarfes ist zunächst die Rücklage, der Reservefonds, jedoch nicht mit mehr als 1/4 heranzuziehen. Der Reservefonds wird gebildet aus den Eintrittsgeldern, aus den eigenen Zinsen und durch Überweisung etwa erzielter Überschüsse. Wenn er die Höhe von mindestens 100000 M. erreicht hat, kann der Vorstand mit Zustimmung des Prüfungsausschusses die Beiträge ganz oder teilweise erlassen, wobei jedoch diejenigen Mitglieder, welche noch nicht 5 Jahre dem Verein angehören, nicht berücksichtigt werden dürfen; für die Versicherung der Jagd und der Sachbeschädigung ist jedoch bis auf weiteres der volle Beitrag zu zahlen.

Übersteigt der Verlust 1/4 des Reservefonds, so ist der Mehrbetrag durch Nachschüsse in unbegrenzter Höhe aufzubringen. Zur besonderen Sicherheit ist schließlich der Vorstand unter Genehmigung der Generalversammlung berechtigt, Rückversicherungsverträge abzuschließen. Im Geschäftsbericht und Rechnungsabschluß werden aber keine Rückversicherungsprämien angeführt.

Dem Verein gehörten Ende 1905 4074 Mitglieder an gegenüber 43132 bei den beiden mecklenburgischen landwirtschaftlichen Berufsgenossenschaften versicherten Betrieben oder 9,4 %. Der versicherte Jahresarbeitsverdienst, 34756550 M., zeigt an, daß es sich auch hier durchweg um die größeren Betriebe handeln wird. 1400 Mitglieder hatten Nebenbetriebe mit 4266000 M. Jahresarbeitsverdienst versichert, gegen Haftpflicht aus Jagdunfällen waren 395 Mitglieder, gegen Sachbeschädigung 2538, weit über die Hälfte, versichert. Die

Einnahmen betrugen 30066,77 M., denen an Entschädigungen inkl. Prozeßkosten 4284 M. gegenüber standen. Das Jahr ergab einen Überschuß von 17556,75 M. Der Reservefonds betrug zuzüglich dieser Gewinnüberweisung 129296,97 M. Wie es scheint, ist für eine laufende Rente von 390 M. nicht eine besondere Reserve zurückgestellt worden, sondern in der allgemeinen Rücklage enthalten. Da der Reservefonds das Mindestmaß erreicht hat, waren schon im Jahre 1905 den ersten drei Jahrgängen 50 % der Hauptbeiträge erlassen. Es ist dann beschlossen worden, von den Mitgliedern der ersten vier Jahrgänge im Jahre 1906 ebenfalls nur die Hälfte der Hauptbeiträge zu erheben. Unter den Unfällen spielen wieder die Tierschäden eine große Rolle; 19 wurden durch Hundebiß, 8 durch Fuhrwerke, 15 durch Pferdeschlag und 5 durch Rindvieh verursacht, also 47 von 67.

Eng an die landwirtschaftliche Berufsgenossenschaft lehnt sich die 1899 gegründete Oldenburger Haftpflichtversicherungs-Gesellschaft a. G. an. Der Vorstand der Berufsgenossenschaft Oldenburger Landwirte bildet die Direktion der Gesellschaft und führt ihre Verwaltung unentgeltlich. Die Bureau- und Kassenbeamten werden allerdings von der Haftpflichtgesellschaft gestellt; wenn deren Dienste von Beamten der Berufsgenossenschaft geleistet werden, trägt die Kosten die Gesellschaft.

Mitglieder der Haftpflichtversicherungsgesellschaft können die Mitglieder der Berufsgenossenschaft Oldenburger Landwirte, die oldenburgischen Gemeinden (politische und Kirchengemeinden), Weg- und Wasserbaugenossenschaften und andere gesetzlich organisierte Verbände werden.

Die Versicherung umfaßt die Haftpflicht aus Personen- und Sachbeschädigung, sofern die schädigende Handlung oder Unterlassung sich innerhalb des Herzogtums Oldenburg ereignet hat. Sie erstreckt sich auch auf die Haftpflicht der mit dem Versicherten in Familiengemeinschaft lebenden Ehegatten und Kinder, sowie auf diejenigen Entschädigungen, welche wegen der im Betrieb vorgekommenen Handlungen oder Unterlassungen die Betriebsbeamten des Versicherten zu zahlen haben. Dagegen ist von der Versicherung ausgeschlossen die Haftpflicht wegen Beschädigungen, welche in einem der landwirtschaftlichen Berufsgenossenschaft nicht angeschlossenen landwirtschaftlichen oder gewerblichen Betrieb vorgekommen sind, die Haftpflicht wegen Beschädigung durch Schußwaffen, die Haftpflicht wegen solcher Beschädigungen, die den mit dem Unternehmer in Familiengemeinschaft lebenden Ehegatten und Kindern oder deren Eigentum zugefügt werden, mit Ausnahme des Regresses der Berufsgenossenschaft in solchen Fällen. Ebenso ist die Haftpflicht wegen solcher Beschädigungen, welche Betriebsbeamte oder Angehörige dem Betriebsunternehmer oder dessen Eigentum zufügen, von der Versicherung ausgeschlossen.

Die Haftpflichtgesellschaft gewährt als Ersatz nur 90 % der Ansprüche und tritt außerdem nur für Schäden ein, die 50 M. übersteigen. Bei der Sachschädenversicherung hat jedoch der Versicherte stets mindestens 50 M. des Schadens zu tragen.

Streitigkeiten werden durch ein Schiedsgericht unter Ausschluß des Rechtsweges entschieden.

Die Mittel werden durch Vor- und Nachprämien aufgebracht. Die Vorprämie wird nach Maßgabe der im Kataster der Berufsgenossenschaft verzeichneten reduzierten Arbeitstage berechnet und soll betragen

für Betriebe bis zu	500	Arbeitstagen	1 M.
„ „ von	500—1000	„	2 „
„ „ „	1000—1500	„	3 „
„ „ „	1500—2000	„	4 „
„ „ „	2000—2500	„	5 „
„ „ „	2500—3000	„	6 „

und so fort, für jede angefangenen 500 Arbeitstage 1 M. mehr

Für Arbeitgeber und deren Ehefrauen, welche im Kataster der Berufsgenossenschaft nicht mit Arbeitstagen belastet sind, werden je 300 Arbeitstage besonders angerechnet. Für außergewöhnliche Einrichtungen und Nebenbetriebe mit besonderer Gefahr kann eine Zuschlagsprämie erhoben werden. Die der Gesellschaft angeschlossenen Gemeinden und staatlich organisierten Verbände zahlen ihren Jahresbeitrag nach einem vom Verwaltungsrat zu genehmigenden Spezialtarif. Der Beitrag ist jedoch mindestens auf das Dreifache eines mit gleichen Arbeitstagen belasteten Mitgliedes der Berufsgenossenschaft festzustellen. Neben einem Eintrittsgeld, dessen Höhe nicht angegeben ist, wird eine Aufnahmegebühr von 0,50 M. für jedes Mitglied der Berufsgenossenschaft und von 2 M. für Gemeinden und staatliche Verbände erhoben.

Reichen die Vorprämien nicht aus, so wird zunächst der Reservefonds bis zur Hälfte heranzuziehen sein. Dieser soll durch Zuschläge zur Vorprämie gebildet werden und zwar betragen diese:

bei einer Prämie von 2 M. 0,50 M.
" " " " 3 " 1,— "
" " " " 4 " 1,50 "
" " " " 5 " 2,— "
" " " " 6 " 2,50 "

u. s. w., für jede Mark Prämie 50 Pf. mehr. Der Reservefonds soll auf eine Summe gebracht werden, die dem Gesamtbetrage der für die letzten zehn Rechnungsjahre erforderlich gewesenen Verwaltungskosten und Entschädigungen gleichkommt; er soll aber mindestens 25000 M. betragen. In den Reservefonds fließen weiter die sich etwa ergebenden Überschüsse, die von den Versicherten verwirkten Ordnungsstrafen und seine eigenen Zinsen.

Reichen die Beträge des Reservefonds nicht aus, so ist eine Nachprämie zu erheben, jedoch soll der Jahresbeitrag — eine tarifmäßige Zuschlagsprämie ausgenommen — niemals mehr als 2 M. für jede 100 Arbeitstage betragen. Wird auch durch die Nachprämien der Verlust nicht gedeckt, so tritt entsprechende Kürzung der Beiträge ein.

Um nun die Gefahren etwas zu verringern, sind alle Versicherten verpflichtet, ihre im Betrieb beschäftigten nach dem Unfallversicherungsgesetz für Land- und Forstwirtschaft indessen nicht zwangsversicherten Personen, und ferner Personen, die nicht im Betriebe beschäftigt sind, aber die Betriebsstätte besuchen — Tierarzt, Briefbote u. s. w. — bei der Berufsgenossenschaft zu versichern. § 4 des landwirtschaftlichen Unfallversicherungsgesetzes gibt den Berufsgenossenschaften das Recht, dem Betriebsunternehmer solche Versicherungen durch Statut zu gestatten. Die Wirkung ist dann die, daß die gegen Unfall versicherten Personen den Haftpflichtanspruch gegen den Unternehmer verlieren, es sei denn, daß durch strafgerichtliches Urteil festgestellt wird, daß der in Anspruch Genommene den Unfall vorsätzlich herbeigeführt hat. In diesem Falle würde aber die Haftpflichtgesellschaft ohnehin nicht zahlen. Durch die freiwillige Unfallversicherung wird also ein erheblicher Teil der Haftpflichtgefahr auf die Berufsgenossenschaft abgewälzt.

Über die bisherige Entwickelung habe ich nichts in Erfahrung bringen können. Es wird die Umwandlung in eine Haftpflichtversicherungsanstalt der Berufsgenossenschaft Oldenburger Landwirte beabsichtigt. Das Statut liegt dem Bundesrat zur Genehmigung vor, vgl. S. 122.

In demselben Jahre wie in Oldenburg wurde die *Haftpflicht-Versicherungsanstalt Weimarischer Landwirte*, Versicherungsverein auf Gegenseitigkeit in Weimar, gegründet. Mitglied kann jeder Unternehmer werden, dessen land- und forstwirtschaftlicher Betrieb bei der Weimarischen landwirtschaftlichen Berufsgenossenschaft versichert ist und zwar sowohl mit seinem Hauptbetrieb als auch mit seinen landwirtschaftlichen Nebenbetrieben und allen sonstigen Unternehmungen, selbst wenn diese einer andern als der landwirtschaftlichen Berufsgenossenschaft angehören. Angehörige der Weimarischen landwirtschaftlichen Berufsgenossenschaft können auch hinsichtlich ihrer außerhalb des Großherzogtums gelegenen land- und forstwirtschaftlichen und zugehörigen gewerblichen Betriebe beitreten. Ferner können auch Ehegatten und Familienmitglieder, sowie Betriebsbeamte und Angestellte in gleicher Weise Versicherung nehmen, also selbständig. Eine Aufnahmeverpflichtung besteht nicht, insbesondere können Nebenbetriebe aller Art abgelehnt werden. Mitglieder, welche durch ihr Verhalten zu der Befürchtung Anlaß geben, daß sie durch Fahrlässigkeit fremde Personen und fremdes Eigentum im hohen Grade gefährden, oder bei denen außerhalb ihres Betriebes liegende, mit besonderer Haftpflichtgefahr verbundene Verhältnisse obwalten, kann die Mitgliedschaft gekündigt werden. Das Mitglied kann zum Jahresschluß unter Einhaltung einer sechswöchigen Frist kündigen.

Die Anstalt gewährt Deckung für die gesamte Haftpflicht aus Körperverletzungen und Sachbeschädigungen, und zwar für die Betriebs- wie die Privathaftpflicht, jedoch muß die Haftpflicht aus gewerbsmäßigen oder der Landwirtschaft angeschlossenen industriellen Nebenbetrieben, aus der Jagd, dem Privathausbesitz, dem Halten von Hunden, soweit es nicht Bedarfshunde sind, dem Radfahren, überhaupt jedem Sport und aus der Haltung von Privatfuhrwerk besonders versichert werden. Die Ersatzpflicht der Anstalt ist auf 60000 Mark für das Einzelereignis beschränkt. Ausgeschlossen von der Versicherung sind Schäden unter 20 M.. Sachschäden, die durch besondere Gas-, Heizungs-, Beleuchtungsanlagen und Hauswasserleitungen verursacht sind, sowie solche, die dem Mitglied an ihm zur Aufbewahrung, Beförderung, Verarbeitung, Fertigstellung und Reparatur übergebenen Sachen oder an zum Gebrauch oder zur Benutzung zeitweise entliehenen fremden Tieren erwachsen, schließlich Beschädigungen, welche Beamte des eigenen Betriebes und die mit dem Betriebsunternehmer in Familiengemeinschaft lebenden Angehörigen dem Betriebsunternehmer, dessen Angehörigen oder dessen Eigentum zufügen.

Wird der Betrieb vergrößert oder werden Nebenbetriebe mit neuen gefahrerhöhenden Einrichtungen ausgestattet, so ist rechtzeitig Anzeige zu machen. Gefahrerhöhende Vergrößerungen und Neueinrichtungen unterbrechen die Schadenersatzpflicht gegenüber dem davon berührten Betrieb bis zur regelrecht erfolgten Aufnahme nach geschehener Anmeldung. Besitzwechsel bringt die Versicherung zum Erlöschen.

Wissentliche oder fahrlässige falsche Angaben berechtigen die Anstalt zur Erhebung von Zuschlägen bis zum fünffachen des ordentlichen Jahresbeitrages. Erhobene Ansprüche hat der Versicherte alsbald, spätestens jedoch binnen einer Woche anzuzeigen bei Strafe des Verlustes aller Ansprüche. Die Versicherten dürfen Haftpflichtansprüche nicht selbständig anerkennen. Die Entscheidung hat der Vorstand, gegen dessen Verfügung Berufung an einen besonderen Prüfungsausschuß geht. Der Rechtsweg ist nicht ausgeschlossen.

Die Mitglieder sind zur Zahlung eines Eintrittsgeldes und jährlicher Beiträge verpflichtet. Das Eintrittsgeld ist gleich dem Jahresbeitrag, jedoch höchstens 20 M. An Beiträgen sind zu zahlen:

a) Für die landwirtschaftlichen Betriebe 15 Pf. pro Hektar Artland und Wiese und 10 Pf. pro Hektar sonstigen Areals, für forstwirtschaftliche Betriebe 6 Pf. pro Hektar Wald, Mindestbetrag 1 M. In diese Versicherung ist die Haftpflichtversicherung als Familienvorstand und Privatmann eingeschlossen.

b) Für gewerbsmäßige Nebenbetriebe oder der Landwirtschaft angeschlossene industrielle Betriebe 20 Pf. für je angefangene 100 M. Lohnwert nebst einem Zuschlag von:
   1) für jeden Personenaufzug 20 M.,
   2) für jeden mechanischen Warenaufzug 3 M.,
   3) Schienenanlage mit Motorbetrieb (nach Abkommen),
   4) Dampfkessel und ähnliche Anlagen, mit welchen Explosionsgefahr verbunden ist (nach Abkommen),

c) Für folgende besondere Haftpflichtgefahren:
   1) Ausübung der Jagd für das Mitglied persönlich 9 M. und für die ihm eventuell aus Handlungen der Jagdgäste erwachsende Haftpflicht 6 M.,
   2) gewerbsmäßige Lohnfuhrwerksbetriebe

	für jedes Pferd	pro Kopf des Personals
a) bei Lastfuhrwerk	2,— M.	2,— M.

	für jedes Pferd	pro Kopf des Personals
b) bei Personenfuhrwerk	3,— M.	2,50 M.
mindestens aber		7,50 „
3) Pferdeeinstellung bei Gastwirtschaftsbetrieb		
für jeden Pferdestand		1,— „
mindestens aber		3,— „
4) Privathausbesitz		
für Grundstücke ohne Gewerbebetrieb		2,50 „
„ „ mit „		3,— „
mit Gast- und Schankwirtschaft		4,— „
5) Halten von Hunden, die nicht Bedarfshunde sind,		
für jeden Hund		3,— „
6) Sport- und Privatfuhrwerk		
für Radfahrer		4,— „
„ Schützen (wenn nicht Jäger)		5,— „
„ Reiter pro Pferd		3,— „
„ Privatfuhrwerk pro Pferd		3,— „

Die Haltung eines Bedarfshundes ist jedem versicherten Hauptbetrieb ohne Zuschlag gestattet. Ebenso begründet die zufällige oder gelegentliche Leistung einer Fuhre gegen Entgelt keinen besonderen Beitrag, sofern der aus solchen Leistungen erzielte Roherlös zusammen die Summe von 100 M. im Jahre nicht übersteigt. Die Benutzung eines Fahrrades oder Reitpferdes im Dienste des versicherten Betriebes gilt nicht als sportsmäßig, ebenso bedingt die gelegentliche Privatbenutzung eines landwirtschaftlichen Gespannes keinen besondern Beitrag.

Die Einziehung der Beiträge kann durch einen Vertreter erfolgen, der von den innerhalb eines Gemeindebezirkes ansässigen Versicherten gewählt wird. Dieser erhält 5 % Inkassogebühr.

Reichen die Beiträge nicht aus, so ist der Reservefonds, jedoch nur bis zu höchstens einem Drittel seines Bestandes, zur Tilgung zu verwenden. In den Reservefonds fließen die zu zahlenden Eintrittsgelder, die Zinsen seiner jeweiligen Bestände und der nach der Bilanz sich ergebende Überschuß, der Mindestbetrag soll spätestens 1910 durch die Generalversammlung statutarisch festgelegt werden.

Reichen die angeführten Bestände des Reservefonds nicht aus, so ist das Fehlende durch Umlagen auf die Mitglieder in unbegrenzter Höhe aufzubringen. Zur besonderen Sicherheit können Rückversicherungsverträge geschlossen werden. Ein solcher bestand bis zum 12. Mai 1905 mit der Frankfurter Transport-, Unfall- und Glasversicherungs-

Aktiengesellschaft in Frankfurt a. M., wurde aber von dieser infolge des oben (S. 38) erwähnten Beschlusses des Unfallversicherungsverbandes gekündigt. Der neue Vertrag ist dann mit dem Atlas in Ludwigshafen abgeschlossen worden.

Die Anstalt zählte Ende 1905 1125 Mitglieder mit einem Areale von 23 445 ha und 196 910 M. Lohnwerten für gewerbliche Nebenbetriebe gegenüber 37 514 bei der landwirtschaftlichen Berufsgenossenschaft versicherten Betrieben, oder 3 %. Außerdem waren versichert: 4 Warenaufzüge, 2 Dampfkessel, 2 Dynamomaschinen, 1 Petroleummotor, 1 elektrischer Motor sowie 2 Lokomobilen zum Dampfdrusch. Ferner liefen 138 Sonderversicherungen mit einem Jahresbeitrag von 907 M. Zu Zwecken der Anwerbung neuer Mitglieder wurden durch die Vermittelung der landwirtschaftlichen Zentralstelle des Großherzogtums S.-Weimar 13 338 Aufforderungsschreiben an diejenigen Landwirte abgesandt, die ein Areal von 5 ha an aufwärts bewirtschaften. Die Zentralstelle trug auch die Druckkosten. Der Erfolg entsprach aber nicht den Erwartungen, da wie der Geschäftsbericht hervorhebt, verhältnismäßig nur wenige Landwirte sich daraufhin zum Beitritt entschlossen haben.

An Entschädigungen wurden 1689,71 M. gezahlt, wovon auf die Frankfurter 877,75 M. entfallen. Von den 12 im Jahre 1905 angemeldeten Schäden waren 11 durch Haustiere verursacht. Über Prämieneinnahmen, Verwaltungskosten und Reservefonds enthält leider der auf der Schreibmaschine vervielfältigte Geschäftsbericht nichts. Den Rechnungsabschluß habe ich nicht erhalten können.

Der nach dem Vorbild des Haftpflichtversicherungsvereins für die Landwirte der Provinz Westfalen im Jahre 1904 gegründete Haftpflicht-Versicherungsverein des Rheinischen Bauern-Vereins in Köln lehnt sich eng an den letztgenannten Verein an. Nur Mitglieder des letzteren können dem Haftpflichtversicherungsverein beitreten. Dem Vorstand steht das Recht zur Abweisung, dem Abgewiesenen das Recht der Berufung an den Aufsichtsrat offen.

Die Versicherung umfaßt die gesamte Haftpflicht des Versicherten aus Körperverletzung oder Sachbeschädigung, sofern die schädigende Handlung oder Unterlassung in dem landwirtschaftlichen Betriebe des Versicherten oder in den damit verbundenen gewerblichen, industriellen oder handwerksmäßigen Nebenbetrieben vorgekommen sind. Allerdings bedarf es im Einzelfall besonderer Abmachungen, in welchem Umfang Versicherung gewährt wird, wie namentlich aus dem nachstehend aufgeführten Prämientarif hervorgeht.

Die Versicherung erstreckt sich auch auf diejenigen Entschädigungen, welche die mit dem Versicherten in Gemeinschaft lebenden Familienmitglieder und die in seinem Betriebe angestellten Betriebsbeamten zu zahlen haben, falls die von ihnen begangenen Handlungen oder Unterlassungen in dem Betriebe des Versicherten vorgekommen sind, ferner bei besonderer Vereinbarung auf die Unfälle, für welche der Versicherungsnehmer auf Grund des § 26 der Rheinischen Gesindeordnung vom 19. August 1844 oder des § 617 BGB. verpflichtet ist. Ausgeschlossen von der Versicherung sind Brandschäden, sowie die Beschädigungen, welche den mit dem Versicherten in Gemeinschaft lebenden Familienangehörigen oder deren Eigentum zugefügt werden und die Beschädigungen, welche Betriebsbeamte dem Betriebsunternehmer oder dessen Eigentum zufügen.

Die Versicherung wird entweder begrenzt gewährt und zwar in der regulären Form: 20 000 M. pro Person, 60 000 pro Ereignis, 10 000 M. Sachschaden, jedoch Schäden unter 10 M. nicht, oder in der erhöhten Form: 50 000 M. pro Person, 150 000 pro Ereignis, 10–50 000 M. Sachschaden, jedoch Schäden unter 10 M. nicht, oder es wird unbegrenzte Deckung gewährt. Dies bedarf jedoch einer besonderen Entscheidung des Vorstandes von Fall zu Fall, und ist überhaupt, ehe der Reservefonds die Höhe von 500 000 M. erreicht hat, nur zulässig, wenn sich der Verein bei einer leistungsfähigen Versicherungsgesellschaft rückdeckt. Wissentlich falsche, Täuschung über wesentliche Punkte bezweckenden Angaben präjudizieren dem Anspruch des Versicherten. Bei Besitzwechsel kann die Versicherung auf den neuen Besitzer übertragen werden. Gegen ihn erhobene Ansprüche hat der Versicherte binnen 14 Tagen mitzuteilen, anerkennen darf er sie ohne Genehmigung des Vereins nicht. Streitigkeiten zwischen dem Verein und den Versicherten sollen tunlichst durch die Schiedsgerichte des Rheinischen Bauernvereins entschieden werden, der Rechtsweg ist also nicht ausgeschlossen.

Ein Eintrittsgeld wird nicht erhoben, wohl aber Policekosten. Die Prämien werden im voraus gezahlt auf Grund des nachstehenden Tarifs.

Prämien-Tarif.

A. Landwirtschaftlicher Betrieb.

1. Hinsichtlich Personenschaden	Bei Begrenzung auf reguläre Versicherung von 20000 M. pr. Person 60000 M. pro Ereignis	Bei Begrenzung auf erhöhte Versicherung von 50000 M. pr. Person 150000 M pro Ereignis	Bei unbegrenzter Versicherung
1. für jeden Hektar:			
a) Acker- und Gartenland	0,07	0,09	0,12
b) Wiese, Weide und Weinberg	0,03	0,04	0,06
c) Wald, Heide, Oedland, Wasserfläche	0,02	0,02	0,03
2. für Pferde: pro Stück	1,10	1,50	2,—
3. für andere Zugtiere (Arbeitsochsen, Kühe, Esel) pro Stück	0,25	0,30	0,36
4. für jeden Hengst	2,—	2,50	3,—
„ „ Zuchtstier	1,50	2,—	2,50
„ „ Zuchteber		prämienfrei	
„ „ Hund	1,—	1,30	2,50
5. für Einschluß der Leistungen aus der Gesindeordnung bezw. § 617 des BGB.			
a) für jede Gesindeperson, wenn nur für Krankheiten, die durch Unfälle entstanden sind	1,—	1,—	1,—
b) für jede Gesindeperson, wenn für alle Krankheiten	5,—	5,—	5,—
Gesindepersonen sind alle diejenigen ständigen Dienstpersonen, welche in die Häuslichkeit des Dienstherrn aufgenommen sind			
Mindestprämie für einen landwirtsch. Betrieb	1,80	2,50	—

2. Hinsichtlich Sachbeschädigung.

Bei Begrenzung auf reguläre Versicherung von 10000 M. — volle Entschädigung — Schäden unter 10 M. jedoch nicht.

Erhöhte Versicherung: Jede weiteren 10000 M. 25 % Zuschlag — Maximalsumme 50000 M.

Zuschlagspräme für Sachbeschädigung bei regulärer Versicherung:

1. bei Betrieben ohne prämienpflichtige Tierhaltung 30 % Zuschlag zur Gesamtprämie für Personenschaden,
2. bei Betrieben mit prämienpflichtiger Tierhaltung 40 % Zuschlag zur Gesamtprämie für Personenschaden,
3. für Einschluß von Flurschäden durch Weidevieh pro Stück { bis 10 Stück 15 Pf. / über 10 „ 10 „
4. Einschluß von Schäden durch Belegen pro Hengst 4 M., pro Zuchtstier 2 M.

B. Nebenbetriebe.

Reguläre Versicherung: 20000 M. pro Person, 60000 M. pro Ereignis.
Erhöhte Versicherung: 50000 „ „ „ 150000 „ „

Unbegrenzte Versicherung: nach Uebereinkunft mit dem Vorstande des Vereins, vgl. § 6 Absatz 6 der Satzung.

10000 M. Sachschaden, Schäden unter 10 M. werden nicht berücksichtigt, jede weitere 10000 M. — 25 % Zuschlag — Maximalsumme 50000 M.

1. Gastwirtschaft und Restauration.

Prämien für:

a) Personenschaden bei regulärer Versicherung

pro beschäftigte Person	1,— M.	Erhöhte Versicherung 25 % Zuschlag
„ Kutscher	2,— „	
„ Pferd	2,— „	
„ Tanzsaal	3,— „	
„ Kegelbahn	1,50 „	
„ Hund	1,— „	
Ausspannstallung pro Pferdestand		
bis zu 10 Ständen	0,50 „	
bei mehr als 10 Ständen	0,30 „	

Mindestprämie: 5,— M. für reguläre; 7,— M. für erhöhte Versicherung.

b) Sachschaden (10000 M.)

30 % Zuschlag zur Gesamtprämie für Personenschaden.

2. Fuhrwerksbetrieb und Posthalterei.

Prämien für:

a) Personenschaden bei regulärer Versicherung

zur Beförderung von Personen

pro Pferd	3,— M.	Erhöhte Versicherung 25 % Zuschlag
„ Kutscher	3,— „	

Minimalprämie: 6,— M. reguläre; 8 M. erhöhte.

gewöhnliches Lastfuhrwerk

pro Pferd	2,50 M.	Erhöhte Versicherung 25 % Zuschlag
„ Kutscher	2,— „	

Minimalprämie: 5,— M. reguläre; 7,— M. erhöhte.

schweres Lastfuhrwerk

pro Pferd	3,— M.	Erhöhte Versicherung 25 % Zuschlag
„ Kutscher	3,— „	

Minimalprämie: 7,50 M. reguläre; 10,— M. erhöhte Versicherung.

b) Sachschaden (10000 M.):

40 % Zuschlag zur Gesamtprämie für Personenschaden.

3. Warenhandlungen.

(Kolonialwaren, Weiß- und Wollzeuggeschäfte, Cigarren und Tabak ꝛc.)

Prämien für:

a) Personenschaden bei regulärer Versicherung:

1,— M. pro beschäftigte Person; bei erhöhter Versicherung 20 % Zuschlag.

Mindestprämie: 2,— M. reguläre; 3,— M. erhöhte.

b) Sachschaden (10000 M.).

25 % Zuschlag zur Gesamtprämie für Personenschaden.

4. Eisenhandlungen, Holz- und Kohlenhandlung.

Prämien für:

a) Personenschaden bei regulärer Versicherung:

1,20 M. pro beschäftigte Person; bei erhöhter Versicherung 25 % Zuschlag.

Mindestprämie: 3,— M. reguläre; 4,— M. erhöhte.

b) Sachschaden (10000 M.).

25 % Zuschlag zur Gesamtprämie für Personenschaden.

5. Bäckereien, Metzgereien, Schreinereien, Müllereien u. s. w.

Prämien für:

a) Personenschaden bei regulärer Versicherung:

1,10 M. pro beschäftigte Person; bei erhöhter Versicherung 20 % Zuschlag.

Mindestprämie: 2,50 M. reguläre; 4 M. erhöhte.

b) Sachschaden (10000 M.).

25 % Zuschlag zur Gesamtprämie.

6. Schlosserei, Schmiederei.

Prämien für:

a) Personenschaden bei regulärer Versicherung:

1,50 M. pro beschäftigte Person; 30 % Zuschlag für erhöhte Versicherung.

Mindestprämie: 5,— M. reguläre; 7,— M. erhöhte.

b) Sachschaden (10000 M.).

25 % Zuschlag zur Gesamtprämie.

7. Für Radfahrer.

Prämien für:

a) Personenschaden bei regulärer Versicherung:

pro Radfahrer 3,50 M.; erhöhte Versicherung 50 % Zuschlag.

b) Sachschaden (10000 M.).

50 % Zuschlag.

8. Für Ausübung der Jagd.

Prämien für:

a) Personenschaden bei regulärer Versicherung:

12,— M. pro Person; erhöhte Versicherung 20,— M.

b) Sachschaden (10000 M.).

50 % Zuschlag.

9. Für Kirchengemeinden.

Prämien für:

a) Personenschaden bei regulärer Versicherung:

pro Quadratmeter 10 Pf.; für erhöhte 12 Pfg.; pro Pfarrhaus 2,— M.

b) Sachschaden (10000 M.).

20 % Zuschlag.

10. Für Schulgemeinden.

Prämien für:

a) Personenschaden bei regulärer Versicherung:

bis 100 Schüler 4,— M.; erhöhte 6,— M.; 100—500 Schüler 6,— M; erhöhte 8 M., pro Schulhaus nach Größe 2,— bis 8,— M.

b) Sachschaden (10000 M.).
25 % Zuschlag.

11. Für Hausbesitzer und Mieter.

Prämien für:

a) Personenschaden bei regulärer Versicherung:
pro Etage 1,50 M.; für erhöhte 2,— M.; Mindestprämie 3,— M.

b) Sachschaden (10000 M.).
30 % Zuschlag.

12. Für Geistliche, Lehrer und Lehrerinnen

Prämien für:

a) Personenschaden bei regulärer Versicherung:
3,— M. pro Person; erhöhte 4,— M.

b) Sachschaden (10000 M.).
20 % Zuschlag.

Nebenbetriebe, welche im Tarife nicht aufgeführt sind, können gleichfalls nach besonderer Uebereinkunft mit dem Vorstande des Vereins in die Versicherung eingeschlossen werden, über die Höhe der Prämien entscheidet der Vorstand von Fall zu Fall. Es wird sich in der Hauptsache noch handeln um Brennerei, Brauerei, Ziegelei, Steinbruch-, Kies- und Sandgrube, Zuckerfabrikation, Feld- und Drahtseilbahn, Lohndrescherei u. s. w.

Bei Abschluß der Versicherung auf 10 Jahre gewährt der Verein 10 % Rabatt. Bei mehrjährigen Versicherungen mit Vorausbezahlung gewährt der Verein auf 5 Jahre ein Freijahr, auf 10 Jahre 2 Freijahre.

Wie ein Vergleich mit den an anderen Stellen mitgeteilten Prämien des Unfallversicherungsverbandes ergibt, gehen die Prämien in einzelnen Fällen über die des letzteren hinaus [z. B. ist nach dem Minimaltarif zu zahlen bei Versicherung 50000/150000 0,08 M. für den Hektar, nach dem Tarif des Bauernvereins 0,09 M.; ebenso ist die Prämie für einen Hengst höher (2 M. zu 1,80 M.)], ferner als Radfahrer (2,70 M. : 3,50 M.), in anderen sind sie aber niedriger, vergl. Pferde (außer unbegrenzt), Zuchtstier, Zuchteber, Hund (1 M. : 2,25 M.), Jäger, Warenhandlungen (1,— M. : 2,70 M.), wieder andere lassen sich wegen der verschiedenen Art der Berechnung nicht vergleichen z. B. Fuhrwerksbetriebe, und die berufsgenossenschaftlich versicherten Handwerksbetriebe: Metzgerei, Schmiederei, Schlosserei, ferner die Hausbesitzerprämien.

Reichen die Prämien nicht aus, so können die Versicherten zu Nachschüssen in unbegrenzter Höhe herangezogen werden. Jedoch können stattdessen erst die Bestände des Gründungs- und des Reservefonds angegriffen werden. Der Gründungsfonds ist von dem Rheinischen Bauernverein in Höhe von 50000 M. bestellt worden. Er ist mit 3½ % zu verzinsen und aus den Jahresüberschüssen mit 5—10 % zu amortisieren, sobald der Reservefonds die Höhe von 500 000 M. erreicht hat. Diese Bestimmung steht freilich im Widerspruch mit § 22 VAG., nach welchem die Tilgung beginnen muß, nachdem die Kosten der Errichtung und die im ersten Geschäftsjahr entstandenen Kosten der Einrichtung getilgt worden sind. Wird der Gründungsfonds durch zu Zwecken der Deckung eines Verlustes entnommene Beträge reduziert, so muß er durch Nachschüsse wieder auf seinen Bestand gebracht werden. Der Reservefonds wird aus den Jahresüberschüssen derart gebildet, daß ihm bis zu einem Mindestbetrage von 150 000 M. der ganze Überschuß zufällt. Von da an wird ihm der Restteil des Jahresüberschusses, der nicht von der Amortisation in Anspruch genommen ist, zugewiesen, bis der Reservefonds die Höhe von 500 000 M. erreicht hat. Bis zu diesem Augenblick fließen ihm auch seine eigenen Zinsen zu. Später sollen, nach Tilgung des Gründungsfonds, 20 % der Überschüsse dem Rheinischen Bauernverein als Vergütung für die zur Gründung, Einführung, Förderung und Ausbreitung des Vereins aufgewendeten Kosten überwiesen werden. Zur Deckung eines Defizites darf in einem Jahre aber der Reservefonds nur mit höchstens der Hälfte seines Bestandes in Anspruch genommen werden. Zur weiteren Sicherheit kann der Verein Rückversicherungsverträge abschließen. Ähnlich wie bei dem Versicherungsverein gegen Haftpflicht für die Landwirte der Provinz Westfalen, üben hier der Provinzialverband der Rheinprovinz und die Landwirtschaftskammer der Rheinprovinz eine besondere Kontrolle.

Der Verein stieg im Jahre 1906 von 6910 auf 12 230 Versicherte gegenüber 541 612 Ende 1905 bei der Rheinischen landwirtschaftlichen Berufsgenossenschaft versicherten Betrieben oder 2,3 %. Die Prämien für eigene Rechnung betrugen 135 239,78 M., 110,85 M. sind für Rückversicherung verausgabt worden. Für Schäden waren nur 11 745,49 M. zu zahlen, während die Verwaltungskosten 41 477,56 M. oder 29,2 % der Einnahmen ausmachten, darunter 12 956,50 M. für Provisionen. Der Jahresüberschuß (einschl. Prämienüberträge?) betrug 81 686,68 M., der des Vorjahres 101 266,76 M. Infolge dieser günstigen Abschlüsse sind die Sicherheitsfonds auf 225 953,44 M. gestiegen.

Der, wie bereits früher erwähnt, aus den Kreishaftpflichtversicherungsvereinen 1906 entstandene Landwirtschaftliche Haftpflichtversicherungsverein für die Provinz Schleswig-Holstein auf Gegenseitigkeit, der seine Tätigkeit am 1. März 1907 aufnahm, ist ein kleinerer Verein im Sinne des § 53 des VAG. Sein Wirkungskreis umfaßt die Provinz Schleswig-Holstein, das Fürstentum Lübeck und die Hansestädte Hamburg und Lübeck. Mitglied kann jede im Vereinsbezirk angesessene, im Verzeichnis der land- und forstwirtschaftlichen Betriebsunternehmer eingetragene Person werden. Außerdem können Vereine, Verbände, Kommunen u. dgl. gemeinschaftliche Unternehmungen, insoweit sie land- und forstwirtschaftliche Zwecke verfolgen, insbesondere die Landwirtschaftskammer Schleswig-Holstein, ferner Landgemeinden und Gutsbezirke, soweit sie vorwiegend ländlichen Charakter tragen, beitreten. Die Versicherung kann auch auf die land- und forstwirtschaftlichen Nebenbetriebe ausgedehnt werden. Gegen einen den Antrag ablehnenden Bescheid des Vorstands kann Beschwerde bei der Generalversammlung eingelegt werden.

Der Verein steht in engem Zusammenhang mit der Landwirtschaftskammer für die Provinz Schleswig-Holstein. Von dieser werden zwei der fünf Mitglieder des Vorstandes bestellt. Der Verein zerfällt in Sektionen; diese werden in der Regel durch die in demselben Kreise wohnenden Mitglieder gebildet. Die Sektionsversammlung besteht aus Vertrauensmännern, von denen die in demselben Ortspolizeibezirk wohnenden Mitglieder je einen und einen Stellvertreter wählen.

Der Verein tritt für alle Ersatzverbindlichkeiten des Versicherten ein, welche ihm als Unternehmer eines landwirtschaftlichen Haupt- und Nebenbetriebes, ferner in seiner Eigenschaft als Haus- und Grundbesitzer, Familienvorstand, Dienstherr und Privatmann aus Körperverletzung oder Sachbeschädigung erwachsen. Die Versicherung erstreckt sich auch auf solche Schäden, für welche die im Haushalte des Versicherten befindlichen Familienangehörigen sowie die im versicherten Betrieb angestellten Personen in dieser Eigenschaft haftbar sind,

Die Versicherung geht nur bis zu einer Höchstsumme von 50000 Mark; bei Sachschäden hat der Versicherte 10 % des Schadens, mindestens 10 M. zu tragen. Ausgeschlossen von der Versicherung sind Beschädigungen von Sachen, insbesondere von Tieren, die dem Versicherten oder seinen Hausgenossen zur Aufbewahrung, Bearbeitung, Reparatur, zur miet- oder leihweisen Benutzung oder Beförderung, oder zur Wartung und Pflege übergeben worden sind, sowie Beschädigungen von Waren und Erzeugnissen, die verkauft, aber noch nicht abgeliefert sind. Ferner werden nicht ersetzt Ansprüche wegen Flurbeschädigungen, Krankheiten und Viehseuchen, Unfälle, die sich beim Automobilfahren oder Sport (Rennen, Eisbosseln oder dergl.) ereignen, weiter Verletzungen durch Schußwaffen. Auch der Ersatz der auf Grund gesetzlicher Bestimmung (§ 7 Unfallversicherungsgesetz für Land- und Forstwirtschaft, §§ 616, 617 BGB., § 63 HGB. oder der entsprechenden Gesindeordnungen) zu bewirkenden Leistungen ist von der Versicherung ausgeschlossen.

Von jedem erhobenen Anspruch hat der Versicherte unverzüglich Kenntnis zu geben. Zur Anerkenntnis ist er nicht befugt. Tut er es, so geht er seines Anspruches verlustig, wenn er nicht nachweist, daß er haftpflichtig war. Eine Verletzung seiner Pflichten schadet ihm nicht, wenn ihm weder Absicht noch grobfahrlässiges Verschulden zur Last fällt. Nach jedem Schadenfall kann der Vorstand innerhalb eines Monats die Versicherung unter Einhaltung einer Monatsfrist kündigen. Eine Rückzahlung von Beiträgen findet nicht statt. Bei Besitzwechsel dauert die Versicherung zunächst zu Gunsten des Nachfolgers fort.

Jedes neu eintretende Mitglied hat ein Eintrittsgeld von 1 M. zu zahlen. Der Jahresbeitrag, der von den Sektionsvorständen bis zum 1. Oktober eines jeden Jahres einzuziehen ist, beträgt 20 % des seitens der einzelnen Mitglieder an die landwirtschaftliche Berufsgenossenschaft zuletzt entrichteten Beitrags. Aus besonderen Gründen kann der Vereinsvorstand für einzelne Mitglieder bei ihrem Beitritt einen anderen Beitrag festsetzen.

Zur Deckung der Verbindlichkeiten, welche die Jahreseinnahmen übersteigen, ist zunächst der Reservefonds bis zur Hälfte seines Bestandes in Anspruch zu nehmen, jedoch müssen in ihm mindestens 50000 M. bleiben. Der Reservefonds wird gebildet durch Überweisung der gesamten verfügbaren Jahresüberschüsse, bis er die Höhe von 500000 M. erreicht hat und durch Beträge, welche ihm weiterhin durch Beschluß der Generalversammlung überwiesen werden. Dann wird der Gründungsfonds bis zur Hälfte seines Bestandes angegriffen. Dieser beträgt 25000 M., von denen 10000 bar eingezahlt sind. Dieser Teil wird den Zeichnern mit 4 % verzinst. Die Tilgung des Gründungsfonds erfolgt aus den Jahreseinnahmen auf dem Wege der Auslosung einer entsprechenden Anzahl von Anteilscheinen, und zwar in dem Maße, als die Bildung des Reservefonds vorgeschritten ist. Insoweit der Gründungsfonds durch die Inanspruchnahme zur Deckung von Fehlbeträgen vermindert ist, besteht eine Verpflichtung zur Rückzahlung nicht. Noch weiter bleibende Verluste sind durch Nachschüsse bis zum fünffachen Betrage des Jahresbeitrages aufzubringen und dann aus dem Rest des Reserve- und Gründungsfonds zu decken. Darüber hinaus findet Kürzung der Versicherungsansprüche statt.

Der Verein zählte im Mai 1907 15 900 Mitglieder; da die Schleswig-Holsteinische und die Hamburgische Landwirtschaftliche Berufsgenossenschaft Ende 1905 89 739 Betriebe zählten, fallen auf den Verein 17,7 % der Mitglieder. Interessant ist die Verteilung auf die einzelnen Sektionen, da sich hierbei der Nationalitätengegensatz in den nördlichen und die Wirkung der Versicherungsgesellschaften, die namentlich im Süden tätig sind, deutlich zeigt. Es entfallen nämlich auf 1) Kreis Hadersleben 24 Mitglieder, 2) Kreis Apenrade 844, 3) Kreis Sonderburg 1, 4) Sektion Angeln 1888, 5) Sektion Flensburg-Schleswig westlicher Teil 1080, 6) Kreis Eckernförde 338, 7) Kreis Eiderstadt 198, 8) Kreis Husum 1475, 9) Kreis Tondern 2086; 10) Kreis Oldenburg 459, 11) Kreis Plön 708, 12) Kreis Kiel 607, 13) Kreis Rendsburg 1339, 14) Kreis Norderdithmarschen 425, 15) Kreis Süderdithmarschen 586, 16) Kreis Steinburg 1522, 17) Kreis Segeberg 1178; 18) Kreis Stormarn 232; 19) Kreis Herzogtum Lauenburg 679; 20) Kreis Pinneberg 19; 21) Fürstentum Lübeck 287.

Außer den vorerwähnten an größere Korporationen oder Verbände sich anlehnenden ländlichen Haftpflichtversicherungsvereinen bestehen noch zwei selbständige, lokal eng begrenzte, von denen der Weichsel-Nogat-Haftpflichtschutzverein, Versicherungsverein auf Gegenseitigkeit aus der Mitte der neunziger Jahre stammt. Mitglieder können alle Landwirte werden, die in nachbezeichneten Gegenden Grundstücke besitzen:

1) im Gebiet des durch Statut vom 20. Juni 1889 gegründeten Weichsel-Nogat-Deichverbandes, mit Ausnahme der Stadtkreise Danzig und Elbing und der in der Provinz Ostpreußen gelegenen Gebietsteile,

2) im Gebiete der Amtsbezirke Tessendorf, Dt. Damerau, Altmark und Braunswalde des Kreises Stuhm,

3) im Gebiete der oberen Weichselniederungen soweit sie Deichverbänden in den Kreisen Marienwerder, Kulm, Schwetz und Thorn angehören,

4) im Gebiet der Amtsbezirke Kl. Kunterstein, Tursnitz, Mockrau, Neudorf und Schöntal im Kreise Graudenz.

Es bleibt vorbehalten, auch andere wirtschaftlich gleichartige an das bisherige Vereinsgebiet angrenzende Ortschaften der Provinz Westpreußen aufzunehmen.

Über die Annahme entscheidet der Vorsitzende, Abgewiesenen steht die Berufung an den Aufsichtsrat, und wenn sich dieser ebenfalls ablehnend verhält, an die Generalversammlung zu. In der Organisation des Vereins bilden einen wichtigen Bestandteil die Bezirksvertreter. Sie werden vom Vorstand aus dem Kreise der Vereinsmitglieder gewählt, jedoch kann ihr Amt auch Nichtmitgliedern übertragen werden. Ihre Pflichten sind: a) dem Verein zahlreiche Mitglieder zuzuführen, jedoch b) vor der Empfehlung der Aufnahme sich auch zu vergewissern, ob die betreffende Person es in ihrem Wirtschaftsbetriebe nicht an den nötigen Vorsichtsmaßregeln fehlen läßt, c) sich bei den vertraulichen gutachtlichen Äußerungen über aufzunehmende Persönlichkeiten der strengsten Gewissenhaftigkeit und Verschwiegenheit zu befleißigen, d) in geeigneter Weise die Betriebe ihrer Mitglieder in ihrem Bezirke im Auge zu behalten, bei Mängeln in Anwendung der erforderlichen Vorsichtsmaßregeln auf Abhilfe zu dringen und, wo ihnen solches nicht gelingt, dem Vorstand Anzeige zu erstatten, e) die in ihrem Bezirk fälligen Beiträge von den Zahlungspflichtigen einzuziehen und an die Vereinskasse abzuführen. Als Entschädigung erhalten sie 10% Provision von den durch sie zur Erhebung kommenden Geldern. Wir sehen also hier den bei den Versicherungsgesellschaften üblichen Agenten wieder auftauchen.

Der Verein gewährt den Mitgliedern, welche die Landwirtschaft als Hauptgewerbe betreiben, Deckung für alle Ansprüche, welche gegen sie auf Grund der Haftpflicht aus einem Unfall im landwirtschaftlichen Betriebe oder einem landwirtschaftlichen Nebenbetrieb oder aus sonst einem Grunde erhoben werden. Bei den Mitgliedern dagegen, welche die Landwirtschaft nur als Nebengewerbe betreiben, tritt der Verein nur für Ansprüche ein, die aus Unfällen im Landwirtschaftsbetriebe herrühren. Ausgeschlossen von der Versicherung sind Ansprüche, die von der Ehefrau, sowie von den im Haushalte des Versicherten lebenden Deszendenten oder Aszendenten gegen ihn erhoben werden, ferner die von dem Versicherten zu erstattenden Kur- und Pflegekosten infolge Unfalles erkrankter Personen, welche im Dienst oder Arbeitsverhältnis des Versicherten stehen, die auf Grund des Feld- und Forstpolizeigesetzes vom 1. April 1880 zu erstattenden Flurschäden, überhaupt alle Schäden unter 25 M., während der

Verein bei höheren Schäden nur den über 25 M. hinausgehenden Betrag erstattet.

Der Verein tritt aber nur ein, wenn die gegen die Versicherten erhobenen Ansprüche innerhalb des 50-fachen Grundsteuerreinertrages der Besitzung des Versicherten liegen. Anderenfalls kann er die Bezahlung verweigern. Es tritt dann folgendes Verfahren ein. Der Verletzte kann sich an dem Grundstück oder sonstigen Vermögen des Versicherten schadlos halten. Für diesen sorgt der Verein dadurch, daß er ihm durch Kapitaleinzahlung bei einer Rentenversicherungsanstalt eine seinen Vermögensverhältnissen entsprechende Leibrente erwirkt, die jedoch den Betrag von 1500 M. nicht übersteigen darf. Bis zu diesem Betrage wird die Rente in der Regel unpfändbar sein (vgl. § 850 CPO.). Stirbt der Versicherte, so hat der Vorstand der Witwe und den ehelichen Kindern bis zum vollendeten 17. Lebensjahr, desgleichen den Aszendenten des Verstorbenen, wenn dieser ihr ausschließlicher Ernährer war, die Weiterzahlung eines Teiles dieser Rente, welcher nach billigem Ermessen festzusetzen ist, zu gewähren.

Jeder Anspruch ist binnen einer Woche anzumelden. Versäumnis oder Verspätung der Unfallanzeige berechtigen den Vorstand, gegen das säumige Mitglied nach billigem Ermessen eine Strafe bis zu 25 % des vollen Anspruches festzusetzen. Der Vorstand kann weiter, wenn er zur Überzeugung kommt, daß ein Mitglied es fortgesetzt an der Fürsorge eines guten Hausvaters in seinem Betriebe fehlen läßt, gegebenenfalls von dem betreffenden Mitglied eine Strafe bis zur Höhe des jährlichen Beitrages erheben und im Wiederholungsfall das lässige Mitglied aus dem Vereine ausschließen. Auch sonst, wo es das Vereinswohl erheischt, ist der Vorstand berechtigt, Mitglieder ohne Angeben von Gründen aus dem Verein auszuschließen. Die Beiträge werden pro rata temporis zurückgewährt. Das Mitglied kann gegen den Ausschließungsbeschluß Berufung bei der Generalversammlung einlegen. Bei Besitzwechsel dauert die Versicherung fort.

Die Mitglieder zahlen ein Eintrittsgeld von 20 Pf. für jeden Hektar. Zur Bestreitung der Ausgaben wird jährlich eine besondere Umlage erhoben nach Maßgabe der bewirtschafteten Hektarzahl, deren Höhe für jedes Jahr von der Generalversammlung im voraus festgesetzt wird. Tritt ein größerer Schaden ein, so soll zunächst der Reservefonds in Höhe von einem Drittel seines Bestandes, soweit dieser nicht unter den Betrag von 10000 M. sinkt, herangezogen werden. Der Reservefonds wird durch die jährlichen Zinsen und die Überschüsse aus der Verwaltung gebildet. Sobald er 50000 M. erreicht hat, wird der gewonnene Überschuß anteilig auf die zu zahlenden Beiträge verrechnet. Reicht der Reservefonds nicht aus, so müssen die Mitglieder Nachschüsse in unbegrenzter Höhe zahlen. Wie man sieht, haben wir es hier mit einem ganz abweichend von den übrigen Haftpflichtversicherungsvereinen organisierten und eingerichteten Verein zu tun, bei dem namentlich die Art und Weise der Entschädigung großer Ansprüche äußerst originell ist.

Der Verein zählte am 31. März 1906 einen versicherten Bestand von 112038 ha. Der jährliche Beitrag betrug 10 Pf. pro Hektar und wurde in gleicher Höhe für 1906/7 festgesetzt. Für Haftpflichtschäden waren 5089,73 M. zu zahlen gegen 2393,01 im Vorjahr. Das Vereinsvermögen betrug 42900 M.

Der zweite dieser kleineren Vereine ist der Haftpflicht-Versicherungsverein Sommersdorf und Umgegend, Versicherungsverein auf Gegenseitigkeit in Sommersdorf, gegründet 1903. Mitglied des Vereins kann jede in den preußischen Kreisen Neuhaldensleben, Wanzleben, Gardelegen, Wolmirstedt, Oschersleben, Halberstadt oder in dem braunschweigischen Kreise Helmstedt ansässige Person werden. Falls der Aufzunehmende eigene Pferde hat, ist Bedingung für seine Aufnahme seine Zugehörigkeit zu dem Verein auf Gegenseitigkeit: Pferdeversicherung Sommersdorf und Umgegend. Es ist also kein rein ländlicher Haftpflichtversicherungsverein, sondern ein gemischter, wenn auch wohl der ländliche Charakter überwiegen wird. Über die Aufnahme entscheidet der Vorstand nach freiem Ermessen.

Versichert wird die gesamte Haftpflicht der Mitglieder aus Personen- und Sachbeschädigung, doch ist es zulässig, die Haftpflichtversicherung auf bestimmte Rechtsverhältnisse, insbesondere auf die Fälle zu beschränken, in denen das Mitglied nur in seinen Eigenschaften als Inhaber eines bestimmten Gewerbes oder Eigentümer eines bestimmten Gegenstands, z. B. Grundstücks, in Anspruch genommen werden kann. Ausgeschlossen von der Versicherung sind Beschädigungen von Sachen, welche von dem Versicherten zur Be- oder Verarbeitung, Reparatur, Aufbewahrung oder zum Transport übernommen worden sind oder die der Versicherte in Gebrauch genommen hat, ferner an verkauften Waren vor ihrer tatsächlichen

Übergabe. Ferner werden Schäden unter 20 M. nicht vergütet. Bei Sachschäden, die durch Feuer verursacht worden sind, ist die Entschädigungspflicht des Vereins auf 5000 M., in allen anderen Fällen auf 30000 M. beschränkt. Will der Verein im Einzelfall eine höhere Versicherung abschließen, so muß er vorher für diese besondere Versicherung bei einem leistungsfähigen Rückversicherer Deckung genommen haben. Von jedem erhobenen Anspruch ist unverzüglich, längstens aber innerhalb 14 Tagen nach erlangter Kenntnis, Mitteilung zu machen. Schuldvolle Versäumung oder Verspätung berechtigen den Verein, jede Entschädigung abzulehnen. Nach jedem Schadenfall haben beide Teile das Recht zur Kündigung. Besitzwechsel bringt die Versicherung zum Erlöschen, es steht jedoch dem Besitznachfolger frei, Antrag auf Fortsetzung der Versicherung zu stellen. Die Leistungen der Versicherten bestehen in einem Eintrittsgeld und Prämien. Dabei ist eigentümlich, daß auch für das Eintrittsgeld ein besonderer Tarif aufgestellt ist, den wir nachstehend wiedergeben:

A. Tarif für landwirtschaftliche Versicherungen.

Das Eintrittsgeld beträgt	Die Jahresprämie beträgt
pro Wohnhaus 1 M.	pro Wohnhaus inkl. 2 Etagen (eingeschlossen Hausgärten, Wirtschaftsgebäude, Hofraum und Hundehaltung) 3 M.
als Privatmann und Familienvorstand (ausgeschlossen Jäger, Automobil- und Radfahrer) 1 M.	als Privatmann und Familienvorstand (eingeschlossen als Schütze, ausgeschlossen als Jäger, Automobil- und Radfahrer) 3 M
pro Hektar 10 Pf.	Betrieb der Landwirtschaft (außer der Prämie für Hausbesitzer oder Hausinhaber) pro Hektar bewirtschaftetes Areal (der angefangene Hektar ist voll zu rechnen) 25 Pf., der Mindestsatz beträgt 1 M Eingeschlossen ist jede Art der Viehhaltung, alle Nebenfuhren, auch Lohnfuhrwerksbetrieb, der nebenbei ausgeübt wird, wenn für diesen Betrieb nicht mehr Zugvieh gehalten wird Uebersteigt die Zahl des Zugviehes die Sätze, wie solche unter der Berechnung des Eintrittsgeldes aufgeführt sind, so wird pro Pferd ein Zuschlag von 5 M. gerechnet (2 Zugochsen = 1 Pferd).
pro Pferd zum Lohnfuhrwerksbetriebe 1 M. (Dieser wird angenommen, wenn weniger als 3 Hektar bewirtschaftetes Areal pro 1 Pferdehaltung zutrifft. (2 Zugochsen = 1 Pferd). Hat eine Wirtschaft über 25 Hektar im Betrieb, so wird Lohnfuhrwerk angenommen, wenn weniger als 6 Hektar pro 1 Pferdehaltung zutrifft.	
pro Stück Reit- und Wagenpferde 1 M	desgl. 4 M.
für eine Lohndampfdreschmaschine 1 M.	desgl. 20 M.
als Jäger 1 M.	desgl. 11 M
als Radfahrer 1 M.	desgl. 7,50 M.

B. Für sonstige Betriebe, soweit die Prämie nicht schon unter A. enthalten ist.

Eintrittsgeld	Prämie
	Wohnhäuser wie oben. Haben sie mehr als 2 Etagen, so beträgt die Prämie f. jede weitere Etage 2,50 M.
Haltung von Hunden (mit Ausnahme von Hausbesitzern od Hausinhabern) pro Hund 2 M.	desgl. 2 M.
Industrie- und Gewerbebetrieb pro 200 M gezahlter Löhne und Gehälter 25 Pf, mindestens 1 M.	Industrie- u. Gewerbebetriebe, welche der berufsgenossenschaftlichen Unfallversicherung unterliegen, pro 200 Mark Jahreslöhne 30 Pf., mindestens 4,50 M Für Betriebe, die der berufsgenossenschaftlichen Unfallversicherung nicht unterliegen, pro 200 M. Jahreslöhne 45 Pf, mindestens 6 M.
Industrie- und Gewerbebetriebe ohne Angestellte 1 M.	desgl. 3 M.
Handelsgeschäfte mit Angestellten 1 M.	desgl. 3 M
Außerdem für jeden Angestellten 1 M.	desgl. 1 M.
Handelsgeschäfte ohne Angestellte 1 M.	desgl 3 M.
Gasthäuser und Restaurationen 2 M.	desgl. als Grundprämie 5 M., für 1 Tanzsaal 2 M., für jedes Fremdenbett 50 Pf., für jeden Pferdestand 50 Pf.
Ärzte 1,50 M	desgl. 18 M
Tierärzte 1,50 M.	Tierarzt a) mit Fleischbeschau 17 M., b) ohne Fleischbeschau 14 M.

Vergleichsweise führen wir einige noch nicht erwähnte Sätze des Minimaltarifes an. (Siehe umstehende Tabelle.)

Während im allgemeinen also die Prämien des Sommersdorfer Vereins niedriger sind als die des Minimaltarifs, sind die für Ärzte und Tierärzte auffallend hoch.

Ergibt sich ein Fehlbetrag, so ist zu seiner Deckung zunächst der Reservefonds mit einem Drittel heranzuziehen, jedoch müssen mindestens 10 000 M. in ihm bleiben. Der Reservefonds wird gebildet aus den Eintrittsgeldern, den Zinsen seines eigenen Bestandes und etwaigen aus den Beiträgen erzielten Überschüssen. Hat der Reservefonds 100 000 M. erreicht, so wird der Überschuß anteilig auf die zu zahlenden Beiträge verrechnet. Reicht ein Drittel des Reservefonds zur Tilgung des Verlustes nicht aus, so wird der Gründungsfonds angegriffen. Dieser beträgt 100 000 M., von denen 25 000 M. bar eingezahlt sind und mit 4 % verzinst werden. Der

	Körperverletzung bei Begrenzung auf 20000 M. für eine Person 60000 M. für ein Ereignis			
	20000 M. für eine Person / 60000 M. für ein Ereignis	50000 M. für eine Person / 150000 M. für ein Ereignis	Unbegrenzt	Sachbeschädigung
	M.	M.	M.	M.
A. Berufsgenossenschaftlich nicht versicherte gewerbliche Betriebe[1])				
1) für jede im Betrieb angestellte Person . . .	2,25	2,50	3,—	1,20
2) für jede Aushilfsperson (nicht länger als 4 Monate im Jahre beschäftigt)	1,10	1,25	1,50	0,60
Mindestprämie für einen Betrieb	3,60	4,—	4,80	4,—
B. Kaufmännische Geschäfte[1])				
1) für jede im Betrieb angestellte männl. Person	2,70	3,—	3,60	1,20
2) für jede im Betrieb angestellte weibl. Person	1,80	2,—	2,40	1,20
3) für jede Aushilfsperson	1,80	2,—	2,40	1,20
Mindestprämie (bei steigender Zahl der Angestellten wird ein Nachlaß von 5—50% gewährt)	3,60	4,—	4,80	4,—
C. Gastwirte			100 000 / 300 000	
1) Betriebsprämie . . .	7,50	10,—	12,—	6,—
2) für jeden männl. Angestellten	2,60	3,50	4,20	0,50
3) für jeden weibl. Angestellten	1,50	2,—	2,40	0,40
4) für jede Aushilfsperson	1,50	2,—	2,40	0,40
5) für jeden Kegeljungen	3,75	5,—	6,—	prämienfrei
6) für jedes Fremdenzimmer	0,30	0,40	0,50	0,20
7) Zuschlag für Säle, welche zu Theatervorstellungen u. Konzerten vermietet werden				
a) für die ersten 100 qm	8,10	10,80	13,—	4,—
b) für jeden weiteren Quadratmeter . .	0,02	0,02	0,03	0,01
D. a) Ärzte und Zahnärzte .	7,50	10,—	12,—	4,80
b) Roßärzte, Tierärzte, Veterinärärzte . . .	3,—	4,—	4,80	12,—
c) Fleischbeschauer . . .	6,—	8,—	9,60	2,40

1) Einschließlich der Hausbesitzerhaftpflicht hinsichtlich der Betriebsstätte.

Gründungsfonds wird auf dem Wege der Amortisation durch jährliche Auslosung einzelner Anteilscheine aus den Jahreseinnahmen zurückgezahlt und zwar nur in dem Maße, als die Bildung des Reservefonds fortgeschritten ist. Die Tilgung muß beginnen, nachdem die Kosten der Errichtung und die im ersten Geschäftsjahr entstandenen Kosten der Einrichtung getilgt worden sind. Zur Deckung eines Fehlbetrages darf zunächst nicht mehr als ein Fünftel des Gründungsfonds verwandt werden. Ein dann noch verbleibender Rest ist durch Nachschüsse bis zum zehnfachen Betrag der tarifmäßigen Jahresprämie zu decken. Erst dann ist der Rest des Reservefonds und dann der des Gründungsfonds heranzuziehen. Sollte auch dies noch nicht ausreichen, so findet eine Kürzung der Leistungen statt.

§ 13.
Die Haftpflichtversicherungsanstalten der Berufsgenossenschaften.

Von dem Recht des § 23 haben zuerst die landwirtschaftlichen Berufsgenossenschaften von Hessen-Nassau, Ostpreußen und Schlesien Gebrauch gemacht. Die Haftpflichtversicherungsanstalten sind 1905 in Tätigkeit getreten. Da ihre Satzungen fast völlig miteinander übereinstimmen, können sie gemeinsam betrachtet werden.

Die Anstalt ist eine Einrichtung der landwirtschaftlichen Berufsgenossenschaft. Die Organe der letzteren verwalten die Anstalt; für die aufgewendeten Verwaltungskosten hat die Anstalt der Berufsgenossenschaft Ersatz zu leisten, dessen Höhe am Schlusse eines jeden Rechnungsjahres vom Landeshauptmann festgestellt wird. Die Jahresrechnung wird vom Provinziallandtag genehmigt, der diese Funktion ja auch gegenüber den preußischen landwirtschaftlichen Berufsgenossenschaften ausübt.

Versichert können nur Mitglieder der betr. landwirtschaftlichen Berufsgenossenschaft werden. Der Antrag kann vom Landeshauptmann abgelehnt werden, wenn der Antragsteller durch sein bisheriges Verhalten zu der Befürchtung Veranlassung gegeben hat, daß er in besonders hohem Maße fremde Personen oder fremdes Eigentum gefährdet, oder wenn bei ihm mit besonderer Haftpflichtgefahr verbundene Verhältnisse obwalten. Gegen den ablehnenden Bescheid steht dem Antragsteller die Beschwerde an den Genossenschaftsvorstand (Provinzialausschuß), bei der Hessen-Nassauischen Haftpflichtversicherungsanstalt an einen besonderen Beschwerdeausschuß zu. Dieser letztere besteht aus fünf aus dem Kreise der Versicherten von der Genossenschaftsversammlung gewählten Personen und dem den Vorsitz führenden Vorsitzenden des Genossenschaftsvorstandes, der aber nicht der Landeshauptmann sein darf. Der Versicherungsvertrag kann, abgesehen von den Fällen, in denen sich der Versicherte wissentlich falscher Angaben schuldig gemacht hat, namentlich dann gekündigt werden, wenn der Versicherte einen mit Gefahr für fremde Personen oder fremdes Eigentum verbundenen Zustand auf eine an ihn gerichtete schriftliche Forderung innerhalb einer ihm zustehenden angemessenen Frist nicht beseitigt.

Die Versicherung umfaßt die gesamte Haftpflicht des Versicherten und seiner Ehefrau wegen Personen- oder Sachbeschädigung; auch die Haftpflicht der Bevollmächtigten, Repräsentanten, Betriebs- oder Arbeiteraufseher ist in die Versicherung eingeschlossen, sofern der Schaden durch Fahrlässigkeit im Betriebe verursacht worden ist. Ausgeschlossen dagegen sind:

1) Schäden unter 20 M.;

2) Beschädigungen, welche in einem bei der Berufsgenossenschaft nicht versicherten landwirtschaftlichen oder gewerblichen Betrieb oder durch Verletzung der Pflichten eines anderen Berufs entstanden sind, z. B. die Haftpflicht als Gastwirt oder eines Arztes, der mit Rücksicht auf seinen landwirtschaftlichen Besitz beigetreten ist. Dagegen fällt die Privathaftpflicht unter die Versicherung;

3) Beschädigungen, die der Versicherte seinem Ehegatten, seinen Kindern oder einer in die Versicherung eingeschlossenen Person oder deren Eigentum zufügt, soweit nicht der Regreß der Berufsgenossenschaft in Frage kommt;

4) bei juristischen Personen, Aktiengesellschaften und sonstigen Verbänden die Beschädigungen, welche nicht in deren landwirtschaftlichen Betrieben oder den zugehörigen Nebenbetrieben stattgefunden haben;

5) Beschädigungen von fremden Sachen, welche dem Versicherten zur Benutzung, Aufbewahrung, Instandsetzung oder Bearbeitung übergeben waren oder die er sonst in Gewahrsam hatte;

6) Beschädigungen, für welche der Versicherte oder dessen Ehegatte in seiner Eigenschaft als Eigentümer eines nicht zu dem landwirtschaftlichen Betriebsgrundstück gehörigen Hauses verantwortlich ist;

7) Beschädigungen, welche durch Automobile verursacht worden sind;

8) Wildschaden.

Die Haftpflicht für Schußwaffen wird nur auf Grund besonderer Vereinbarung gegen Zuschlag übernommen.

Fürsorgeleistungen auf Grund der Gesindeordnung, des BGB., des HGB. oder als Gutsherr gemäß §§ 27, 165 des Unfallversicherungsgesetzes für Land- und Forstwirtschaft [1]) fallen ebenfalls nicht unter die Versicherung.

Die Anstalt gewährt Ersatz bis zum Höchstbetrage von 60000 Mark für sämtliche in einem Jahr gegen den Versicherten erhobenen Ansprüche, jedoch trägt der Versicherte von jedem Schaden 10 % höchstens aber 500 M. Soweit es sich um Haftpflichtansprüche aus der reichsgesetzlichen Unfallversicherung handelt, wird in allen Fällen Ersatz nur in der gesetzlich zulässigen Höhe von zwei Dritteln geleistet. Erhobene Ansprüche sind bei einer Vertragsstrafe von 1 bis 30 M. binnen einer Woche anzumelden. Lehnt der Landeshauptmann die Ersatzpflicht ab, so steht dem Versicherten binnen einem Monat die Beschwerde an den Genossenschaftsvorstand (Hessen-Nassau: Beschwerdeausschuß) zu. Die ablehnende Entscheidung des Genossenschaftsvorstandes kann innerhalb einer Präklusivfrist von sechs Monaten durch Klage bei den ordentlichen Gerichten angefochten werden, während bei der Hessen-Nassauischen Anstalt die Streitfrage durch ein Schiedsgericht entschieden werden soll.

Wenn der Versicherte einen mit Gefahr für fremde Personen oder fremdes Eigentum verbundenen Zustand auf eine an ihn ergangene schriftliche Aufforderung nicht innerhalb einer ihm gestellten Frist beseitigt und dann durch diesen Zustand ein Schaden entsteht, so ist die Anstalt nicht ersatzpflichtig, es sei denn, daß die Versäumung den Umständen nach als eine unverschuldete anzusehen ist.

Die Leistungen werden aufgebracht durch Grundtaxen und Umlagen. Die Grundtaxe wird bei der Hessen-Nassauischen und der Ostpreußischen Haftpflichtversicherungsanstalt nach dem Geldwert der Jahresarbeitsleistung berechnet und beträgt für Betriebe mit einem Geldwert der Jahresarbeitsleistung:

---

1) Für im Betriebe verletzte ländliche Arbeiter hat in den ersten 13 Wochen die Gemeinde einzutreten. Als solche gelten auch die einem Gemeindeverbande nicht einverleibten selbständigen Gutsbezirke. Vielfach ist jedoch diese Verpflichtung von den Kreisen übernommen worden, vgl. Rundschreiben des Landeshauptmanns der Provinz Ostpreußen vom 6. März 1905.

	bis zu	400 M.	=	0,50 M.
über 400	„ „	1 000 „	=	1,00 „
„ 1 000	„ „	2 000 „	=	2,00 „
„ 2 000	„ „	3 000 „	=	3,00 „
„ 3 000	„ „	5 000 „	=	4,00 „
„ 5 000	„ „	8 000 „	=	5,00 „
„ 8 000	„ „	12 000 „	=	6,00 „
„ 12 000	„ „	20 000 „	=	7,00 „
„ 20 000	„ „	30 000 „	=	8,00 „
„ 30 000	„ „	50 000 „	=	9,00 „
	über	50 000 „	=	10,00 „

Geldwert der Jahresarbeitsleistung eines Betriebes ist derjenige Geldwert, der von der Berufsgenossenschaft der Verteilung der Genossenschaftsbeiträge für das letztverflossene Jahr zugrunde gelegt ist. Er besteht aus dem Geldwert des abgeschätzten Arbeitsbedarfes des Betriebes zuzüglich des beitragspflichtigen Lohnes der Betriebsbeamten und Facharbeiter. Der Geldwert des abgeschätzten Arbeitsbedarfes wird ermittelt, indem man die Zahl der für den Betrieb abgeschätzten Arbeitstage mit dem vom Regierungspräsidenten festgesetzten durchschnittlichen Tagesarbeitsverdienst eines land- und forstwirtschaftlichen Arbeiters vervielfältigt.

Bei der Schlesischen Haftpflichtversicherungsanstalt wird die Grundtaxe nach der Grundsteuer erhoben. Sie beträgt für Betriebe

mit einer Grundsteuer		bis einschließlich	10 M.	1,00 M. jährlich
	von mehr als 10 M.	„ „	30 „	1,50 „ „
	„ „ „ 30 „	„ „	60 „	2,00 „ „
	„ „ „ 60 „	„ „	100 „	3,00 „ „
	„ „ „ 100 „	„ „	150 „	4,00 „ „
	„ „ „ 150 „	„ „	250 „	6,00 „ „
	„ „ „ 250 „	„ „	400 „	8,00 „ „
	„ „ „ 400 „	„ „	600 „	10,00 „ „
	„ „ „ 600 „	„ „	1000 „	12,00 „ „
	„ „ „ 1000 „	„ „	1500 „	14,00 „ „
	„ „ „ 1500 „	„ „	2000 „	16,00 „ „

u. s. w. für je 500 M. Grundsteuer 2 M. Grundtaxe mehr. Für Einschluß der Haftpflicht wegen Beschädigung durch Schußwaffen verlangen alle drei Anstalten 10 M. jährlich. Der Genossenschaftsvorstand ist bis zur Aufstellung eines besonderen Gefahrentarifs befugt, für solche Versicherten, bei denen mit besonderer Haftpflichtgefahr verbundene Verhältnisse obwalten, die zu zahlende Grundtaxe und die Umlagebeiträge bis auf den dreifachen (bei der Hessen-Nassauischen Anstalt auf den doppelten) Betrag zu erhöhen.

Reicht die Grundtaxe nicht aus, so wird der Fehlbetrag durch Umlegung auf die Versicherten desjenigen Rechnungsjahres aufgebracht, dessen Bedarf zu decken ist. Die Umlage erfolgt nach Verhältnis des Geldwertes der Jahresarbeitsleistung der Betriebe oder (bei der Schlesischen Anstalt) nach Maßgabe der Grundsteuer.

Zur vorschußweisen Deckung der Leistungen wird ein Betriebsfonds angesammelt. An diesen ist so lange jährlich ein Beitrag in Höhe von 10% der Verwaltungskosten und der auf jedes Jahr entfallenden Zahlungen abzuführen, bis er zuzüglich der jährlichen Einnahmen an Grundtaxen auf eine dem Gesamtbedürfnis eines Rechnungsjahres an Verwaltungskosten und Ersatzbeträgen entsprechende Summe nach dem Durchschnitt der jeweilig zuletzt abgelaufenen drei Rechnungsjahre gebracht ist. Vorher sind die nötigen Gelder erforderlichenfalls im Wege der Anleihe zu beschaffen.

Um den Geldbedarf in besonders verlustreichen Jahren zu decken, ist ein Reservefonds zu bilden. Zu diesem Zwecke ist zunächst ein Betrag in Höhe von 10%, sobald aber der Betriebsfonds seine satzungsmäßige Höhe erreicht hat, in Höhe von 15% der Jahresausgabe jährlich so lange an den Reservefonds abzuführen, bis dieser eine Höhe erreicht hat, welche dem Gesamtbedürfnis der jeweilig zuletzt abgelaufenen fünf Rechnungsjahre gleichkommt. Ferner fließen dem Reservefonds zu, auch wenn er die vorgeschriebene Höhe erreicht hat: seine eigenen Zinsen, die Überschüsse, sofern nicht anderweit darüber verfügt wird und die von den Versicherten verwirkten Vertragsstrafen. Das Verhältnis des Reservefonds zu den Umlagen wird von der Ostpreußischen und der Hessen-Nassauischen Anstalt besonders geregelt. Diese bestimmen nämlich, daß, wenn die Umlage von 1% des Geldwertes der Jahresarbeitsleistung nicht genügen sollte, um die Jahresausgaben zu decken, der erforderliche Mehrbedarf vor weiterer Heranziehung der Versicherten zunächst dem Reservefonds zu entnehmen ist. Dieser darf jedoch in einem Jahr nur bis zur Hälfte seines Bestandes angegriffen werden. Wenn die Mittel des Reservefonds nicht genügen, so kann der Genossenschaftsvorstand mit Genehmigung des Reichsversicherungsamts beschließen, die weiteren Mittel ganz oder teilweise durch Anleihe zu beschaffen. Die Anleihe muß jedoch in drei Jahren zurückgezahlt werden.

Die Berufsgenossenschaft selbst haftet nicht für die Verbindlichkeiten der Anstalt gegenüber den Versicherten, obgleich sie Rechtsträgerin der Anstalt ist.

Zur weiteren Sicherung kann der Genossenschaftsvorstand Rückversicherung gegen feste Prämie nehmen. Die Genossenschaftsversammlung kann aber auch beschließen, mit den von anderen landwirtschaftlichen Berufsgenossenschaften errichteten Haftpflichtversicherungsanstalten Verträge über gemeinsame Tragung einzelner Risiken, insbesondere größerer Schäden abzuschließen. Derartige Abkommen bedürfen der Genehmigung des Reichsversicherungsamtes. Ein solcher Vertrag ist zwischen den drei Anstalten geschlossen worden und am 1. Februar 1906 in Kraft getreten. Danach werden Schäden, die den Betrag von 5000 M. übersteigen einschließlich Prozeßkosten, für den Mehrbetrag von den drei Anstalten gemeinsam getragen. Die Verteilung erfolgt nach Verhältnis der Summe der Grundsteuern, die auf die bei den einzelnen Haftpflichtversicherungsanstalten am Schlusse des vorhergehenden Jahres versicherten Betriebe entfallen. Da bei der Ostpreußischen und der Hessen-Nassauischen Anstalt die Beiträge nicht nach der Grundsteuer berechnet werden, greift hier ein umständliches Berechnungsverfahren Platz (vgl. § 2 des im Anhang abgedruckten Vertrages). Streitigkeiten, die zwischen den Anstalten entstehen, werden durch ein Schiedsgericht unter Ausschluß des Rechtsweges entschieden.

Über die bisherige, ja nur kurze Entwickelung der drei Anstalten ist folgendes zu berichten.

Die Anstalt, die zuerst den Geschäftsbetrieb eröffnete, war die der Ostpreußischen landwirtschaftlichen Berufsgenossenschaft, und zwar am 1. Mai 1905. Sie zählte damals 576 Mitglieder mit einem Geldwert der Jahresarbeitsleistung von 3 440 681 M. Am 31. Dezember 1905 waren 2368 Mitglieder vorhanden, von denen 32 auch wegen Beschädigung durch Schußwaffen versichert waren. Die größte Zahl der Mitglieder war durch die Kontrollbeamten der Landesversicherungsanstalt angeworben, denen für diese Bemühungen kleine Entschädigungen gewährt wurden. Die Mittel hierzu hatte der Provinzialausschuß aus dem Verfügungsfonds des Provinzialverbandes bis zur Höhe von 1000 M. zur Verfügung gestellt. Als der Fonds erschöpft war, ließen auch die Kontrollbeamten in ihren Bemühungen nach und die Anzahl der eingehenden Beitrittserklärungen ging stark zurück. Es ist deshalb zu einem anderen Mittel gegriffen worden. Die Gemeindevorstände erhielten Listen, die mit einem Vorwort über Wesen und Bedeutung der Haftpflichtversicherungsanstalt versehen waren. Den Landwirten wurde dies bekannt gegeben mit der Aufforderung, ihren Namen in die Liste einzuzeichnen. Die Sektionsvorstände der landwirtschaftlichen Berufsgenossenschaften wurden gleichzeitig ersucht, darauf zu halten, daß die Gemeindevorstände die Listen unter allen Umständen zurückreichten, gleichgültig, ob Namenseintragungen stattgefunden hatten oder nicht. Auf diese Weise sind an 6000 neue Mitglieder gewonnen worden, so daß die Mitgliederzahl Anfang November 1906 9380 betrug gegen 126 650 Ende 1905 bei der Berufsgenossenschaft versicherte Betriebe oder 7,4 %. Die Beiträge der Versicherten betrugen 5080 M., während an Entschädigungen 407,03 M. zu zahlen waren für 9 Haftpflichtfälle, die durch Tiere verursacht worden waren. Eine Umlage brauchte nicht erhoben zu werden. Die Verwaltungskosten betrugen 1200 M. oder 23,2 % der Einnahmen. Nach Abzug der satzungsmäßigen Rücklagen ergab sich ein Überschuß von 3146,27 M. Der Betriebsfonds betrug 168,50 M., der Reservefonds 3314,77 M., das Vermögen demnach 3483,27 M.

Die Haftpflichtversicherungsanstalt der Hessen-Nassauischen landwirtschaftlichen Berufsgenossenschaft eröffnete ihren Geschäftsbetrieb am 1. Juli 1905 mit 8570 Mitgliedern. Diese Zahl stieg Ende 1905 auf 10 687 und Ende 1906 auf 13 933 Mitglieder gegenüber 233 756 Ende 1905 bei der Berufsgenossenschaft versicherten Betrieben oder 6 %. 150 Personen waren wegen Beschädigung durch Schußwaffen versichert. Wie der Geschäftsbericht für 1905 hervorhebt, ist die starke Zunahme der regen Werbetätigkeit zu danken, an welcher sich nicht nur sämtliche Organe der Berufsgenossenschaft, sondern auch die Landwirtschaftskammern, die landwirtschaftlichen Kreisvereine, die Gemeindebehörden, die Kontrollbeamten der Landesversicherungsanstalt und nicht zuletzt die Landwirte selbst beteiligt haben. Das Jahr 1905 schloß mit einem Überschuß von 6736,34 M., eine Umlage wurde nicht erhoben. Im Jahre 1906 wurden an Beiträgen 17 239,00 M. erhoben, denen gezahlte und reservierte Schäden in Höhe von 7212,65 M. gegenüberstanden oder einschließlich der Schadenregulierung 7319,00 M. Die Verwaltungskosten betrugen 1800 M. oder 10,3 % der Einnahmen. Eine Umlage wurde auch in diesem Jahre nicht erhoben, das Ergebnis war vielmehr ein Überschuß von 6603,13 M. Die Rücklagen betrugen 1465,57 M. für den Betriebsfonds und 16 073,50 M. für den Reservefonds, so daß das Vermögen einschließlich bis zum Jahresschluß aufgelaufener, aber noch nicht vereinnahmter Zinsen 17 692,78 M. betrug.

Als letzte begann die Schlesische Haftpflichtversicherungsanstalt am 1. August 1905 ihren Geschäftsbetrieb mit 2123 Mitgliedern, die bis zum Schlusse des Geschäftsjahres auf 2326 anwuchsen mit einer bewirtschafteten Fläche von 91 552,68 ha. Zur Zeit des Rechnungsabschlusses — Juni 1906 — betrug die Zahl 4600 gegenüber 338 004 bei der Berufsgenossenschaft versicherten Betriebe oder 1,4 %. Der Geschäftsbericht hebt hervor, daß besonders die kleineren Besitzer sich beteiligt hätten, welche bisher meistens die Bedeutung der Haftpflichtversicherung nicht gewürdigt hätten und nun in die Lage versetzt seien, sich auf billige und bequeme Weise gegen Haftpflicht zu versichern, während die größeren Betriebe noch durch langfristige Haftpflichtversicherungsverträge an die Versicherungsgesellschaften gebunden seien. Der Bericht zählt 1673 kleinere, 503 mittlere und 150 Großgrundbesitzer. Die Beiträge betrugen 4973,00 M., denen an Entschädigungen einschließlich Prozesse und Regulierungskosten 524,10 M. gegenüberstanden für 4 Haftpflichtfälle, die durch Tiere verursacht worden waren. Die Verwaltungskosten betrugen 1500 M. oder 30,2 %. Dabei sind Agitationskosten in Höhe von 440,40 M. von der Landwirtschaftskammer ersetzt worden. Eine besondere Umlage wurde nicht erhoben. Das Jahr ergab einen Überschuß von 2544,08 M., der in den Reservefonds floß. Dieser betrug nunmehr 2746,49 M., während dem Betriebsfonds erstmalig 202,41 M. überwiesen wurden. Das Vermögen der Anstalt betrug demnach 2948,90 M.

Auf Grund des zwischen den drei Anstalten abgeschlossenen Vertrages ist im Jahre 1906 keine Umlage erfolgt, da sich kein Schaden ereignete, der 5000 M. überstieg.

Die drei zur Zeit dem Bundesrat zur Genehmigung eingereichten Satzungen der Haftpflichtversicherungsanstalten der land- und forstwirtschaftlichen Berufsgenossenschaft des Fürstentums Reuß j. L., der land- und forstwirtschaftlichen Berufsgenossenschaft für das Großherzogtum Hessen und der Berufsgenossenschaft Oldenburger Landwirte stimmen im allgemeinen mit den Satzungen der oben erwähnten Berufsgenossenschaft überein. Im einzelnen ist zu ihnen nur folgendes zu bemerken. Die Oldenburger Anstalt schließt Schäden unter 40 M. von der Versicherung aus, überhaupt hat der Versicherte in jedem Falle mindestens 40 M. zu tragen. Ferner sind in die Versicherung nicht einbegriffen Beschädigungen durch Schußwaffen — auch nicht auf besonderen Antrag -- und durch Sprengstoffe, Wald- und Flurbrände. Bei der Hessischen Anstalt beträgt die Selbstbeteiligung höchstens das zehnfache der Jahresprämie.

Während bei der Anstalt des Fürstentums Reuß die schließliche Austragung von Streitigkeiten auf dem Rechtswege erfolgt, sehen Hessen und Oldenburg ein schiedsgerichtliches Verfahren vor.

Alle drei Anstalten bemessen die Grundtaxe nach dem Geldwert der Jahresarbeitsleistung, jedoch berechnen die hessische und die oldenburgische Anstalt die Beiträge etwas anders. In Hessen sollen die Beiträge betragen für Betriebe mit einem Geldwert der Jahresarbeitsleistung

		bis zu	400 M.	=	1 M.
über	400	„ „	1 000 „	=	2 „
„	1 000	„ „	2 000 „	=	4 „
„	2 000	„ „	3 000 „	=	6 „
„	3 000	„ „	5 000 „	=	8 „
„	5 000	„ „	8 000 „	=	10 „
„	8 000	„ „	12 000 „	=	12 „
„	12 000	„ „	20 000 „	=	14 „
„	20 000	„ „	30 000 „	=	16 „

und für je 30 000 M. mehr ein Zuschlag von 2 M. Die Beiträge sind also anfangs doppelt, später noch höher als die der Hessen-Nassauischen Anstalt. Außerdem ist für die Ausstellung des Versicherungsscheines eine Gebühr zu entrichten, die bei einem Grundbesitz bis zu 8 ha auf 50 Pf., bei einem solchen über 8 ha auf 1 M. festgesetzt ist.

Bei der Oldenburger Anstalt betragen die Beiträge für Betriebe mit einem Geldwert der Jahresarbeitsleistung

		bis zu	400 M.	=	0,50 M.
über	400	„ „	1 000 „	=	1,00 „
„	1000	„ „	2 000 „	=	2,00 „
„	2000	„ „	3 000 „	=	3,00 „
„	3000	„ „	4 000 „	=	4,00 „
„	4000	„ „	5 000 „	=	5,00 „
„	5000	„ „	6 000 „	=	6,00 „
„	6000	„ „	7 000 „	=	7,00 „
„	7000	„ „	8 000 „	=	8,00 „
„	8000	„ „	9 000 „	=	9,00 „
„	9000	„ „	10 000 „	=	10,00 „

u. s. w. für jede 1000 M. 1 M. mehr.

Hier sind also von 15 000 M. Jahresarbeitsleistung an die Beiträge noch höher als die der Hessischen Anstalt. Der Ermittelung des Geldwertes der Jahresarbeitsleistung wird ein Durchschnittstagelohn von 2 M. zu Grunde gelegt. Geldwert im Sinne des Statuts ist demnach derjenige Betrag, der sich ergibt, wenn man die Zahl der von der Berufsgenossenschaft Oldenburger Landwirte der Beitragsrechnung des letzten Jahres zu Grunde gelegten reduzierten Arbeitstage mit 2 multipliziert. Die Oldenburger Anstalt sieht auch etwas größere Überweisungen (20 statt 15 %) an den Reservefonds vor.

Die Haftpflichtversicherungsanstalt des Fürstentums Reuß j. L. soll eröffnet werden, wenn mindestens 400 Betriebsunternehmer mit Betriebsgrundstücken, deren Arbeitsbedarf auf mindestens 200 000 Arbeitstage abgeschätzt ist, ihren Beitritt erklärt haben. Die Berufsgenossenschaft zählte Ende 1905: 10 242 Betriebe. Es müßten also ca. 4 % beitreten.

Die Haftpflichtversicherungsanstalt für das Großherzogtum Hessen ist zu eröffnen, wenn mindestens 1500 Betriebsunternehmer mit Betriebsgrundstücken, deren Arbeitsbedarf auf mindestens eine Million Arbeitstage abgeschätzt ist, ihren Beitritt erklärt haben. Da die Berufsgenossenschaft Ende 1905 112 435 Betriebe zählte, müßten etwas über 1 % beitreten.

Die Oldenburger Anstalt tritt, wie bereits S. 95 erwähnt, an die Stelle der Oldenburger Haftpflichtversicherungsgesellschaft a. G. Die letztere Gesellschaft tritt in Liquidation und wird, nach Erfüllung ihrer sämtlichen Verpflichtungen, das Vermögen an die Haftpflichtversicherungsanstalt übertragen. Diese wird den verbleibenden Reservefonds als Reservefonds und den vorhandenen Kassenbestand als Betriebsfonds übernehmen. Die Versicherten werden, soweit dies nach dem Statut zulässig ist und sie ihr Einverständnis erklärt haben, von der Anstalt übernommen.

III. Die wirtschaftliche Bedeutung der Haftpflichtversicherungsverbände.

§ 14.

Ihre Verbreitung.

Eine Betrachtung der wirtschaftlichen Bedeutung der in den vorhergehenden Paragraphen geschilderten industriellen und landwirtschaftlichen Haftpflichtversicherungsverbände wird sich zunächst darauf zu richten haben, welchen Umfang und welche Verbreitung diese Verbände im Verhältnis zu den versicherungsfähigen

Betrieben und im Verhältnis zu den Haftpflichtversicherungsgesellschaften erlangt haben. Über den Umfang der Verbände gibt die nachstehende Tabelle I Auskunft.

Die Statistik ist leider nicht vollkommen. Es fehlen vollständig die Angaben über den Verein der Privateisenbahnen, die Oldenburger Haftpflichtversicherungsgesellschaft a. G. und den Haftpflichtversicherungsverein Sommersdorf und Umgebung. Über den Versicherungsverband Deutscher Eisenbahnen und Kleinbahnen liegen infolge seines kurzen Bestehens noch keine Nachrichten vor. Aber auch sonst fehlen manche Angaben, die trotz vielen Bemühungen nicht zu erhalten waren. Die Zahl der Mitglieder des Haftpflichtverbandes der Deutschen Eisen- und Stahlindustrie ist an Hand des letzten Mitgliederverzeichnisses auf rund 900 geschätzt worden, während bei dem Haftpflichtverband für die Zuckerfabriken im Deutschen Reich aus der Zahl der Betriebe die versicherte Jahreslohnsumme ermittelt worden ist. Danach zählen die sieben industriellen Verbände, über die Nachrichten vorliegen, 2516 Versicherte mit einer Jahreslohnsumme von 358 617 387 M. Davon fällt der Hauptanteil auf den Haftpflichtverband der Deutschen Eisen- und Stahlindustrie mit rund 900 Mitgliedern und einer Jahreslohnsumme von 237 650 000 M., während innerhalb der betreffenden Industrie die relativ stärkste Verbreitung der Haftpflichtversicherungsverband für die Zuckerfabriken im Deutschen Reich besitzt, nämlich nahezu die Hälfte der Mitglieder der Zuckerberufsgenossenschaft. Vergleichen wir nun diese Zahlen mit denen der Berufsgenossenschaften. Wenn wir die Privatbahn- und die Straßen- und Kleinbahnberufsgenossenschaft außer acht lassen, so entfallen auf die gewerblichen Berufsgenossenschaften 637 025 Betriebe mit einer Jahreslohnsumme von 6 860 917 689 M. Demnach sind versichert bei den Verbänden 0,4 % der Betriebe und 5,2 % der Jahreslohnsumme. Die Zahlen decken sich allerdings nicht ganz. Mitglieder und Betriebe sind nicht miteinander identisch, da ein Mitglied mehrere Betriebe besitzen kann, auch ist die in den Geschäftsberichten angeführte Jahreslohnsumme nicht stets die gleiche wie die der Berufsgenossenschaft angegebene. Aber diese Fehler können auf das schließliche Ergebnis doch keine große Einwirkung haben. Dies ist aber: bis jetzt haben die Haftpflichtversicherungsverbände in der Industrie erst eine ganz geringe Verbreitung gefunden.

I. Die industriellen und landwirtschaftlichen

Name	Gegründet	Mitglieder	Jahreslohnsumme, Jahresarbeitsverdienst bezw. versicherte Hektare
A. Industrielle Verbände.			
1) Verein der Privateisenbahnen	1872	22	—
2) Unfallgenossenschaft der deutschen Steinindustrie	1891	445	48 300 490 M.
3) Unfallgenossenschaft der deutschen Tiefbauunternehmer	1895	96	10 607 324 "
4) Unfall-Haftpflichtgenossenschaft der Besitzer von Ziegeleien und verwandten Betriebe	1898	634	13 556 330 "
5) Haftpflichtgenossenschaft der deutschen Glasindustrie	1898	106	18 099 009 "
6) Hannoversche Haftpflichtgenossenschaft der Baugewerksmeister	1875 (bezw. 1891)	139	5 360 718 "
7) Haftpflichtversicherungsverband für die Zuckerfabriken im Deutschen Reich	1905 (1889 bezw. 1894)	196	25 043 516 " geschätzt
8) Haftpflichtverband der deutschen Eisen- und Stahlindustrie	1904	900 (geschätzt)	237 650 000 "
9) Versicherungsverband deutscher Eisenbahnen und Kleinbahnen	1906 (bezw. 1907)	—	—
B. Landwirtschaftliche Verbände.			
1) Haftpflichtversicherungsanstalt des Hannoverschen Provinzialverbandes	1896	30 381	28 456 861 "
2) Landwirtschaftliche Unfallentschädigungs-Genossenschaft zu Altenburg	1895	722	24 006,516 ha
3) Haftpflichtgenossenschaft sächsischer Landwirte	1896	17 562	20 993 157 (Beitragseinheiten)
4) Versicherungsverein gegen Haftpflicht für Landwirte der Provinz Westfalen	1896	11 758	—
5) Haftpflichtversicherungsverein Mecklenburgischer Landwirte	1898	4 074	34 756 550 M.
6) Oldenburger Haftpflichtversicherungs-Gesellschaft a. G.	1899	?	—
7) Haftpflicht-Versicherungsanstalt Weimarischer Landwirte	1899	1 125	23 445 ha
8) Haftpflichtversicherungverein des Rheinischen Bauernvereins [7]	1904	12 230	—

1) Davon noch einzuziehen 4457,07 M. Außerdem sind für den Reservefonds 10 000 M. umzulegen. 2) Ohne Berücksichtigung der Kosten der ersten Einrichtung und der Abschreibung auf Inventar. 3) Einschließlich der Eintrittsgelder und 1749,26 M. Nachschuß für das Jahr 1904.

Haftpflichtversicherungsverbände 1905.

Beiträge für eigene Rechnung inkl. Überträgen	Schäden inkl. Reserven	Verwaltungskosten	Gesamteinnahmen	Gesamtausgaben	Überschuß	Sicherheitsfonds (Gründungs-, Betriebs-, Reservefonds u. s. w.)
—	—	—	—	—	—	—
69 380,23	62 273,64	5 323,52	79 841,08	72 370,81	7 470,27	152 065,52
21 078,25	9 125,75	1 253,61	22 863,51	11 054,76	11 808,75	44 521,41
10 763,90	728,31	3 097,94	?	?	?	43 584,84
7 054,79	79,30	680,78	11 150,14	3 069,39	8 080,75	31 102,61
6 244,30	3 359,38	1 400,46	7 411,—	4 759,84	2 651,16	33 330,72
5 013,57 [1])	2 870,—	2 258,11	—	22 579,08	Umlageverfahren	110 000,—
47 533,41	22 761,40	23 051,90 [2])	104 793,37	103 789 01	1 004,36	531 248,29
—	—	—	—	—	—	—
76 337,24	61 327,50	4 535,85	—	—	—	108 340,71
4 675,60 [3])	902,80	2 099,58	5 496,70	4 751,64	745,06	26 971,68
112 208,90	73 811,12	16 447,31	119 715,17	97 534,82	22 180,35	138 233,15
nicht getrennt angegeben	26 450,15	16 630,44	91 056,24	46 014,83	45 041,41	293 570 [4])
25 184,10	4 284,—	8 163,54 [5])	30 066,77	12 509,99	17 556,78	129 296,97
—	—	—	—	—	—	—
—	1 689.71 [6])	—	—	—	—	—
135 239,78	11 745,99	41 477,56	142 235,20	60 548,52	81 686,68	225 953,44

4) Außerdem die Bürgschaft des Provinzialverbandes in Höhe von 150 000 M. Das gesamte eigene Vermögen wird mit 370 000 M. angegeben. 5) Einschließlich 3 187,67 Tantiemen. 6) Davon 877,75 M. Leistungen des Rückversicherers. 7) pro 1906.

Name	Gegründet	Mitglieder	Jahreslohnsumme, Jahresarbeitsverdienst bezw. versicherte Hektare
9) Landwirtschaftlicher Haftpflichtversicherungsverein für die Provinz Schleswig-Holstein .	1906 (eröffn. 1907)	15 990 [8])	—
10) Weichsel-Nogat Haftpflichtschutzverein	?	?	112 038 ha [9])
11) Haftpflichtverein Sommersdorf und Umgebung	1903	?	?
12) Haftpflichtversicherungsanstalt der Ostpr. Landw. Berufsgenossenschaft	1905	9 380 [11])	6 081 532 M.
13) Haftpflichtversicherungsanstalt der Hess.-Nass. Landw. Berufsgenossenschaft [12])	1905	13 933	11 453 669 M.
14) Haftpflichtversicherungsanstalt der Schlesischen Landw. Berufsgenossenschaft	1905	4 600 [13])	91 552,68 ha

Wie steht es nun mit den landwirtschaftlichen Haftpflichtversicherungsverbänden? Hier können nur Mitglieder und berufsgenossenschaftlich versicherte Betriebe miteinander verglichen werden, da, abgesehen von unserer unvollkommenen Statistik, die amtliche über den gesamten Jahresarbeitsverdienst keine Angaben enthält. Die 11 Haftpflichtversicherungsverbände, die nähere Auskunft geben, zählten 121 755 Mitglieder, während auf die landwirtschaftlichen Berufsgenossenschaften, wenn wir von der Westpreußischen und der Oldenburger absehen, da ja die entsprechenden Verbände keine Ziffern angeben, 4 529 214 Betriebe fallen. Es sind demnach bei den Haftpflichtversicherungsanstalten 2,7 % der Betriebe versichert, also auch hier nur ein geringer Bruchteil. Freilich ist zu berücksichtigen, daß für viele landwirtschaftliche Betriebe wegen ihres ganz geringen Umfangs die Haftpflichtversicherung nicht in Betracht kommt, namentlich dann, wenn die Tierhaltung fehlt. Es ist auch ferner zu berücksichtigen, daß die Entwickelung sich vielfach noch in den ersten Stadien befindet, so daß z. B. in Ostpreußen, Hessen-Nassau und Schlesien, ferner auch in der Rheinprovinz eine stärkere Zunahme zu erwarten ist, während sich allerdings bei den schon längere Zeit bestehenden (Hannover) die Entwickelung langsamer vollziehen wird. Das letztere gilt auch von den industriellen Haftpflichtver-

8) Mai 1907. 9) am 31. März 1906. 10) im Geschäftsbericht als Vereins-

Beiträge für eigene Rechnung inkl. Überträgen	Schäden inkl. Reserven	Verwaltungskosten	Gesamteinnahmen	Gesamtausgaben	Überschuß	Sicherheitsfonds (Gründungs-, Betriebs-, Reservefonds u. s. w.)
—	—	—	—	—	—	25 000,—
11 203,80 (?)	5 089,73	?	?	?	?	42 900,—[10]
?	?	?	?	?	?	—
5 080,—	407,03	1 200,—	5 168,30	2 022,03	3 146,27	3 483,27
17 239,—	7 319,—	1 800,—	17 545,93	10 942,80	6 603,13	17 692,78
4 973,—	524,10	1 500,—	4 973,—	2 428,92	2 544,08	2 948,90

sicherungsverbänden. Hier ist eine stärkere Zunahme wohl nur von dem Haftpflichtverband der deutschen Eisen- und Stahlindustrie zu erwarten. Wenn sich also auch die Gesamtentwickelung in einer Aufwärtsbewegung befindet — das deuten ja auch schon die verschiedenen geplanten Neugründungen an — so ist doch nicht zu erwarten, daß in der nächsten Zeit der Bruchteil der versicherten Betriebe sich sehr erheblich vergrößern wird.

Vergleichen wir nun den Geschäftsbetrieb der Haftpflichtversicherungsverbände mit dem ihrer Konkurrenten, so ergibt sich, daß die Konkurrenz, die sie den Versicherungsgesellschaften macht, doch nicht so groß ist, als man vielfach anzunehmen scheint. Zum Vergleich führe ich eine Übersicht über die Haftpflichtversicherungsgesellschaften im Jahre 1905 an, die aus der Statistik in den Veröffentlichungen des Kaiserlichen Aufsichtsamtes, Jahrgang 1906, Heft 3, zusammengestellt ist. (Siehe Tabelle II.)

Wir sehen also, den 1 528 034 Versicherungen der Versicherungsgesellschaften stehen 124 271 Versicherte der Verbände gegenüber. Das sind 8,1 % der ersteren Zahl. Freirich ist das Ergebnis zu ungünstig für die Verbände. Denn erstens ist die Zahl ihrer Mitglieder größer, da ja für einige keine Angaben vorhanden sind, dann sind Versicherte und Versicherungen nicht miteinander identisch, da

vermögens bezeichnet. 11) November 1906. 12) pro 1906. 13) Juni 1906.

II. Die Haftpflichtversicherungsgesellschaften im Jahre 1905.

Name	Zahl der Policen aus selbstabgeschlossenen Versicherungen	Bruttoprämieneinnahme ausschl. Überträgen	Prämien für eigene Rechnung ausschl Überträgen	Zahlungen für Versicherungsfälle aus selbstabgeschlossenen Versicherungen einschl. Rückstellungen
1) Allianz	204 117	2 945 000	139 000	1 073 000
2) Nordstern Unfall	15 903	281 000	184 000	44 000
3) Securitas	27 683	325 000	291 000	57 000
4) Viktoria	48 981	2 074 000	1 986 000	213 000
5) Kölnische UVAG.	85 063	1 566 000	1 176 000	617 000
6) Rhenania	11 132	360 000	188 000	53 000
7) Urania	15 984	174 000	112 000	18 000
8) Vaterländische LVAG.	19 544	328 000	292 000	97 000
9) Thuringia	48 804	573 000	286 000	65 000
10) Frankfurter Transp. U. u. GlVAG.	99 594	4 986 000	2 022 000	1 920 000
11) Neptun	39 024	367 000	303 000	49 000
12) Providentia	18 870	246 000	152 000	15 000
13) Albingia	5 567	118 000	82 000	33 000
14) Janus	7 018	178 000	138 000	34 000
15) Norddeutsche VG.	10 831	149 000	—	—
16) Transatlantische FVAG.	27 726	285 000	247 000	47 000
17) Atlas	21 501	348 000	298 000	71 000
18) Wilhelma	198 922	2 436 000	2 317 000	638 000
19) Mannheimer VG.	24 859	375 000	312 000	60 000
20) Oberrheinische VG.	98 541	1 109 000	550 000	371 000
21) Bayerische VB.	19 836	335 000	184 000	64 000
22) Rheinland	12 699	130 000	120 000	40 000
23) Preuß. National VG.	6 754	105 000	55 000	7 000
24) Allg. deutscher VB.	457 064	11 177 000	11 013 000	4 692 000
25) Stuttgarter Mit- u. Rück-VAG.	2 017	217 000	108 000	10 000
	1 528 034	31 187 000	23 815 000	10 288 000

manche Versicherte mehrere Policen besitzen, indem sie nacheinander sich gegen die verschiedensten Gefahren versichert haben. Wie groß diese Zahl der mehrfach Versicherten ist, wird nicht angegeben. Sehr groß wird aber die Abweichung, die durch diese beiden Fehler verursacht worden ist, nicht sein. Noch ungünstiger ist das Verhältnis, wenn wir die Prämien miteinander vergleichen. Einer Prämieneinnahme für eigene Rechnung bei den Gesellschaften in Höhe von 23 815 000 M. stehen Prämieneinnahmen bei den Verbänden in Höhe von 559 209,87 M. gegenüber oder 2,3 % der ersteren. Allerdings sind in Wirklichkeit auch hier die Zahlen für die Verbände etwas günstiger, da unsere Statistik gerade in diesem Punkte einige unangenehme Lücken aufweist.

Freilich ist bei diesem Vergleich zu berücksichtigen, daß der Kreis, an den sich die beiden Arten von Versicherungsunternehmungen wenden, nicht derselbe ist. Während er bei den Verbänden eng begrenzt ist — in der Regel die Mitglieder einer bestimmten Berufsgenossenschaft — wenden sich die Haftpflichtversicherungsgesellschaften an das breite Publikum, dem die Haftpflichtgefahr droht, also außer an Industrie und Landwirtschaft an die nicht der Unfallversicherung unterworfenen Gewerbebetriebe, den Handel, die Hausbesitzer, Ärzte und Beamte, Jäger und Sportleute u. s. w. Betrachten wir aber die einzelnen Gebiete, so finden wir, daß auf dem der Industrie sich nur in wenigen, zumeist noch eng begrenzten Gebieten die Konkurrenz der Verbände geltend macht, daß dagegen auf dem der Landwirtschaft allerdings ein nicht unbedeutender Wettbewerb zu erwachsen beginnt. Hier bedeuten die 121 755 Versicherten, deren Zahl von Jahr zu Jahr wächst, doch eine recht erhebliche Einschränkung des Geschäftsgebietes der Versicherungsgesellschaften. Leider haben wir keine Statistik, die die Verteilung der bei den Versicherungsgesellschaften Versicherten auf die verschiedenen Berufsklassen angibt. Der Grund dieser verschiedenen Entwickelung liegt auf der Hand. Die Landwirtschaft ist territorial fest organisiert, Berufsgenossenschaft, Landwirtschaftskammern und Provinzialvereine schlingen um die Landwirte ein enges Band, so daß hier eine eigene Gründung viel leichter Eingang finden kann. Dazu kommt die größere Gleichheit der Betriebe, die auch eine technische Behandlung erleichtert, und schließlich das offenbar geringere Risiko, das natürlich eine Verbandsgründung mehr begünstigt; dazu das Mißtrauen des Bauern gegen eine Versicherungsgesellschaft, in deren Betrieb er sich schwer hineindenken kann und von der er sich nur zu leicht übervorteilt glaubt. Das reich entwickelte ländliche Genossenschaftswesen gibt weiter ein gutes Vorbild und Anlaß, die dort erprobten Grundsätze auch auf das Versicherungswesen zu übertragen. Dann aber ist ferner zu berücksichtigen, daß die landwirtschaftlichen Berufsgenossenschaften in Preußen von den Organen der Provinzialverwaltung verwaltet werden, daß mithin den landwirtschaftlichen Haftpflichtverbänden der ganze behördliche Apparat zur Verfügung steht. Es muß natürlich auf den Landwirt ganz anders wirken, wenn er eine Zuschrift vom Landeshauptmann erhält, die noch von seinem Landrat und seinem Gemeindevorsteher unterstützt wird, als wenn ihm von einer ihm unbekannten Versicherungsgesellschaft ein Prospekt zugeschickt wird. In welcher Weise die Behörden gerade die Propaganda für die landwirtschaftlichen Verbände betreiben, habe ich an verschiedenen Stellen bereits angeführt (vgl. S. 120), so daß ich hier darauf verweisen kann. Dabei kann man gegen diese Propaganda kaum etwas einwenden. Denn wenn ein Provinzialverband eine Haftpflichtversicherungsanstalt einrichtet, wie in Hannover, oder der Landeshauptmann Vorsitzender der Berufsgenossenschaft und damit auch der Haftpflichtversicherungsanstalt ist, wie in Ostpreußen, Hessen-Nassau und Schlesien, ist es doch selbstverständlich, daß sie für ihre Einrichtung werben. Unzulässig wäre nur die Ausübung eines Druckes dadurch, daß dem Landwirte materielle Nachteile erwachsen, wenn er sich bei einer Versicherungsgesellschaft versichert, z. B. Verweigerung einer Hypothek aus den Geldern der Sparkasse u. dergl.

Viel weniger günstig ist die Lage der industriellen Haftpflichtversicherungsverbände. Hier ist in vielen Fällen das Solidaritätsgefühl nicht so stark ausgeprägt wie in der Landwirtschaft, die einzelnen Interessengruppen zählen oft so wenig Mitglieder, daß mancher aus Besorgnis über die Sicherheit des Verbandes nicht beitritt. Daher sehen wir seit langem bestehende Anstalten, z. B. die Unfallgenossenschaft der deutschen Tiefbauunternehmer, die nach zehnjährigem Bestehen 96 Mitglieder zählt gegenüber 16404 bei der Tiefbauberufsgenossenschaft versicherten Betrieben. Eine Ausnahme besteht da, wo eine stärkere Interessengemeinschaft vorhanden ist, wie z. B. bei dem Haftpflichtverband für die Zuckerfabriken im Deutschen Reich, der sich an den Verein der deutschen Zuckerindustrie anlehnt, oder dem Haftpflichtverband der deutschen Eisen- und Stahlindustrie, der hinter sich den Verband der deutschen Eisen- und Stahlberufsgenossenschaften stehen hat. Dazu kommt, daß bei den industriellen Verbänden die Unterstützung seitens der Behörden fehlt. Wenn daher auch mit der Zeit die Konkurrenz auf dem industriellen Haftpflichtversicherungsgebiet stärker werden wird, so glaube ich nicht, daß sie den Umfang der landwirtschaftlichen erreichen wird.

Eins sichert ja den Versicherungsgesellschaften den Vorsprung, das ist der Umstand, daß sie ihren Geschäftsbetrieb durch Agenten betreiben, d. h. Personen, die finanziell lebhaft am Abschluß möglichst vieler Versicherungsverträge interessiert sind. Gerade aber im Versicherungswesen bedeutet die persönliche Einwirkung außerordentlich viel. Denn es handelt sich um Vorsorge für die Deckung eines künftigen Bedarfes, von dem es ungewiß ist, ob er überhaupt einmal eintreten wird.

Deshalb wird mancher trotz schriftlicher Aufforderung den Abschluß des Versicherungsvertrages immer wieder hinausschieben. Kommt zwischendurch der rührige Agent, der ihm alle Schreibarbeit und alles Nachdenken abnimmt, so wird er in vielen Fällen diesem den Vorzug geben. Wir sehen aus den Berichten der Haftpflichtversicherungsanstalt des Hannoverschen Provinzialverbandes (S. 77), namentlich aber dem der Haftpflichtversicherungsanstalt der Ostpreußischen landwirtschaftlichen Berufsgenossenschaft (S. 120), wie das Nachlassen der persönlichen Einwirkung und Bearbeitung sich sofort in einem Sinken der Zahl der Neumeldungen ausdrückt. Wir sehen auch, wie man versucht, etwas ähnliches wie einen Agenten zu schaffen, wie man z. B. den Kontrollbeamten der Landesversicherungsanstalt eine Vergütung (Abschlußprovision) gewährt oder sonst Vertrauensmänner wirbt, sich der Sektionsvorstände und Gemeindevorsteher bedient. Ja, der Weichsel-Nogat-Haftpflichtschutzverein hat regelrechte Agenten angestellt (S. 109). Aber dieses letztere Vorbild läßt sich nicht nachahmen, denn die Verbände bezeichnen gerade das Fehlen von Agenten und die dadurch bewirkte Ersparnis an Verwaltungskosten als ihren besonderen Vorzug (vgl. die näheren Untersuchungen auf S. 166), sie können deshalb nicht hier eine Änderung eintreten lassen. Verbände, die einen weit zerstreuten Interessentenkreis haben, also namentlich industrielle, hätten zu große Aufwendungen, da allein die Reisekosten einen sehr großen Betrag ausmachen würden. Dehnt man aber den Kreis der Versicherten auch auf andere Gruppen aus, so würde schließlich kaum ein Unterschied zwischen dem Verband und etwa dem Allgemeinen deutschen Versicherungsverein in Stuttgart bestehen. Gerade in der Beschränkung auf einen bestimmten Kreis liegt aber eine besondere Stärke dieser Verbände, denn sie sind geschaffen worden, um das Versicherungsbedürfnis einer bestimmten Interessengruppe zu befriedigen. Der Gedanke, selbst sich die Versicherung zu schaffen, wirbt für die Verbände. Dieser Reiz hört auf, wenn andere Gruppen, die der ersten fremd sind, hinzugezogen werden. Da nun der ehrenamtlich fungierende Vertrauensmann, und auch selbst dann, wenn er eine geringe Vergütung erhält, nie die Werbekraft und Werbeenergie besitzen wird, die der gut bezahlte Vertreter der Versicherungsgesellschaft hat, so werden auch noch weiterhin die Versicherungsgesellschaften aus diesem Grunde allein in der Propaganda den Verbänden überlegen, also ein Ausschalten der Versicherungsgesellschaften auf absehbare Zeit nicht zu befürchten sein.

Damit entscheidet sich eine weitere Frage. Man hat das Entstehen zahlreicher Haftpflichtversicherungsverbände deshalb für nicht unbedenklich erklärt, weil durch die eintretende Zersplitterung eine gewisse Gefahr für die im öffentlichen Interesse gelegene Erhaltung leistungsfähiger Versicherungsanstalten erblickt werden könne[1]. Die vorstehenden Ausführungen zeigen aber, daß eine solche Gefahr nicht besteht. So wenig der Konsumverein den Händler verdrängen wird, mag er ihm auch teilweise recht unangenehme Konkurrenz machen, ebensowenig werden die Haftpflichtversicherungsverbände die Haftpflichtversicherungsgesellschaften überflüssig machen, wenn auch diesen nicht mehr das Geschäft allein überlassen bleibt. Es ist deshalb auch richtig, wenn sich das Aufsichtsamt dieser Frage gegenüber neutral hält und nur für rechtlich geeignete Einrichtungen und für ausreichende finanzielle Bürgschaft Sorge trägt, im übrigen es aber den Versicherungsgesellschaften überläßt, durch Anpassung an die Verkehrsbedürfnisse ihre Überlegenheit und Anziehungskraft im Wettbewerb zu bewahren. Ausdrücklich tritt das Aufsichtsamt in dem Geschäftsbericht für 1904 übrigens der Ansicht entgegen, als bestehe bei ihm eine besondere Vorliebe für gegenseitige Vereine[2].

§ 15.

Der Versicherungsschutz.

An eine ihre Zwecke erfüllende Haftpflichtversicherungsunternehmung wird man die Forderung stellen müssen, daß sie dem Versicherten in möglichst allen Haftpflichtfällen einen genügenden Ersatz gewährt, das heißt also zunächst, der Versicherte soll möglichst gegen alle Haftpflichtgefahren gedeckt sein. Hier ist freilich sofort eine Einschränkung zu machen: es können für gewisse Betriebe nur ganz bestimmte Haftpflichtgefahren eine Bedeutung haben, es daher rationell sein, wenn nur gegen diese Versicherung gewährt wird. Als Beispiel ist hier die Haftpflichtversicherung der Privateisenbahnen zu erwähnen. Für diese besteht die Hauptgefahr, daß sie auf Grund des strengen Haftpflichtgesetzes Passagieren oder nicht im Betriebe beschäftigten Personen gegenüber haftpflichtig werden. Hinter dieser Gefahr treten alle übrigen Haftpflichtmöglichkeiten — auch der Regreß der Berufs-

---

1) Veröffentl. des Kaiserl. Aufsichtsamtes für Privatversicherung, 1903, S. 91; 1906, S. 56.

2) Veröffentl. des Kaiserl. Aufsichtsamtes für Privatversicherung, 1905, S. 33.

genossenschaft, der seitens der beiden Eisenbahnberufsgenossenschaften übrigens in den letzten drei Jahren im ganzen nur 15716,07 M. betrug — so zurück, daß sich die Einrichtung allein auf diese Gefahr bezieht. Die seitens der Straßen- und Kleinbahnberufsgenossenschaft geplante Haftpflichtversicherungsanstalt geht allerdings wieder darüber hinaus. Die Privathaftpflicht kommt bei Eisenbahnverwaltungen überhaupt nicht in Betracht. Dagegen erscheint es zu eng, wenn andere industrielle Haftpflichtversicherungsverbände die Versicherung auf die Betriebshaftpflicht beschränken, so die Unfallgenossenschaft der Stein-, Tiefbau- und Glasindustrie. Es ist aber bezeichnend, daß es sich hier um ältere Einrichtungen handelt und in den beiden Satzungsentwürfen für die Haftpflichtversicherungsanstalten der Tiefbau- und Glasberufsgenossenschaft diese enge Begrenzung aufgehoben wird.

Nun kann eine Versicherungsunternehmung verschiedene Wege bei Normierung des Umfanges ihrer Haftung einschlagen. Erstens, sie erklärt, daß sie für alle Haftpflichtgefahren aufkommt. In dieser ganz reinen Form finden wir aber keine einzige Haftpflichtversicherung, da sie dann ein unübersehbares Risiko übernähme. In der Regel treten also gewisse Ausschlüsse und Einschränkungen hinzu, sei es daß gewisse Gefahren nur auf Grund besonderer Vereinbarung übernommen werden, sei es daß andere Haftpflichtgefahren überhaupt von der Versicherung ausgeschlossen sind. Oder aber, es wird jede Haftpflichtgefahr besonders versichert: Betriebshaftpflicht, die Haftpflicht als Fuhrwerksbesitzer, als Privatmann, Sporttreibender, Automobilfahrer, Hausbesitzer u. s. w., die Haftpflicht aus Körperverletzung besonders und ebenso diejenige aus Sachbeschädigung. Dazu treten in der Regel noch gewisse Ausschlüsse. Diesen letzteren Weg schlagen die Haftpflichtversicherungsgesellschaften ein. Es hängt das zusammen mit ihrer Tarifierungstechnik, die auf einer bis aufs feinste ausgebildeten Gefahrenklassifikation beruht. Jedes Risiko soll entsprechend seiner Gefahr beitragen und deshalb soll über jede Besonderheit auch eine besondere Vereinbarung getroffen werden. Man versichert sich also immer in einer besonderen Eigenschaft, als Unternehmer eines bestimmten Betriebes, als Besitzer eines, oder zwei oder mehrerer Pferde u. s. w. Tritt die Haftpflicht infolge einer anderen Ursache ein, so haftet die Gesellschaft nicht. Freilich ganz streng ist dieses Prinzip nicht durchgeführt. Denn die Versicherungsbedingungen für industrielle, gewerbliche, landwirtschaftliche und kaufmännische Betriebe schließen in die Betriebshaftpflicht ohne weiteres die Haftpflicht der Bevollmächtigten, Repräsentanten, Betriebs- oder Arbeitsaufseher des Versicherten ein, ferner die Haftpflicht, welche dem Versicherten als Haus- und Grundbesitzer bezw. Mieter obliegt, soweit sich diese Haftpflicht auf die Betriebsstätten bezieht. Ebenso ist der Fuhrwerksbetrieb von Landwirten stets in die Versicherung eingeschlossen, insoweit es sich nicht um einen gewerbsmäßigen Lohnfuhrwerksbetrieb handelt [1]).

Gegen diese Art der Abgrenzung der Haftung des Versicherers wird nun seitens einer Reihe von Verbänden der Vorwurf erhoben, es werde vom Versicherten zu leicht übersehen, daß er nicht ohne weiteres gegen jede Haftpflicht gedeckt sei. In dem falschen Glauben an eine völlige Deckung schließe er die Versicherung und sei bitter enttäuscht, wenn ihm im Schadenfalle entgegengehalten werde, gerade für diesen Fall sei er nicht versichert gewesen. Ja der Agent rate leicht auf diesen oder jenen Einschluß zu verzichten, damit die Prämie niedriger werde und der Versicherte eher zur Versicherung geneigt sei. Namentlich geschehe dies häufig, wenn die Konkurrenz unterboten werden solle. Sicher ist jedenfalls, daß aus häufig falsch verstandener Sparsamkeit der Versicherte auf diese oder jene Deckung verzichtet, nachher sich aber seines Verzichtes nicht mehr bewußt ist und dann Beschwerde gegen die Versicherungsunternehmung erhebt. Einen treffenden Beweis für dies Unterlassen einer sehr wichtigen Versicherung erbringt die Haftpflichtversicherungsanstalt des Provinzialverbandes Hannover. Infolge des bereits auf S. 77 erwähnten Jagdhaftpflichtfalles traf die Anstalt die Bestimmung, daß vom 1. Januar 1900 an die Haftpflicht für Schußwaffen nur auf besonderen Antrag hin und gegen besondere Prämie übernommen werde und richtete an 847 ihr als Jäger bekannte Mitglieder die Aufforderung zur Ausdehnung der Versicherung auch auf diese Gefahr. Von den 847 Mitgliedern haben aber nur 118 eine solche Versicherung abgeschlossen, der weitaus größere Teil hat es unterlassen, obgleich er von der Wichtigkeit dieser Versicherung überzeugt sein mußte.

Am weitesten in dem Bestreben, ohne besondere Abmachung die gesamte Haftpflicht zu übernehmen, geht der Haftpflichtverband der

---

1) Im Anhang drucken wir der besseren Übersicht halber die Haftpflichtversicherungsbedingungen des Unfallversicherungsverbandes ab.

Deutschen Eisen- und Stahlindustrie. Er verlangt nur für die gefährliche Automobilhaftpflichtversicherung eine Zuschlagprämie und schließt die Jagd- und Sporthaftpflicht aus. Auch die Haftpflicht als Besitzer von Häusern, die nicht zum versicherten Betriebe gehören, ist von der Versicherung ausgeschlossen.

Recht weit dehnen auch die meisten landwirtschaftlichen Haftpflichtversicherungsverbände ihre Haftung aus, verlangen aber für die Versicherung von Nebenbetrieben, die nicht bei der landwirtschaftlichen Berufsgenossenschaft versichert sind, eine besondere Vereinbarung oder schließen sie überhaupt aus (vgl. die Haftpflichtversicherungsanstalten Ostpreußen, Schlesien und Hessen-Nassau). In der Tat ist für kleinere Verbände die Sachlage insofern schwierig, als sie nicht alle möglichen industriellen und sonstigen Nebenbetriebe aufnehmen können. Ihre Prämienberechnung ist auch nicht darauf eingerichtet. Der Zweck ihrer Gründung war zudem auf die Befriedigung eines ganz bestimmten Bedürfnisses gerichtet. Sie erfüllen daher auch ihren Zweck im allgemeinen, wenn sie ihre Wirksamkeit auf bestimmte Gefahren: z. B. Betriebs- und Privathaftpflicht des Landmannes beschränken. Damit werden sie freilich den Mitgliedern nicht gerecht, die einen nicht landwirtschaftlichen Nebenbetrieb, z. B. eine Gastwirtschaft, haben. Diese müssen sich für die Haftpflicht aus dem Gastwirtschaftsbetrieb bei einer Versicherungsgesellschaft versichern und werden es leicht vorziehen, dann überhaupt ihre ganze Versicherung bei einer Gesellschaft zu nehmen. Aber diese Personen sind doch in der Minderzahl. Für die große Masse der Landwirte spielt nur die Betriebs- und Privathaftpflicht eine Rolle, es genügt daher vollkommen, wenn der Haftpflichtversicherungsverband auf diese beiden Gefahren seine Versicherung beschränkt.

Eine Reihe anderer Verbände dagegen hat die Art und Weise der Haftpflichtversicherungsgesellschaften übernommen, d. h. sie verlangt für jede über die Deckung der Betriebshaftpflicht hinausgehende Versicherung eine besondere Vereinbarung, so die Haftpflichtversicherungsanstalt Weimarischer Landwirte und des Rheinischen Bauernvereins, die Unfallhaftpflichtgenossenschaft der Ziegeleibesitzer. Wir sehen also in der Art der Behandlung dieser Frage seitens der Verbände eine große Mannigfaltigkeit. Im allgemeinen ist aber wohl der Umfang ihrer Haftung etwas enger als bei den Versicherungsgesellschaften, was damit zusammenhängt, daß diese sich an das breite Publikum wenden und daher jedes Bedürfnis befriedigen müssen;

im engen Rahmen, den sich die Verbände gesteckt haben, werden sie aber, wie wir gesehen haben, zum großen Teil durchaus ihrer Aufgabe gerecht.

Eine besondere Beachtung verdienen die Ausschlüsse, da deren Zahl und Umfang natürlich den Wert der Haftpflichtversicherung erheblich beeinträchtigen kann. Soweit die Haftpflicht auf einer Personenbeschädigung beruht, kann es sich um einen Unfall oder eine Krankheit handeln, in den Bedingungen vielfach als Gesundheitsschädigung der Körperverletzung gegenübergestellt. Die Versicherungsbedingungen des Unfallversicherungsverbandes beziehen sich nur auf Unfälle, gestatten aber gegen Zahlung einer besonderen Prämie die Ausdehnung auf nicht durch Unfall hervorgerufene Krankheiten. Der Zuschlag beträgt bei den berufsgenossenschaftlich versicherten Betrieben 0,14; 0,15 und 0,18 ‰ der Lohnsumme, je nach der Höhe der Versicherungssumme. Die Verbände behandeln diese Frage verschieden. Ein Teil beschränkt die Haftpflicht auf Unfälle (z. B. Haftpflichtverband der Eisenbahnen- und Kleinbahnen-, des Westfälischen und Rheinischen Bauernvereins), andere wollen nur insoweit aufkommen, als es sich um Gewerbe- und Berufskrankheiten handelt (Haftpflichtverband der Ziegelei-, Eisen- und Stahl- und Zuckerindustrie), andere endlich schließen jede Haftpflicht aus Gesundheitsschädigung ein (so namentlich die von den Berufsgenossenschaften errichteten Haftpflichtversicherungsanstalten). Es ist übrigens nicht durchweg klar im Statut ausgedrückt, ob auch auf dieses Risiko die Versicherung sich erstreckt. Die Haftpflichtansprüche aus Gesundheitsschädigung werden immer hinter denen aus Unfällen weit zurückstehen, doch empfiehlt es sich für die Industrie wenigstens die Gewerbe- und Berufskrankheiten einzuschließen.

Ein berechtigter Ausschluß scheint mir der für kleine Schäden, also solche unter 10 oder 20 M. zu sein, wie wir ihn bei den meisten Verbänden finden und zwar entweder für alle Fälle, z. B. bei der Haftpflichtversicherungsanstalt des Provinzialverbandes Hannover, den Haftpflichtversicherungsvereinen in S.-Weimar, des Westfälischen Bauernvereins, den Haftpflichtversicherungsanstalten der Glas- und Tiefbauberufsgenossenschaft, der landwirtschaftlichen Berufsgenossenschaften von Ostpreußen, Hessen-Nassau und Schlesien, Hessen und Reuß j. L. oder nur für Sachbeschädigung, z. B. bei dem Haftpflichtverband der deutschen Eisen- und Stahlindustrie. Auch die Haftpflichtversicherungsgesellschaften schließen Sachschäden unter 20 M.

aus. In der Tat kann es nicht Aufgabe der Haftpflichtversicherung sein, diese ganz kleinen Schäden, die den Versicherten nicht belasten, aber deren Regulierung unverhältnismäßig große Kosten verursacht, zu ersetzen. Zum Teil aber gehen die Verbände mit ihren Ausschlüssen weiter: Oldenburg Schäden unter 50 M. (im neuen Statut unter 40 M.), Haftpflichtversicherungsverein der Zuckerindustrie Sachschäden unter 300 M., Straßen- und Kleinbahnberufsgenossenschaft unter 500 M., Haftpflichtversicherungsverein der Eisenbahnen und Kleinbahnen unter 750 bis 2000 M., Verein der Privateisenbahnen unter 1000 M. Während nun allerdings für einen kleinen Landwirt die Grenze von 50 M. etwas zu hoch erscheint, liegt die Sachlage in den anderen Fällen anders, namentlich bei den Eisenbahnen. Bei der Größe der einzelnen Unternehmung kann selbst ein Schaden von 500 oder 1000 M. keine Bedeutung haben. Zweck dieser Vereinigungen soll ja nur sein, große Schäden gemeinsam zu tragen. Andernfalls würde auch die Verwaltung, die sich jetzt in den einfachsten Formen bewegt — Umlage nach jedem Fall — umständlicher werden. Es ist aber doch interessant zu beobachten, daß bei dem Verein der Privateisenbahnen der Betrag, der für eigene Rechnung geht, im Laufe der Zeit von 15000 M. auf 1000 M. herabgesunken ist. Es waren eben zahlreichere, größere und kapitalkräftigere Privateisenbahnverwaltungen 1872 vor der Verstaatlichung vorhanden als jetzt.

Sehr verschieden behandeln die Verbände den Einschluß der Haftpflicht der Betriebsbeamten und der ihnen gleichgestellten Personen, d. h. der Haftpflicht, die diesen Personen unmittelbar erwächst und gegen sie direkt geltend gemacht wird. Denn der Anspruch, der sich gegen den Versicherten als Betriebsunternehmer wegen eines Verschuldens seiner Betriebsbeamten richtet, wird natürlich ohne weiteres von der Haftpflichtversicherung erfaßt. Die jüngeren Verbände schließen diese Haftpflicht ohne weiteres ein, z. B. der Haftpflichtversicherungsverband der deutschen Eisen- und Stahlindustrie, der Zuckerindustrie, ferner die Haftpflichtversicherungsanstalten der landwirtschaftlichen Berufsgenossenschaften und des Rheinischen Bauernvereins, aber auch ältere, z. B. die Haftpflichtversicherungsanstalt des Provinzialverbands Hannover, des Westfälischen Bauernvereins, Oldenburger Landwirte u. a. Immer aber handelt es sich dann um die Betriebshaftpflicht der Betriebsbeamten, nicht auch um deren Privathaftpflicht. Der Haftpflichtverband der Eisen- und Stahlindustrie dehnt die Versicherung aber nicht auf alle Betriebsbeamten aus, sondern nur auf die Betriebsleiter (Repräsentanten und Direktoren), sowie sonstige Angestellte, die für die Ausführung von Arbeiten Anordnungen zu treffen haben. In der Regel werden sich diese letzteren Personen wohl mit den Betriebsbeamten decken. Auch die Haftpflichtversicherungsgesellschaften treten neuerdings ein für die Bevollmächtigten, Repräsentanten, Betriebs- oder Arbeitsaufseher des Versicherten, nachdem bereits die Normativbedingungen des deutschen Haftpflicht- und Versicherungsschutzverbands auch in dieser Beziehung bahnbrechend vorgegangen waren und der Entwurf eines Gesetzes über den Versicherungsvertrag schon in seiner ersten Fassung von 1903, also ein Jahr vor Erlaß der gemeinsamen Versicherungsbedingungen des Unfallversicherungsverbandes, diese Ausdehnung in seine Bestimmungen über die Haftpflichtversicherung aufgenommen hatte. Die Motive erklären diese Vorschrift, wie folgt: „Der mit einem geschäftlichen Betriebe verbundenen Haftpflichtgefahr sind in gleicher Weise wie der Unternehmer regelmäßig diejenigen Personen ausgesetzt, welche an seiner Stelle oder zusammen mit ihm die Leitung und Beaufsichtigung des Betriebes führen. Die Verrichtungen aller dieser Personen stehen unter sich in engem Zusammenhang; bei dem Eintritt eines Haftpflichtfalles bleibt es dann häufig zweifelhaft, ob der Ersatzanspruch des Dritten den Unternehmer oder einen Vertreter oder sonstigen Angestellten trifft und wie sich, wenn mehrere dieser Personen beteiligt sind, ihre Verpflichtung im Verhältnis zueinander gestaltet. Ist lediglich die persönliche Verantwortlichkeit des Unternehmers unter Versicherung gebracht, so werden aus der bezeichneten Sachlage sich leicht Verwickelungen ergeben, die den ganzen Geschäftsgang stören. Derartige Mißstände sind ausgeschlossen, wenn der Unternehmer durch den Versicherungsvertrag von vornherein die gesamte mit der Leitung und Beaufsichtigung des Betriebes verbundene Haftpflichtgefahr deckt" [1]). Dazu kommen Gründe der sozialen Fürsorge, die es angebracht erscheinen lassen, dem Betriebsbeamten die Haftpflichtgefahr, die häufig genug seine Existenz bedrohen kann, von den Schultern zu nehmen, weniger der Gedanke an den geschädigten Dritten. Dem berechtigten Egoismus dient die Haftpflichtversicherung, ein altruistischer Zug liegt ihr durchaus fern, wenn sie auch Dritten tatsächlich zu gute kommen mag [2]). Der Haft-

1) Entwurf eines Gesetzes über den Versicherungsvertrag, Berlin 1903, S. 163.

2) Anderer Ansicht Manes a. a. O. S. 62.

pflichtverband der Ziegeleiindustrie übernimmt die Haftpflicht der Betriebsbeamten nur auf besonderen Antrag, ebenso der der Tiefbauunternehmer, dagegen erwähnen einige ältere diese Versicherung überhaupt nicht, so die Unfallgenossenschaften der Stein- und Glasindustrie. Mit der Zeit werden wohl alle Verbände auch dieses Risiko übernehmen, wenigstens dem Versicherten die Möglichkeit zu dieser Erweiterung bieten müssen. Den Betriebsbeamten werden von den landwirtschaftlichen Haftpflichtverbänden meist die Familienangehörigen gleichgestellt (vgl. Haftpflichtversicherungsanstalt des Provinzialverbands Hannover, des Westfälischen und Rheinischen Bauernvereins, Schleswig-Holsteins, sowie der landwirtschaftlichen Berufsgenossenschaften: für alle Entschädigungen, welche der Versicherungsnehmer und dessen mit ihm in Familiengemeinschaft lebender, als Mitunternehmer anzusehender Ehegatte u. s. w.). Für die Industrie kommt diese Haftpflicht kaum in Betracht.

In der Regel trennen die Verbände ebenso wie die Haftpflichtversicherungsgesellschaften die gesetzliche Haftpflicht von der Fürsorgeverpflichtung, d. h. die dem Arbeitgeber durch Gesetz (Gesindeordnung, Bürgerliches Gesetzbuch § 617, Handelsgesetzbuch § 63, Gewerbeunfallversicherungsgesetz § 12 Abs. 2) auferlegte Pflicht, für den Arbeiter oder Angestellten, der erkrankt ist oder einen Unfall erlitten hat, eine gewisse Zeit zu sorgen, gleichgültig, ob den Arbeitgeber ein Verschulden trifft oder nicht. Ein Teil, und zwar der größere, der Verbände schließt dieses Risiko überhaupt ausdrücklich aus, so die Verbände der Ziegelei-, Glas-, Eisen- und Stahlindustrie, die landwirtschaftlichen von Schleswig-Holstein, von Ostpreußen, Hessen-Nassau und Schlesien, auf besonderen Antrag übernimmt die Gefahr der Haftpflichtversicherungsverein des Rheinischen Bauernvereins, während der Haftpflichtversicherungsverein des Westfälischen Bauernvereins diese Fürsorgeverpflichtung ohne weiteres einschließt. Nach den Versicherungsbedingungen des Unfallversicherungsverbandes fallen Zahlungen und Unterstützungen gemäß § 12 des Gewerbe-Unfallversicherungsgesetzes, § 50 des Krankenversicherungsgesetzes, § 617 des BGB., auf Grund von Gesindeordnungen, auf Grund des § 27 und 165 des landwirtschaftlichen Unfallversicherungsgesetzes und ähnliche Unterstützungsleistungen nicht unter die Haftpflichtversicherung. Nach dem Tarif können dagegen die Verpflichtungen aus § 12 des Gewerbe-Unfallversicherungsgesetzes mit Ausnahme von Fuhrwerksbetrieben, Kellerei- und Lagereibetrieben, Spediteuren, Möbeltransporteuren, Schiffsbe- und -entladern, sowie Fensterputzern und Straßenreinigungsinstituten prämienfrei in die Versicherung eingeschlossen werden. Bei den erwähnten Betrieben erfordert es einen besonderen Zuschlag. Bei den landwirtschaftlichen Versicherungen kann die Versicherung ausgedehnt werden auf die Verpflichtung des Versicherten bei Betriebsunfällen auf Grund der Gesindeordnungen (auch § 617 BGB.) oder auf Grund der Vorschriften des § 165 Landw. Unfall.-Vers.-Ges. Fürsorge für den verletzten Dienstboten oder Arbeiter zu treffen. Die Prämie für diesen Einschluß beträgt:

für jeden Dienstboten	2,— M.
für jede Aushilfsperson	1,20 „
mindestens jedoch	5,— „

Die Frage, ob es zweckmäßig ist, diese Fürsorgepflicht in die Versicherung einzuschließen, kann nicht einheitlich beantwortet werden. Für die Industrie spielt die Fürsorgepflicht auf Grund der Gesindeordnungen, des Bürgerlichen Gesetzbuches und des Handelsgesetzbuches nur eine geringe Rolle; dagegen kommen schon mehr die Leistungen auf Grund des § 12 des Gewerbe-Unfallversicherungsgesetzes in Frage, namentlich die des Abs. 1, der die Erhöhung des Krankengeldes von der 5. bis 13. Woche auf Kosten des Arbeitgebers vorsieht. Bei großen Betrieben werden sich aber regelmäßig derartige Kosten ergeben, die für den Unternehmer keinen anderen Charakter tragen, wie seine sonstigen Leistungen zur Arbeiterversicherung, für die er also keiner besonderen Versicherung bedarf. Ganz anders liegt dagegen die Sache für die Landwirtschaft und zwar deshalb, weil auf die ländlichen Arbeiter und das Gesinde die Krankenversicherungspflicht noch nicht durch Reichsgesetz ausgedehnt worden ist. Nach § 27 des landwirtschaftlichen Unfallversicherungsgesetzes tritt zwar in den ersten 13 Wochen bei nicht krankenversicherten Personen die Gemeinde ein, diese Verpflichtung besteht aber nicht, insoweit der Verletzte auf Grund gesetzlicher Bestimmungen einen Anspruch auf gleiche Fürsorge hat. Nun muß aber nach den meisten Gesindeordnungen der Arbeitgeber das Gesinde mindestens bis zum Ablauf des Dienstes verpflegen. Bei den langfristigen Kontrakten in der Landwirtschaft erwächst daher dem Landwirt eine unter Umständen sehr erhebliche Last. Es erscheint deshalb nicht richtig, wenn die Haftpflichtversicherungsanstalt der Ostpreußischen landwirtschaftlichen Berufsgenossenschaft diese Gefahr als gering hinstellt. Das beweisen am besten die bereits auf S. 88 erwähnten Angaben des Haftpflichtversicherungsvereins des Westfälischen Bauernvereins: „Wir behaupten, daß für den Landwirt nach unseren langjährigen Erfahrungen gerade diese Leistung eine der wichtigsten ist, haben wir doch in all den Jahren von ca. 100 000 M. Entschädigung, die wir bezahlten, über 75 000 M. für solche Gesindeunfälle bezahlt, und wir behaupten weiter, wo diese Leistung fehlt (und sie fehlt bei den Privatgesellschaften fast überall), da erfüllt die Haftpflichtversicherung nie und nimmer ihren Zweck. Würden wir diese Leistungen ausschließen, so kämen wir gut und gern mit der Hälfte unserer, ohnehin jetzt schon sehr niedrigen Beiträge aus. Zahlungen von 50 bis 500 M. für solche Unfälle sind nichts Seltenes!" Anders ist die Sachlage da, wo auch auf die Landwirtschaft die Krankenversicherungspflicht durch Landesgesetz ausgedehnt ist, das ist z. B. der Fall in Sachsen, Württemberg, Baden, Hessen, Braunschweig, den sächsischen Herzogtümern und in Bremen. Dagegen ändert der ortsstatutarische Versicherungszwang nichts, da sich dieser nur auf die gegen Lohn oder Gehalt in der Landwirtschaft beschäftigten Arbeiter und Betriebsbeamten, nicht aber auf das Gesinde erstrecken darf[1]). Die geplante und vom Reichstag noch bei der letzten Novelle zur Krankenversicherung (1903) in einer Resolution geforderte Ausdehnung der Versicherungspflicht auf das Gesinde und die Landwirtschaft wird hier erst Wandel schaffen und den Ausschluß allgemein rechtfertigen.

Nach dem Vorbild der Haftpflichtversicherungsgesellschaften sind neuerdings eine Anzahl von Verbänden dazu übergegangen, durch besondere Ausschlüsse der Gefahr von Durchstechereien zwischen dem Versicherten und dem Geschädigten entgegenzutreten. Es ist das namentlich die Bestimmung, nach der die Haftung des Versicherers ausgeschlossen ist für Ansprüche, die von Familienangehörigen gegen den Versicherten erhoben werden, sei es daß es solche Familienangehörige sind, die mit dem Versicherten in häuslicher Gemeinschaft leben oder nach der Fassung der Gesellschaften, die mit dem Versicherten bis zum dritten Grade verwandt oder verschwägert sind (vgl. die Haftpflichtverbände der Ziegeleiindustrie, der Glas- und Tiefbauberufsgenossenschaft, des Provinzialverbandes Hannover, des Westfälischen Bauernvereins, Oldenburger Landwirte, Rheinischen Bauernvereins, des Weichsel-Nogat-Haftpflicht-Schutzverbandes und

1) Stier-Somlo, Deutsche Sozialgesetzgebung. Geschichtliche Grundlagen und Krankenversicherungsrecht. Jena 1906, S. 119.

der Haftpflichtversicherungsanstalten der landwirtschaftlichen Berufsgenossenschaften). Unstreitig besteht diese Gefahr namentlich gegenüber den nächsten Familienangehörigen. Auch würde ohne Vorhandensein der Haftpflichtversicherung kaum ein Anspruch erhoben werden. Ob aber die Ausdehnung auf Personen, die nur mit dem Versicherten weiter verwandt oder verschwägert sind, z. B. Anspruch des Neffen gegen den Onkel, des Schwagers, sich noch rechtfertigen läßt, erscheint fraglich. Hier kann ein Versagen des Haftpflichtschutzes für den Versicherten recht unangenehme Folgen haben.

Eine ganze Reihe von Verbänden, die die Haftpflicht der Familienangehörigen und Betriebsbeamten einschließen, schließen dagegen den Ersatz der Verbindlichkeiten aus, die diesen Personen aus Schädigungen des Versicherten oder dessen Eigentums erwachsen (vgl. Haftpflichtversicherungsanstalt des Provinzialverbandes Hannover, des Westfälischen Bauernvereins, Oldenburger Landwirte, S.-Weimar, des Rheinischen Bauernvereins). Es würde diese Versicherung indirekt zu einer Versicherung des Betriebsunternehmers gegen eigenen Unfall oder Beschädigung der eigenen Sachen führen, auch die Gefahr eines Paktierens der beiden Parteien zu Ungunsten des Versicherers sehr groß sein.

Andere Ausschlüsse haben den Zweck, die Deckung für außergewöhnliche Gefahren abzulehnen, denen die im allgemeinen nicht sehr kapitalstarken Verbände nicht gewachsen wären, oder die zu der allgemeinen Betriebshaftpflicht in einem so großen Gegensatz stehen, daß ihre gemeinsame Tragung nicht angebracht erscheint. Hierhin gehört zunächst die Automobilhaftpflicht, die entweder überhaupt ausgeschlossen wird (Haftpflichtverband der Zucker-, Glas- und Tiefbauindustrie, der sächsischen Landwirte, Schleswig-Holsteins und die Haftpflichtversicherungsanstalten der landwirtschaftlichen Berufsgenossenschaften) oder nur gegen Zuschlag übernommen wird (Haftpflichtverband der deutschen Eisen- und Stahl- und der Ziegeleiindustrie). Die industriellen Verbände schließen auch meist die Jagd- und Sporthaftpflicht aus (z. B. Haftpflichtverband der Ziegeleien, und der Eisen- und Stahlindustrie), während ein Teil der landwirtschaftlichen infolge eines großen Schadens der Haftpflichtversicherungsanstalt Hannover im Jahre 1896 die Haftpflicht für Schußwaffen entweder überhaupt nicht übernehmen (Oldenburg) oder nur gegen Zuschlag auf Grund besonderer Vereinbarung (Hannover und die Haftpflichtversicherungsanstalten der landwirtschaftlichen Berufsgenossenschaften).

Die Haftung beschränkt sich ferner fast stets auf Inlandschäden, d. h. Haftpflichtansprüche, die in Deutschland auf Grund der deutschen Gesetze erhoben werden. Auch die Versicherungsbedingungen der Versicherungsgesellschaften bestimmen, daß alle im Ausland vorkommenden Schadenfälle ausgeschlossen sind, wenn sie nicht als Betriebsunfälle im Sinne des Gewerbe-Unfallversicherungsgesetzes von der Berufsgenossenschaft anerkannt sind oder wenn sie nicht durch besondere Bedingung in die Versicherung ausdrücklich eingeschlossen sind. Die Normativbedingungen des deutschen Haftpflicht- und Versicherungsschutzverbandes schließen Ersatzansprüche aus Unfällen, die im Ausland ausländische Arbeiter betroffen haben, aus, insofern sie nicht ausdrücklich durch besondere Bestimmung in die Versicherung eingeschlossen sind. Demgegenüber enthält der Haftpflichtverband der deutschen Eisen- und Stahlindustrie die wichtige Bestimmung, daß in die Versicherung Ersatzansprüche aus Betriebsleistungen eingeschlossen sind, die von dem deutschen Hauptbetrieb als Ausfluß desselben im Ausland ausgeführt werden. Hier handelt es sich um ein sehr wichtiges Interesse gerade der Eisen- und Stahlindustrie, nämlich Deckung der Ansprüche, die aus Unfällen bei der Montage im Ausland oder aus der mangelhaften Beschaffenheit gelieferter Maschinen, Träger u. s. w. resultieren. Es ist dabei namentlich zu berücksichtigen, daß dort, wo im Ausland keine Zwangsunfallversicherung besteht, in der Regel die Haftpflichtgesetze sehr streng sind, z. B. in England, Belgien, Frankreich, Rußland, Schweden.

In der Regel dehnt sich die Versicherung der Haftpflichtversicherungsverbände ohne weiteres auf Sachschäden aus, während es, wie erwähnt, bei den Haftpflichtversicherungsgesellschaften stets einer besonderen Vereinbarung bedarf. Die Unfallgenossenschaft der deutschen Tiefbauunternehmer dagegen kennt keine Sachschädenversicherung, jedoch ist in dem Entwurf für das neue Statut eine solche vorgesehen (vgl. S. 70). Außerdem beschränken der Verein der Privateisenbahnen und der Versicherungsverband der Straßen- und Kleinbahnen die Haftpflichtversicherung auf Personenschäden, weil diese ja für sie in erster Linie in Betracht kommen. Im einzelnen ergeben sich aber noch eine Reihe von Einschränkungen. So erscheint die Bestimmung der Hannoverschen Haftpflichtgenossenschaft der Baugewerksmeister wenig vorteilhaft, nach der sich die Versicherung auf die Beschädigung beweglicher Sachen beschränkt. Eine größere Zahl von Verbänden hat von den Versicherungsgesellschaften die Bestimmung übernommen, daß Beschädigungen von Sachen, die dem Versicherungsnehmer zur Aufbewahrung, Bearbeitung, Reparatur, miet- oder leihweisen Benutzung oder Beförderung übergeben worden sind, sowie Beschädigungen von Waren, die verkauft, aber noch nicht abgeliefert worden sind, nicht unter die Versicherung fallen (vgl. die Haftpflichtversicherungsanstalten der Glas- und Tiefbauberufsgenossenschaft, des Westfälischen Bauernvereins [geplant], Weimarischer Landwirte, Schleswig-Holstein, S.-Altenburg, Sommersdorf und die Haftpflichtversicherungsanstalten der landwirtschaftlichen Berufsgenossenschaften). Der Ausschluß erscheint begründet, da er den Versicherten dazu erzieht mit den ihm anvertrauten Sachen sorgfältig umzugehen. Unter diese Klausel fällt auch die Bestimmung des Haftpflichtvereins Sächsischer Landwirte, nach der der Verein nicht für Abhandenkommen von Sachen, die einen Wert von 300 M. übersteigen, beim Fuhrwerksbetrieb aufkommt. Hier finden wir auch die Freizeichnung von der dem Gastwirt durch § 701 des BGB. auferlegten Pflicht, dem Gast den Schaden zu ersetzen, den dieser durch Verlust oder Beschädigung eingebrachter Sachen erleidet. Die Versicherungsgesellschaften übernehmen dieses Risiko gegen besonderen Zuschlag. Derselbe beträgt bei Betrieben:

a) bis zu 15	Fremdenzimmern	2,50 M.,	für jedes Fremdenzimmer
b) „ „ 60	„	1,80 „	„ „ „
c) mit über 60	„	1,50 „	„ „ „

Aus einem anderen Grunde, um nämlich nicht für in ihrem Umfang unvorhersehbare Sachschäden eintreten zu müssen, werden nach dem Vorbild der Versicherungsgesellschaften ausgeschlossen Brandschäden (z. B. Haftpflichtverband der deutschen Eisen- und Stahlindustrie, der Straßen- und Kleinbahnen [Brandschaden infolge Funkenflugs der Lokomotiven], des Westfälischen Bauernvereins [geplant], des Rheinischen Bauernvereins, Oldenburger Landwirte [Wald- und Flurbrände]), Explosionsschäden (Westfälischer Bauernverein [geplant], Oldenburger Landwirte), Schäden durch Gas-, Heizungs- und Beleuchtungsanlagen und Hauswasserleitungen (Weimarische Landwirte). Bei den landwirtschaftlichen Haftpflichtversicherungsverbänden kommen noch hinzu: Flurschäden (Mecklenburg, Schleswig-Holstein, Weichsel-Nogat), Wildschäden (Westfälische Landwirte [geplant], und die Haftpflichtversicherungsanstalten der landwirtschaftlichen Berufsgenossenschaften) und Viehseuchen (Schleswig-Holstein). Die Haftpflichtgenossenschaft der Ziegeleibesitzer schließt auch die Ersatzansprüche aus mangelhafter Ausführung von Lieferungen und Arbeiten aller Art aus, während nach den Versicherungsbedingungen des Unfallversicherungsverbandes die Versicherung auch solche Unfälle umfaßt, welche durch Mängel der von dem Versicherten während der Versicherungsdauer gelieferten Arbeiten und Waren veranlaßt werden.

Wir sehen also, daß Versicherungsgesellschaften und Haftpflichtversicherungsverbände die mannigfaltigsten Ausschlüsse kennen, die, mögen sie auch noch so berechtigt sein, bis zu einem gewissen Grade den Wert der Haftpflichtversicherung schmälern. Dabei ist festzuhalten, daß die Zahl der Ausschlüsse zunimmt, die neuen Versicherungsbedingungen also mehr aufweisen als die alten. Dies erklärt sich eben dadurch, daß man mit der Zeit nach dieser oder jener Richtung hin unangenehme Erfahrungen macht und sich durch derartige Bestimmungen vor weiteren Verlusten schützen will. Im allgemeinen weisen die landwirtschaftlichen Haftpflichtverbände mehr Ausschlüsse auf als die industriellen; es hängt dies aber auch zum Teil mit dem stärkeren Hineinziehen der Privathaftpflicht in die Versicherung zusammen. Im ganzen genommen, kann man weder den Haftpflichtversicherungsverbänden noch den Versicherungsgesellschaften den Vorrang gewähren. Einzelne Haftpflichtverbände sind gewiß rückständig in dieser ganzen Frage (z. B. die Unfallgenossenschaft der deutschen Tiefbauunternehmer), andere können den Vergleich mit den Versicherungsgesellschaften durchaus aushalten, ja gehen in manchen Punkten über diese hinaus (z. B. Haftpflichtverband der deutschen Eisen- und Stahlindustrie).

Nebst dem Umfang der Haftung kommt für die Beurteilung des Wertes einer Haftpflichtversicherung die Höhe der Ersatzleistung in Betracht, d. h. bis zu welcher Summe der Versicherer für den Versicherten eintritt. Die Haftpflichtversicherung hat ja hier mit ganz anderen Schwierigkeiten zu kämpfen als alle anderen Versicherungszweige. Während z. B. der Feuerversicherer weiß, daß im Einzelfall der Schaden höchstens gleich dem Wert des versicherten Objektes ist, also in seiner Maximalhöhe bekannt ist, ist das bei dem Haftpflichtrisiko nicht der Fall. Es können hier vielmehr Ansprüche in ungeahnter Höhe entstehen, man denke z. B., daß ein Gefährt einen vollbesetzten Luxuszug zum Entgleisen bringt und dadurch eine furchtbare Katastrophe mit vielen Toten und Verwundeten verursacht. In die Millionen könnte hier der Anspruch gehen. Diese Möglichkeit hat denn Veranlassung gegeben, das Haftpflichtrisiko in unbegrenzter

Höhe zu übernehmen. Nachdem einige Versicherungsgesellschaften damit begonnen haben, hat die Konkurrenz die anderen nachfolgen lassen und der Unfallversicherungsverband hat dann allgemein die unbegrenzte Versicherung eingeführt, macht aber für eine Reihe von Betrieben Ausnahmen, nämlich Berg- und Bohrwerke, Elektrizitätswerke, Eiswerke, Baubetriebe, Fahrstuhlverleihinstitute, Tiefbauten, Abbruchbetriebe, Gasfabriken, Haftung der Maschinenfabriken aus Probefahrten der Lokomotiven und der Automobile, Automobilhändler, Gastwirte, Personen der Gesundheitspflege und Gesundheitspolizei, Automobile. In allen diesen Fällen beträgt die Höchstentschädigung 100 000 M. pro Person und 300 000 M. pro Ereignis. Außerdem wird die Versicherung für Sachbeschädigung nicht unbegrenzt gewährt. In der Regel soll die Versicherungssumme 10 000 M. betragen, für Erhöhungen sind sehr starke Zuschläge zu zahlen. Von den Verbänden gewähren nur einige unbegrenzte Entschädigung, nämlich die Haftpflichtversicherungsverbände der Tiefbau- und Glasindustrie, der Stein- und Zuckerindustrie, jedoch in den beiden letzten Fällen Sachschäden nur bis 10 000 M., der Eisen- und Stahlindustrie, jedoch Sachschäden nur bis 50 000 M., Schiffahrtsbetriebe und Bergbau nur 35 000 M. pro Person und 65 000 M. pro Ereignis, S.-Altenburg, Sächsische Landwirte, Mecklenburgische Landwirte, jedoch Jagdhaftpflichtschäden nur bis 15 000 M., und Oldenburger Landwirte; dem Rheinischen Bauernverein ist die unbegrenzte Haftpflichtversicherung nur gestattet, wenn er Rückdeckung findet (vgl. S. 100). Die anderen schränken die Haftung des Verbandes ein, weisen aber im einzelnen große Verschiedenheiten auf. Während z. B. der Haftpflichtverband der Eisenbahnen und Kleinbahnen bis zur Höhe von 200 000 M. haftet, die geplante Haftpflichtversicherungsanstalt der Tiefbauberufsgenossenschaft bis zu 150 000 und bei Sachschäden bis 50 000 M., die Ziegeleiindustrie bis zu 60 000 pro Person und 100 000 M. pro Ereignis, beschränken namentlich die landwirtschaftlichen Haftpflichtversicherungsverbände ihre Haftung auf 60 000 M., zum Teil mit der weiteren Bestimmung, daß dies die Höchstentschädigung für ein Ereignis sei, dagegen für den einer einzelnen Person zugefügten Schaden nicht über 20 000 M. hinaus gehaftet werde (vgl. z. B. Haftpflichtverein des Westfälischen Bauernvereins). Es soll hier nun nicht untersucht werden, inwieweit ein Haftpflichtversicherungsverband in der Lage ist, unbegrenzte Versicherung zu gewähren (vgl. hierzu die Ausführungen in § 17 S. 171 ff.), vielmehr richtet sich an dieser Stelle unsere Betrachtung darauf, ob auch bei Begrenzung der Entschädigungssumme der Verband den Interessen seiner Versicherten gerecht wird. Daß vom Standpunkt des Versicherten eine unbegrenzte Versicherung vorzuziehen ist, liegt auf der Hand. Aber kann ihm nicht auch eine Begrenzung genügen? Ich glaube wohl. Man kann sich zwar, wie bereits ausgeführt, Riesenhaftpflichtschäden konstruieren, sie kommen aber in der Praxis kaum vor. Manes erwähnt als höchste ihm bekannte Entschädigung 64000 M., 72000 M. und 100000 M.[1]). Allerdings erzählt Kohl von zwei Haftpflichtfällen, von denen der eine einen Anspruch von anderthalb Millionen Mark, der andere von 800000 M. gezeitigt habe[2]), womit aber noch nicht gesagt ist, ob diese Summen auch wirklich gezahlt werden. Es ist ja bekannt, daß zunächst seitens der Geschädigten sehr häufig weit übertriebene Forderungen gestellt werden. Aus der bisherigen Geschichte der Verbände, wie auch der der Haftpflichtversicherungsgesellschaften sind derartig hohe Ansprüche bis jetzt nicht bekannt, ein Beweis, wie außerordentlich selten sie sein müssen. Dafür ist weiter ein Beweis, daß die meisten Haftpflichtversicherungsgesellschaften bis in die neueste Zeit nur begrenzte Haftpflichtversicherung gewährten und gerade die Begrenzung 20000 bis 60000 viel beliebt war. Erst unter dem Druck der Konkurrenz ist man weiter gegangen. Auch die Tarifsätze, die für die unbegrenzte Versicherung im allgemeinen nur mäßige Erhöhungen zeigen, beweisen, daß man mit einem sehr seltenen Vorkommen äußerst hoher Ansprüche rechnet. Allerdings ist die Sachlage für industrielle und landwirtschaftliche Haftpflichtversicherung verschieden. In der Industrie darf man schon eher mit hohen Ansprüchen rechnen und kann vielleicht eine Entschädigung von 60000 M. nicht ausreichen, in der Landwirtschaft wird man sie aber wohl als genügend erachten können. Vielleicht wäre hier nur die sich vereinzelt findende Bestimmung, daß pro Person die Haftung auf 20000 M. beschränkt ist, zu beseitigen. Aber mit der im Interesse der Sicherheit gebotenen Beschränkung auf 60000 M. werden die landwirtschaftlichen Haftpflichtversicherungsverbände ihren Zwecken vollauf gerecht. Die sehr originelle Beschränkung des Weichsel-Nogat-Haftpflicht-Schutzverbandes (vgl. S. 110) kann aber nicht als Vorbild empfohlen werden.

---

1) Manes a. a. O. S. 130.

2) Kohl, Selbstgründungen und Syndikatsbildung, insbesondere in der Haftpflichtversicherung. Masius' Rundschau, 1905, S. 71.

Eine weitere, in der Haftpflichtversicherung viel diskutierte Frage ist die der Selbstbeteiligung an dem Schaden. Man sucht durch sie den Versicherten zu größerer Sorgfalt anzuhalten, da ja durch das Bestehen der Haftpflichtversicherung eher das Gegenteil bewirkt wird, auch erwartet man, daß der Versicherte dem Geschädigten gegenüber mehr die Interessen des Versicherers wahren wird, wenn er selbst zu dem Ersatz beizutragen hat. Die Notwendigkeit der Selbstbeteiligung wird von denjenigen, die sie anerkennen, übrigens stärker für die Versicherung der Sachhaftpflicht bejaht. Denn fahrlässige Körperverletzung ist strafbar; schon dieser Umstand wird also den Versicherten zur Sorgfalt anhalten, während auf fahrlässige Sachbeschädigung keine Strafe steht. Die Versicherungsgesellschaften waren in dieser Angelegenheit sich früher nicht einig, namentlich vertrat der Allgemeine Versicherungsverein in Stuttgart den Standpunkt der Selbstbeteiligung. In dem Unfallversicherungsverband hat man sich jetzt so weit geeinigt, daß man für Körperverletzung von einer Selbstbeteiligung absieht, aber für freiwillig gewählte eine reduzierte Prämie gewährt, dagegen für Sachbeschädigung im Prinzip an einer Selbstbeteiligung von 20 % festhält. Es ist jedoch zulässig, für Sachschäden 90 %igen Schadenersatz gegen einen Zuschlag von 30 % und vollen Schadenersatz gegen einen Zuschlag von 60 % zur gesamten Prämie für Sachschäden zu gewähren, wobei die Selbstbeteiligung des Versicherten von 20 M. indessen bestehen bleiben muß. Bei der Automobilhaftpflichtversicherung darf indessen voller Sachschadenersatz nicht gewährt werden. Bei größerer Selbstbeteiligung als 20 M. in jedem Falle wird ein steigender Rabatt gewährt. Die Verbände gehen in dieser Frage nicht einheitlich vor Während ein Teil von jeder Selbstbeteiligung, also auch bei Sachbeschädigung absieht (z. B. Haftpflichtverband der Eisen- und Stahlindustrie und der Glasindustrie, Westfälischer und Rheinischer Bauernverein), bedingen andere für jeden Fall eine Selbstbeteiligung (Hannover und die Haftpflichtversicherungsanstalten der landwirtschaftlichen Berufsgenossenschaften, 10 %, jedoch nicht über 500 M., Oldenburg 10 %, Verein der Privateisenbahnen 1000 M. und 5 % vom Mehrbetrag, Eisenbahnen und Kleinbahnen 750 bis 2000 M., Anstalt der Tiefbauberufsgenossenschaft 10 %, bei Körperverletzung auf 500 M., bei Sachschäden auf 1000 M beschränkt), andere wiederum nur für Sachbeschädigung, z. B. Steinindustrie 25 %, ebenso Ziegeleiindustrie, Zuckerindustrie 300 M. Schleswig-Holstein 10 %. Im Interesse des Versicherten liegt natürlich eine volle Deckung, im Interesse des Versicherers, aber auch zugleich im volkswirtschaftlichen Interesse eine Selbstbeteiligung. Natürlich darf diese nicht unter Umständen so groß werden, daß dadurch der Vorteil der Haftpflichtversicherung gänzlich aufgehoben wird. Es muß also eine Maximalhöhe festgesetzt werden, die wiederum der Leistungsfähigkeit der Versicherten angepaßt sein muß. Ob für einen kleinen Landwirt eine Beteiligung von 500 M. nicht schon zu hoch ist, will ich dabei dahingestellt lassen. Unter diesem Gesichtswinkel erscheint auch die Bestimmung des § 23 des Hauptgesetzes zu den Unfallversicherungsgesetzen nicht für den Versicherten vorteilhaft, daß die Haftpflichtversicherungsanstalten der Berufsgenossenschaften Ansprüche, die auf Grund der Unfallversicherungsgesetze erhoben werden, nur zu zwei Drittel ersetzen dürfen. Das ist auch mit ein Grund dafür gewesen, daß z. B. die Eisen- und Stahlindustrie sich durch Gründung eines selbständigen Haftpflichtversicherungsverbandes geholfen hat. Der Hauptfall ist der Regreß der Berufsgenossenschaft. Ein Blick in die Statistik zeigt, daß es sich hier doch nicht um so ganz geringe Summen handelt. Es mußten nämlich 1905 gezahlt werden für Regreßforderungen der gewerblichen Berufsgenossenschaften 297 431,12 M. und solche der landwirtschaftlichen 136 915,28 M. Mit der Lohnsumme verglichen, macht dies allerdings für die gewerblichen Berufsgenossenschaften nur 0,04 ‰ aus, während die Ausgaben der Berufsgenossenschaften 1905 17,98 ‰ der verdienten Löhne betrugen.

Schließlich ist bei einer Versicherung nicht nur auf die Hauptpunkte zu achten, sondern zur Beurteilung ihres Wertes sind die Versicherungsbedingungen ihrem ganzen Umfang nach einer Prüfung zu unterziehen, insbesondere aber die Verwirkungsklauseln. Man kann aber hier im allgemeinen sagen, daß wie bei den Versicherungsgesellschaften so auch bei den Haftpflichtversicherungsverbänden sich zeigt, wie die Entwickelung nach einer immer größeren Einschränkung der Verwirkungsklauseln drängt, wesentlich beeinflußt durch den 1903 zuerst veröffentlichten Gesetzentwurf über den Versicherungsvertrag. Dessen Grundsätze spiegeln sich nicht nur in den Versicherungsbedingungen des Unfallversicherungsverbandes von 1904 wider, sondern auch in den Versicherungsbedingungen der nach 1903 gegründeten Haftpflichtversicherungsverbände, z. B. dem der Eisen- und Stahl- und der Zuckerindustrie. Besonders gefördert wird diese Entwickelung dadurch, daß die Bedingungen wenigstens der größeren Verbände, die ihren Betrieb über die Grenzen eines Bundesstaats hinaus erstrecken, der Genehmigung des Kaiserlichen Aufsichtsamtes für Privatversicherung unterliegen, das Amt aber möglichst auf Anpassung an die künftigen Gesetzesvorschriften hält und natürlich beide Teile — Gesellschaften und Verbände — in diesem Punkte ziemlich gleich behandelt. Aber auch die nicht dem Aufsichtsamt, sondern dem Reichsversicherungsamte unterstellten Haftpflichtversicherungsanstalten der Berufsgenossenschaften weisen große Aehnlichkeit mit den Bedingungen der anderen Verbände auf, was ja auch damit zusammenhängt, daß ihre Statuten ebenfalls dem Aufsichtsamt zur Begutachtung vorgelegen haben (vergl. S. 30). So nähern sich die Versicherungsbedingungen beider Parteien mehr und mehr, wenn auch im einzelnen Unterschiede bleiben mögen. Dahin gehört z. B. die Bestimmung über künftige Aenderungen und Erweiterung des Betriebes oder Hinzutreten neuer Betriebe. Wo freilich die Versicherungsbedingungen von vorneherein die gesamte Betriebs- und Privathaftpflicht des Versicherten umfassen, wie bei dem Haftpflichtverband der deutschen Eisen- und Stahlindustrie und einem Teile der landwirtschaftlichen Haftpflichtversicherungsverbände, da bedarf es für diesen Fall keiner besonderen Bestimmung. Anders ist es dagegen wo, wie bei einem Teil der Haftpflichtversicherungsverbände und bei den Versicherungsgesellschaften der Versicherung ein engerer Kreis gezogen ist und für eine Erweiterung eine besondere Vereinbarung nötig ist. Hier haben die Versicherungsgesellschaften eine sehr glückliche Einrichtung in Form der sogenannten Vorsorgeversicherung getroffen. Diese besagt: der durch die Police gegebene Versicherungsschutz wird auf alle Haftpflichtgefahren, die für den Versicherungsnehmer zur Zeit seiner Antragstellung noch nicht vorhanden waren, sondern erst nach Stellung des Antrags eintreten, ausgedehnt. Die Gesellschaft ist demgemäß verpflichtet, dem Versicherungsnehmer außer den in der Police näher bezeichneten Entschädigungszahlungen auch alle anderen Entschädigungszahlungen zu ersetzen, welche er wegen der Tötung oder Beschädigung von Menschen auf Grund gesetzlicher Haftpflichtbestimmungen leisten muß, sofern die Gefahr, aus welcher ihm die Haftpflicht erwachsen ist, erst nach Stellung des Versicherungsantrags eingetreten ist. Der Versicherte ist aber verpflichtet, auf Anfrage der Gesellschaft jedes neu hinzugetretene Risiko anzuzeigen und die Prämie für die Zeit vom Eintritt des Risikos an nach zu entrichten. Tut er dies nicht, so gilt die Versicherung als nicht auf dieses Risiko ausgedehnt. Es schafft sich z. B. jemand, der sich lediglich als Privatmann versichert hat, später eine Rad an, dann ist er ohne weiteres als Radfahrer versichert. Wenn jetzt die Gesellschaft anfragt und er zeigt dies Risiko nicht an oder bezahlt nicht die Prämie, so gilt die Versicherung als nicht auf das Radfahrrisiko ausgedehnt. Diese Vorsorgeversicherung wird nicht für Sachbeschädigung gewährt, sie erfaßt ferner nicht die Risiken der Eisenbahnen, Straßenbahnen und Schiffahrt, und das Jagdrisiko nur in der Begrenzung 20000—60000 M. Da die Prämie nachentrichtet wird, fassen die Versicherungsgesellschaften das Risiko der Vorsorgeversicherung als recht geringfügig auf, wie die Prämie zeigt. Diese beträgt nämlich für eine Vorsorgeversicherung in unbegrenzter Höhe nur 2,40 M. Inwieweit es sich für die Verbände empfiehlt, zu einer ähnlichen Einrichtung zu schreiten, wird davon abhängen, ob für ihren speziellen Interessentenkreis ein Bedürfnis hierfür besteht, und wie weit ihnen ihre Einrichtungen überhaupt eine Ausdehnung des Versicherungsschutzes gestatten. Die neueste Einrichtung ist die Haftpflichtvorsorgeversicherung der Viktoria, Ende 1906 eingeführt[1]). Der Grundgedanke ist hier, daß zehn Jahre lang die Versicherung zur gleichen Prämie auch alle Aenderungen mitdeckt. Sie ist an die Stelle der lebenslänglichen Haftpflichtversicherung getreten. Im einzelnen setzen zahlreiche Einschränkungen den Wert dieser Versicherung herab; zudem soll sie sich nur auf die Privathaftpflicht und die Betriebshaftpflicht kleinerer und mittlerer Betriebe ausschließlich der landwirtschaftlichen beziehen.

In der Frage, auf welche Weise Streitigkeiten zwischen den Mitgliedern der Haftpflichtversicherungsverbände und den Verbänden selbst über die Ersatzpflicht ausgetragen werden sollen, finden wir keine einheitlichen Bestimmungen. Während ein Teil gegen den Entscheid des Vorstandes bezw. des Aufsichtsrats oder der Generalversammlung als Beschwerdeinstanz den ordentlichen Rechtsweg freigibt, schließt ihn eine Reihe anderer aus, indem sie den Versicherten auf ein schiedsgerichtliches Verfahren hinweisen, so der Verein der Privateisenbahnen, der Haftpflichtverband der Zuckerindustrie, der Straßen- und Kleinbahnen, der Glasberufsgenossenschaft, des Westfälischen Bauernvereins, und der landwirtschaftlichen Berufsgenossenschaften von Hessen-Nassau, Hessen und Oldenburg. Die Versiche-

1) Vergl. Wallmanns Versicherungszeitschrift, Jahrgang XLI, Bd. 1 S. 455 ff., 485 ff., 505 ff.

rungsgesellschaften schließen alle den ordentlichen Rechtsweg nicht aus. Beide Wege haben ihre Vorzüge und ihre Nachteile, so daß man kaum sagen kann, der eine sei dem anderen vorzuziehen.

§ 16.
Die Kosten der Versicherung und deren Aufbringung.

Ein auf Gegenseitigkeit beruhender Verein hat verschiedene Möglichkeiten, seine Ausgaben, in erster Linie die zu zahlenden Entschädigungen und die Verwaltungskosten, aufzubringen. Es kann dies einmal durch Umlagen geschehen und zwar am Schluß einer bestimmten Periode oder von Fall zu Fall. Oder es wird eine Vorprämie mit durchaus provisorischem Charakter erhoben und die Differenz zwischen Einnahmen und Ausgaben durch eine nachträgliche Umlage gedeckt oder die vorher erhobene Prämie soll in normalen Jahren die Ausgaben decken. Weist ein Jahr dagegen eine ungewöhnlich hohe Schadenziffer auf, so kann die Deckung, insoweit sie nicht aus dem Vermögen des Vereins erfolgt, durch Nachschüsse, also nachträgliche Umlagen bewirkt werden, oder die Ansprüche werden entsprechend den vorhandenen Mitteln gekürzt. Diese beiden letzteren Methoden können auch miteinander kombiniert werden, indem Nachschüsse nur bis zu einem bestimmten Betrag erhoben werden und dann Reduktion der Ansprüche eintritt. Die Haftpflichtversicherungsverbände machen von fast allen diesen Möglichkeiten Gebrauch. Das reine Umlageverfahren hat der Verein der Privateisenbahnen, der Haftpflichtverband der Eisenbahnen und Kleinbahnen und der Zuckerindustrie. Die beiden ersteren erheben die Umlagen von Fall zu Fall, der Haftpflichtverband der Zuckerindustrie nach Schluß des Jahres. Die Höhe der Umlagen ist nicht begrenzt. Eine provisorische Vorprämie (Grundtaxe) erhebt die Haftpflichtversicherungsanstalt des Hannoverschen Provinzialverbandes Die Umlagen sind begrenzt, es tritt dann Reduktion ein. Auch die Haftpflichtversicherungsanstalten der landwirtschaftlichen Berufsgenossenschaften erheben eine Grundtaxe, die event. durch Umlagen, aber in unbegrenzter Höhe, ergänzt wird. S.-Altenburg behandelt Personen- und Sachschäden verschieden. Für die Deckung der ersteren wird ein vorläufiger Beitrag erhoben, während die letzteren am Schluß des Jahres umgelegt werden. Zwischen dieser Form des provisorischen Beitrags (Vorprämie) und der zuletzt erwähnten, nach der die Prämien die Schäden in normalen Jahren decken sollen, ist keine scharfe Grenze zu ziehen. Eine Reihe von

Verbänden, z. B. der Glas- und Steinindustrie, der Oldenburger Landwirte, bezeichnen ihren Beitrag auch als provisorisch, kommen aber in der Regel damit aus, so daß es sich tatsächlich um das letzte System handelt, dem also die große Masse der Verbände anhängt. Auch sind die Nachschüsse teils unbegrenzt (so bei den sämtlichen von den Berufsgenossenschaften auf Grund des § 23 des Hauptgesetzes zu den Unfallversicherungsgesetzen errichteten Haftpflichtversicherungsanstalten, bei dem Haftpflichtverein des Westfälischen und Rheinischen Bauernvereins, Mecklenburger und Weimarischer Landwirte und dem Weichsel-Nogat-Haftpflicht-Schutzverband), teils begrenzt. Dabei finden sich wieder die verschiedensten Abstufungen in der Begrenzung. Die Maximalhöhe wird entweder in Promillesätzen der Jahreslohnsumme festgesetzt (3 oder 5 ‰ z. B. bei den Haftpflichtverbänden der Stein-, Glas-, Ziegeleiindustrie sowie den Tiefbauunternehmern) oder beträgt das Vielfache der Prämie (z. B. das Fünffache bei dem Haftpflichtverband der Eisen- und Stahlindustrie und dem von Schleswig-Holstein, das Zehnfache bei dem der Sächsischen Landwirte und dem Haftpflichtversicherungsverein Sommersdorf). In allen Fällen der Begrenzung der Nachschüsse tritt bei unzureichenden Mitteln Reduktion der Ansprüche ein.

Es läßt sich nicht allgemein entscheiden, welches Mittel das beste ist, sondern es ist hier nach dem konkreten Fall zu urteilen. Wo es sich um seltene, dann aber hohe Schäden handelt, andererseits aber sehr kapitalkräftige Mitglieder vorhanden sind, genügt das einfache, die wenigsten Verwaltungskosten verursachende Umlageverfahren, so bei den Eisenbahnen und der Zuckerindustrie, bei der ja, wie erwähnt, Sachschäden nur ersetzt werden, wenn sie über 300 M. hinausgehen. In allen anderen Fällen wäre aber dieses Verfahren wenig angebracht. Der Versicherte will gerne von vornherein wenigstens ungefähr wissen, was er zu zahlen hat, und die Unternehmung muß Geld zur Zahlung der Entschädigungen haben. Außerdem ist es eine alte Erfahrung, daß der Versicherte viel bereitwilliger zahlt, wenn die Gefahr noch droht, als wenn sie schon vorüber ist. Auch die Konkurrenz mit den festen Prämien der Versicherungsgesellschaften nötigt zu einem System, das einen Vergleich der Beiträge ermöglicht. Ob man nun dem ersten Beitrag einen mehr provisorischen Charakter gibt oder nicht, wird ebenfalls von den Umständen abhängen. Für die landwirtschaftlichen hat es den Vorteil, daß man zunächst dem Landwirt möglichst wenig abfordert, in der Hoffnung, daß bei gutem

Ausgang überhaupt die Umlage gespart werden kann. In der Industrie dagegen scheint man im allgemeinen das andere System zu bevorzugen, jedoch ergeben sich auf beiden Seiten Abweichungen.

Sehr wichtig erscheint die Frage, ob die Mitglieder zu unbegrenzten Nachschüssen heranzuziehen sind oder ob diese Pflicht besser im Interesse des Versicherten eingeschränkt wird. Offenbar kann eine unbegrenzte Nachschußpflicht für die Versicherten eine sehr gefährliche Belastung bedeuten, eine so schwere unter Umständen, daß eine Reihe kleinerer Betriebe unter ihr zusammenbrechen werden. Vorfälle auf dem Gebiet der Lebens- und Unfallversicherung (Prometheus) und der Hagel- und Viehversicherung haben die Bedenklichkeit dieser unbegrenzten Nachschußpflicht dargetan. Die Folge ist daher, daß auch die gegenseitigen Versicherungsgesellschaften z. B. gerade in der Lebensversicherung mehr und mehr dazu übergehen, die Nachschußpflicht zu begrenzen. Andererseits aber bedeutet eine Begrenzung unter Umständen eine Verkürzung der Ansprüche. Dazu liegen hier die Dinge doch anders wie z. B. in der Lebensversicherung. Bei dieser wird es in der Regel nicht viel verschlagen, wenn der Witwe statt der erwarteten 10000 M. nur 9000 M. gezahlt werden. Dagegen kann es für den Haftpflichtversicherten sehr bedenklich sein, wenn er zur Deckung eines gegen ihn erhobenen Anspruches von 10000 M. nur 9000 M. von seinem Verband erhält, also 1000 M. aus seinem eigenen Vermögen zulegen soll.

Mir scheint jedoch, daß man die Frage der Zweckmäßigkeit der begrenzten oder unbegrenzten Nachschußpflicht nicht absolut, sondern nur unter Würdigung der gesamten Einrichtungen und Bedingungen eines Haftpflichtversicherungsverbandes entscheiden kann. Wo die Ersatzpflicht eines Verbandes selbst begrenzt ist, z. B. auf 60000 M., andererseits ein größerer Mitgliederkreis vorhanden ist (wie z. B. bei einer Reihe der landwirtschaftlichen Haftpflichtversicherungsverbände), da kann unbesorgt die unbegrenzte Nachschußpflicht eingeführt werden. Nehmen wir selbst ein Defizit von 100000 M., ein Fall, der bei der starken Begrenzung fast als ausgeschlossen zu betrachten ist, so würde es bei 5000 Mitgliedern nur einen Nachschuß von 20 M., bei 10000 Mitgliedern von 10 M. pro Kopf bedeuten. Das ist aber keine unaufbringbare Last. Dazu kommt, daß das Risiko durch Rückversicherung gemindert sein kann, entweder von Fall zu Fall (z. B. Westfälischer Bauernverein) oder generell (vgl. die Abmachung zwischen den Haftpflichtversicherungsanstalten der Ostpreußischen,

Hessen-Nassauischen und Schlesischen landwirtschaftlichen Berufsgenossenschaft). Aber auch wo keine Begrenzung der Ersatzpflicht vorgesehen ist, kann eine unbeschränkte Nachschußpflicht dann unbedenklich sein, wenn ein leistungsfähiger Rückversicherer hinter dem Verband steht. Von diesem Standpunkt aus wird die geplante Haftpflichtversicherungsanstalt der Glas- und Tiefbauberufsgenossenschaft zu beurteilen sein. Daß sämtliche von den Berufsgenossenschaften errichteten oder geplanten Anstalten die unbegrenzte Nachschußpflicht haben, dürfte wohl kein Zufall sein, sondern wird damit zusammenhängen, daß zwar Rechtsträger der Anstalt die Berufsgenossenschaft ist, ihr Vermögen aber nicht für die Zwecke der Anstalt verwandt werden darf, also in den Fällen, in welchen die Berufsgenossenschaft einzutreten hätte, z. B. bei Anleihen (vgl. S. 29), sie in der Lage ist, sich vollständig an den Mitgliedern der Anstalt zu erholen. Dagegen muß es bedenklich erscheinen, wenn ein kleiner Verband, wie der der deutschen Tiefbauunternehmer, ohne jede Rückdeckung das ganze Risiko trägt und die Mitglieder zu unbegrenzten Nachschüssen verpflichtet sind, selbst in Anbetracht des Umstandes, daß es sich hier wohl durchweg um kapitalkräftige Mitglieder handelt, die schon einen größeren Nachschuß aushalten können. Andererseits aber kann auch eine Begrenzung der Nachschüsse für die Versicherten unbedenklich sein, wenn entweder die Maximalhöhe so groß ist, daß sich sicher eine Deckung erwarten läßt — so hätten z. B. die Nachschüsse bei dem Haftpflichtversicherungsverein sächsischer Landwirte im Jahre 1905 das Zehnfache von 79 668,48 also 796 648,80 M. betragen können, — oder wenn genügende Rückdeckung vorhanden ist. Da z. B. die Haftpflichtversicherungsverbände der Eisen- und Stahl-, Ziegelei-, Glas- und Steinindustrie nur für Schäden bis zu einem bestimmten Betrag (5000, 6000, 10000 M.) aufzukommen haben, der darüber hinausgehende Teil vom Rückversicherer gedeckt wird, so darf doch wohl als sicher angenommen werden, daß auch mit den begrenzten Nachschüssen das dem Verband bleibende Risiko gedeckt werden kann. Freilich ist bei der Steinindustrie zu bemerken, daß die Haftpflicht des Rückversicherers begrenzt ist, auf 30000 bezw. 60000 M.

In der Abstufung der Beiträge haben nur ganz wenige Haftpflichtversicherungsverbände, wie namentlich der des rheinischen Bauernvereins, das durch die Haftpflichtversicherungsgesellschaften gegebene Beispiel einer eingehenden Gefahrenklassifikation nachgeahmt. Die große Mehrzahl begnügt sich mit einem einheitlichen Beitrag wenigstens für Deckung der Betriebshaftpflicht, dessen Höhe von der Gesamtjahreslohnsumme, oder dem geschätzten Jahresarbeitsbedarf, der an die Berufsgenossenschaft zu leistenden Umlage (Schleswig-Holstein) oder der Zahl der versicherten Hektare abhängt. Besondere Bestimmungen haben die Haftpflichtverbände der Eisenbahnen. Wo sich die Höhe der Prämie nach der Jahreslohnsumme bestimmt, tragen einige ebenso wie die Haftpflichtversicherungsgesellschaften dem Umstand Rechnung, daß das Haftpflichtrisiko nicht in gleicher Weise wie die Jahreslohnsummme steigt, sondern weniger stark, so z. B. die Verbände der Stein- und Eisen- und Stahlindustrie. Auch die landwirtschaftlichen Haftpflichtverbände, die nach dem geschätzten Jahresarbeitsverdienst oder der Grundsteuer die Beiträge berechnen, stellen solche Skalen auf. Andere dagegen sehen ganz davon ab, z. B. die Verbände der Glas-, Ziegelei- und Zuckerindustrie und des Hannoverschen Provinzialverbandes. Das erstere System ist das gerechtere, das zweite ist einfacher und belastet außerdem die leistungsfähigeren Mitglieder relativ stärker zu gunsten der weniger kapitalkräftigen. Einige Verbände machen allerdings noch geringe Unterscheidungen, so z. B. die Steinindustrie (drei Gefahrenklassen) ebenso Tiefbauunternehmer, Glasindustrie (zwei Gefahrenklassen), der der Hannoverschen Baugewerksmeister (zwei Gefahrenklassen), Weimarische Landwirte (drei Gefahrenklassen). Für den Einschluß besonderer Gefahren, der Nebenbetriebe, der Privathaftpflicht erheben die meisten Verbände Zuschläge oder eine besondere Prämie. Während der Haftpflichtverband der deutschen Eisen- und Stahlindustrie entsprechend seiner weiten Ausdehnung des Versicherungsschutzes nur für den Einschluß der Automobilhaftpflicht eine besondere Prämie verlangt, der der Zuckerfabriken für Anschlußgeleise, hat die Haftpflichtgenossenschaft der Ziegeleibesitzer einen besonderen Tarif für die Privathaftpflicht (vgl. S. 41). Bei den landwirtschaftlichen Haftpflichtverbänden findet sich namentlich eine besondere Prämie für den Einschluß der Schußwaffenhaftpflicht. Diejenigen, die die Versicherung auch auf nichtlandwirtschaftliche Nebenbetriebe ausdehnen, haben für diesen Zweck besondere Tarife, z. B. der Verband Sächsischer, Mecklenburgischer, Weimarischer Landwirte und der Haftpflichtverband Sommersdorf, der sogar das Eintrittsgeld nach der Gefahr abstuft.

Wir sehen also auch hier kein einheitliches Vorgehen der Verbände, allerdings von wenigen Ausnahmen abgesehen im allgemeinen ein Widerstreben gegen eine ins einzelne gehende Differenzierung, die nur überwunden wird, wo der Versicherungsschutz auf besonderen Wunsch ausgedehnt wird, oder besonders große Gefahren vorhanden sind (Automobile, Schußwaffen), die man nicht den anderen Mitgliedern aufladen will. Ist dies Bestreben gerechtfertigt? Die Verbände sehen in ihm, das ja eng mit der Gestaltung des Versicherungsschutzes zusammenhängt (vgl. S. 136), einen besonderen Vorzug, während von anderer Seite [1]) darauf hingewiesen wird, daß eine Durchschnittsprämie die gefährlichen Risiken anzieht und dadurch die Entwickelung ungünstig beeinflußt. Wird z. B., wie es ja in der Regel geschieht, die Prämie nach Hektaren berechnet ohne Rücksicht auf den vorhandenen Viehbestand, so steht sich ein Landwirt, der mehrere Pferde, Rinder und Hunde besitzt, natürlich bei dem Verband viel besser, als wenn er sich bei einer Haftpflichtversicherungsgesellschaft versichert, die für die Tiere noch besondere Prämien erhebt (vgl. den auf S. 79 abgedruckten Tarif). Nun bilden aber, wie ich an verschiedenen Stellen bereits nachgewiesen habe (vgl. S. 77, 80, 83, 93, 99), die Tiere infolge der strengen Vorschrift des § 833 BGB. eine ganz besondere Haftpflichtgefahr. Treten also vorzugsweise Tierbesitzer dem Verband bei, so wird dieser erheblich stärker belastet, zumal die kleinen Landwirte bei stärkerer Erhöhung der Beiträge dem Verband den Rücken kehren würden. Dasselbe würde dann z. B. bezüglich der Industrie von Fabrikbesitzern mit und ohne Anschlußgeleise gelten. Zeigt aber wirklich die bisherige Entwickelung dieses Resultat? Das muß verneint werden, verneint nach den bisherigen Schadenergebnissen. Im allgemeinen wird man ferner annehmen können, daß die den Haftpflichtverband einer Provinz bildenden Landwirte keine so großen Abweichungen in der Haftpflichtgefahr aufweisen, daß dadurch eine bedenkliche Mischung des Versicherungsbestands eintreten wird (vgl. aber Tab. S. 83). Dasselbe gilt von der Industrie. Man darf hier nicht Erfahrungen der Feuerversicherung, in der die Verhältnisse ganz anders liegen, ohne weiteres auf die Haftpflichtversicherung übertragen. Immerhin jedoch muß die Leitung des Verbandes diese Frage im Auge behalten, also wenn sich gewisse besonders gefährliche Risiken häufen, neue ablehnen, oder eine Prämienerhöhung oder einen Zuschlag für diesen Fall vorsehen. Schon jetzt geben durchweg die Statuten dem Vorstand die Befugnis, Betriebe, die mit einer besonderen Haftpflichtgefahr verbunden sind, höher zu tarifieren. Und in Einzelfällen hat

1) Kohl a. a. O. S. 69.

man deshalb einen besonderen Zuschlag erhoben, wie die Entwickelung in Hannover und Sachsen gezeigt hat. Daß so allmählich ein völliges Übergehen zum reinen Gefahrenklassifikationssystem eintreten wird, ist nicht gesagt, wenn sich auch natürlich eine gewisse Annäherung vollzieht.

Die wichtigste Frage jedoch, die an dieser Stelle zu behandeln ist, ist die, ob es den Verbänden tatsächlich gelingt, die Versicherung zu geringeren Beiträgen zu decken, als die Haftpflichtversicherungsgesellschaften fordern. In den Denkschriften und Prospekten der Haftpflichtversicherungsverbände wird immer die Billigkeit als ein besonderer Vorzug hingestellt [1]). Aber ein Vergleich zwischen beiden Parteien ist sehr schwierig. Denn einmal trägt der Beitrag, der den Verbänden geleistet wird, einen provisorischen Charakter; es ist zu berücksichtigen, daß er in Jahren, die größere Schäden bringen, durch die eingeforderten Nachschüsse sich über die Prämie der Versicherungsgesellschaften erheben kann; als Beispiel weise ich auf das Ergebnis des Jahres 1896 für die Haftpflichtversicherungsanstalt des Hannoverschen Provinzialverbandes hin. Dann ist ferner in der Regel der Versicherungsschutz nicht derselbe, so daß auch aus diesem Grunde ein Vergleich erschwert ist. Auch die verschiedenen Tarifierungssysteme spielen hier mit, wie ich das bereits an dem Beispiel des Landwirtes mit größerer Tierhaltung gezeigt habe. Schließlich aber ist auch der von dem Unfallversicherungsverbande aufgestellte Minimaltarif, dessen Sätze ich überall vergleichsweise aufgeführt habe, nicht durchweg maßgebend. Denn sehr viele Haftpflichtversicherungen werden nicht zu den Prämien des Minimaltarifs, sondern zu niedrigeren abgeschlossen, entweder weil es alte Versicherungen sind, die zu den alten Sätzen prolongiert werden, oder Versicherungen, die auf Grund von Vergünstigungsverträgen abgeschlossen werden, oder solche, bei denen die Konkurrenz der Outsider und namentlich die der Verbände in Frage kommt. Die Verbände selbst weisen in ihren Rundschreiben darauf hin, daß man sie zu unterbieten suche, um, nachdem man sie vernichtet habe, die Prämien wieder zu erhöhen. Mir selbst sind Prämienunterbietungen bekannt geworden, die noch unter die des Haftpflichtverbandes der deutschen Eisen- und Stahlindustrie gingen [2]).

---

1) Vgl. z. B. Vorlage betr. Errichtung einer Haftpflichtversicherungsanstalt der Hessen-Nassauischen landwirtschaftlichen Berufsgenossenschaft. Kassel 1903 S. 20.

2) Über Prämienunterbietungen in der Zeit vor der Kartellierung vgl. Molt, Zur Haftpflichtversicherung, Stuttgart 1900, S. 24.

Ist es auch nicht möglich festzustellen, wie viel Haftpflichtversicherungen zu alten und wie viel zu neuen Prämien abgeschlossen werden, so büßt doch nach dem Vorstehenden der Minimaltarif manches von seiner Bedeutung als allgemeine Tarifierungsgrundlage der deutschen Haftpflichtversicherungsgesellschaften ein. Hält man sich aber an den Tarif und vergleicht dessen Sätze mit denen der Verbände, indem man von der Verschiedenheit des Versicherungsschutzes und dem provisorischen Charakter der Beiträge der Haftpflichtversicherungsverbände absieht, so ergeben sich im allgemeinen günstigere Prämien für die Verbände, wie aus den an den verschiedensten Stellen dieser Abhandlung angestellten Vergleichen (vgl. z. B. S. 36, 46, 59 u. a.) sich ergibt. Und da, soweit es sich feststellen läßt, sehr selten Nachschüsse erhoben worden sind, kann man wohl behaupten, daß die bis jetzt von den Verbänden gewährte Haftpflichtversicherung weniger Prämien verlangt hat, als es eine Versicherung bei den Haftpflichtversicherungsgesellschaften erfordert hätte. Auch wenn man bei der Haftpflichtversicherungsanstalt Hannover nicht nur das Jahr 1906 berücksichtigt, sondern die ganze Zeit, von 1896 bis heute, ergeben sich günstigere Resultate. Daß die Beiträge der Verbände niedriger bemessen sind, mag wohl zunächst, indem wir die Frage nach den Verwaltungskosten und der Verzinsung des Aktienkapitals noch zurückstellen, auf die verschiedene Beurteilung des Haftpflichtrisikos, das dem subjektiven Ermessen so weiten Spielraum läßt, zurückzuführen sein. Der Leiter einer Haftpflichtversicherungsgesellschaft wird leicht geneigt sein, bei Beurteilung des Risikos sich allerlei Haftpflichtmöglichkeiten zu konstruieren, die aber kaum jemals eintreten werden. Er wird also leicht das Risiko überschätzen, namentlich dann, wenn er auf einem bestimmten Gebiet — und die Haftpflichtversicherung erschließt fortgesetzt neue — noch keine größeren Erfahrungen gesammelt hat, während bei den Verbänden eher die Gefahr einer Unterschätzung des Risikos vorzuliegen scheint. Das erstere zeigt deutlich das starke Sinken der Haftpflichtprämien seit den Anfangsjahren bis zum Ende der neunziger Jahre, das nicht nur auf die Konkurrenz zurückzuführen ist [1]), das zeigen aber auch die recht beträchtlichen Überschüsse, die die Gesellschaften bis jetzt erzielt haben. Leider sind in den älteren

1) van der Borght, Zur Entwickelung der Haftpflichtversicherungsprämien, in Heft 7 der Mitteilungen des Deutschen Haftpflicht-Schutzverbandes, Berlin 1897; derselbe in Heft 10 der Mitteilungen S. 22, Berlin 1899. Manes a. a. O. S. 142.

Statistiken die Ergebnisse des Unfall- und des Haftpflichtversicherungsgeschäfts niemals getrennt und auch die neueste amtliche Statistik gestattet nicht ein völliges Auseinanderhalten. Wir können daher nur die Gesamtergebnisse anführen. Nach Ehrenzweigs Assekuranz-Jahrbuch 1907 betrugen die Prämienüberschüsse, d. h. der Überschuß der Prämien für eigene Rechnung über die Schadenzahlungen für eigene Rechnung und die Verwaltungskosten in Prozenten der Nettoprämien:

1888/90	21,8 %
1891/95	19,5 „
1896/99	15,7 „
1900	12,5 „
1901	11,0 „
1902	7,9 „
1903	9,2 „
1904	8,0 „
1905	7,7 „

Die amtliche Statistik von 1905 (Veröffentlichungen des Kaiserlichen Aufsichtsamtes 1906, Heft 3) gibt nur die Möglichkeit, die Prämien aus selbstabgeschlossenen Versicherungen den Zahlungen gegenüberzustellen. Die Prämien betragen, wenn wir die ganzen Rückversicherungsprämien abziehen, 23 284 000 M., denen an Zahlungen 10 288 000 M. gegenüberstehen. Da nun bei dem ganzen Geschäft — Unfall und Haftpflicht — die Verwaltungskosten 43,1 % der Prämien betragen, so würde das für die Haftpflichtversicherung bei Annahme eines gleichen Anteils 10 035 400 M. ausmachen, so daß der Prämienüberschuß beträgt 2 960 600 M. oder 12,7 % der Prämien für eigene Rechnung. Dabei ist allerdings zu berücksichtigen, daß die Verwaltungskosten nur geschätzt und die Prämienüberträge außer acht gelassen worden sind. In Wirklichkeit wird das Ergebnis noch günstiger sein, denn die die Statistik begleitenden Erläuterungen in Ehrenzweigs Assekuranz-Jahrbuch, das durchaus auf seiten der Versicherungsgesellschaften steht, beweisen, wie gewinnbringend das Geschäft im allgemeinen gewesen sein muß. So wird 1902 (S. 189) von dem vorläufig noch lukrativen Geschäftszweig der Haftpflichtversicherung gesprochen, 1903 heißt es (S. 143): In der Haftpflichtversicherung hat es den Anschein, als ob die fetten Jahre für die Gesellschaften unwiderruflich verloren sein sollten. Aber 1905 (S. 182) werden wieder die günstigen Schadenverhältnisse der Haftpflichtversicherung erwähnt, und noch im Jahre 1906 wird behauptet, daß die Prämien bisher reichlich das Risiko gedeckt hätten (S. 164). Und auch noch der im letzten Jahrbuch 1907 enthaltene Rückblick auf das Jahr 1905 spricht von der Haftpflichtversicherung mit ihrem günstigen Schadenverhältnis (S. 159). Außerdem wollen doch die Haftpflichtversicherungsgesellschaften, soweit sie Aktiengesellschaften sind, einen Überschuß erzielen zur Verzinsung ihres Aktienkapitals, müssen also von vornherein etwas höhere Prämien erheben. Die hierauf entfallende Summe läßt sich nicht genau angeben, da zur Aktionärdividende die Ergebnisse des Unfallversicherungsgeschäftes, sonstige Nebenbetriebe und die Zinsen aus den Kapitalanlagen beitragen. Nach einer Zusammenstellung der Statistik des Kaiserl. Aufsichtsamts für 11 vorzugsweise die Unfall- und Haftpflichtversicherung betreibende Aktiengesellschaften fallen von dem Gesamtgewinn von 5 311 984 M. 1 508 147 M. auf die Unfall- und Haftpflichtversicherung. An Aktionärdividende und Tantiemen wurden 3 412 278 M. gezahlt, oder pro rata des Unfall- und Haftpflichtversicherungsgeschäftes 970 087 M., das sind 4,2 % der Bruttoprämieneinnahme.

Aber dieses letztere Moment, nämlich Verzinsung des Aktienkapitals, fällt bei der einzigen, dafür aber auch bei weitem größten gegenseitigen Haftpflichtversicherungsunternehmung, dem Allgemeinen Deutschen Versicherungsverein in Stuttgart, fort. Hier entfielen 1905 auf 11 013 000 M. Prämien der Haftpflichtversicherung 1 823 400 M. an die Versicherten gezahlte Dividenden. Durch die Einteilung in Versicherungsklassen und Gefahrengruppen wird außerdem eine möglichst gerechte Verteilung des Risikos angestrebt (vgl. Molt a. a. O., S. 22 ff.). Aber auch selbst diesem Verein glauben die Verbände überlegen zu sein, weil sie Ersparnisse an Verwaltungskosten haben, auf die der größere gegenseitige Verein verzichten muß. Denn einmal fielen bei ihnen die Agentenprovisionen fort und zweitens bedinge die Anlehnung an große Korporationen (Berufsgenossenschaften, industrielle oder landwirtschaftliche Vereine) eine erhebliche Verringerung der Verwaltungskosten. Ein ganz zuverlässiges und vollständiges Bild der Verwaltungskosten kann leider nicht gegeben werden, aber eine ungefähre Vorstellung von der Sachlage ist die umstehende Tabelle zu erwecken wohl imstande.

Bei den Haftpflichtversicherungsgesellschaften betrugen dagegen 1905 die auf das Unfall- und Haftpflichtversicherungsgeschäft zusammen entfallenden Verwaltungskosten 21 073 000 M. oder 26,3 % der Einnahmen und 34,5 % der Bruttoprämien und, wie erwähnt 43,1 % der Prämien für eigene Rechnung. Diese Kosten sind also

Verwaltungskosten der Haftpflichtversicherungsverbände 1905.

Name	Verwaltungskosten M.	In Prozenten der Einnahme	In Prozenten der Prämien für eigene Rechnung
1) Unfallgenossenschaft der deutschen Steinindustrie	5 323,52	6,7	7,7
2) Unfallgenossenschaft der deutschen Tiefbauunternehmer	1 253,61	5,5	5,9
3) Unfallhaftpflichtgenossenschaft der Ziegeleibesitzer	3 097,94	?	28,9
4) Haftpflichtgenossenschaft der deutschen Glasindustrie	680,78	6,1	9,6
5) Hannoversche Haftpflichtgenossenschaft der Baugewerksmeister	1 400,46	18,9	22,4
6) Haftpflichtverband für die Zuckerfabriken im Deutschen Reich	2 258,11	10,0	15,0 [1]
7) Haftpflichtverband der deutschen Eisen- und Stahlindustrie	23 051,90	22,0	48,7
8) Haftpflichtversicherungsanstalt des Hannoverschen Provinzialverbandes	4 535,85	3,2	5,9
9) Landwirtschaftliche Unfallentschädigungsgenossenschaft S.-Altenburg	2 099,58	38,2	44,9
10) Haftpflichtgenossenschaft Sächsischer Landwirte	16 447,31	13,8	14,7
11) Versicherungsverein gegen Haftpflicht für die Landwirte Westfalens	16 630,44	18,3	?
12) Haftpflichtversicherungsverein Mecklenburgischer Landwirte	8 163,54	27,2	32,4
13) Haftpflichtversicherungsverein des Rheinischen Bauernvereins	41 477,56	29,2	30,7
14) Haftpflichtversicherungsanstalt der Ostpreußischen landwirtschaftlichen Berufsgenossenschaft	1 200,—	23,2	23,6
15) Haftpflichtversicherungsanstalt der Hessen-Nassauischen landwirtschaftlichen Berufsgenossenschaft	1 800,—	10,3	10,4
16) Haftpflichtversicherungsanstalt der Schlesischen landw. Berufsgenossenschaft	1 500,—	30,2	30,2

1) Berechnet von der noch einzuziehenden Umlage.

bedeutend höher als die der meisten Haftpflichtversicherungsverbände. Ferner spricht zu Gunsten der letzteren folgendes. Wenn ein Haftpflichtverband in einem Jahre mit einer sehr geringen Vorprämie auskommt, so muß natürlich der Prozentsatz der Verwaltungskosten bedeutend höher sein, als wenn noch eine größere Nachprämie erhoben worden wäre. Natürlich steht sich der Versicherte im ersteren Falle bedeutend besser. Nun sind aber tatsächlich die hier angeführten Verbände 1905 entweder ohne Nachschuß ausgekommen oder haben nur eine kleine Umlage gehabt (Hannover und S.-Altenburg für 1904). Letzterer Verband kam aber für 1905 mit der sehr geringen Vorprämie aus und brauchte für Deckung der Sachschäden überhaupt keine Umlagen zu erheben. Seine relativ sehr hohen Verwaltungskosten erklären sich durch Prozeßkosten, die eigentlich unter Schadenzahlungen zu zählen sind, und die Kosten, die die Umwandlung der Statuten, also eine einmalige Ursache, veranlaßt hat. Bei den relativ hohen Verwaltungskosten des Haftpflichtvereins Mecklenburgischer Landwirte ist zu berücksichtigen, daß z. T. nur 50 % der Hauptbeiträge zu zahlen (vgl. S. 93), die Beiträge also außerordentlich niedrig waren. Außerdem fallen 3187,67 M. Tantiemen ins Gewicht, während bei den Haftpflichtversicherungsgesellschaften derartige Ausgaben nicht unter Verwaltungskosten gerechnet worden sind. Ferner sind einige Verbände erst in den ersten Entwickelungsstadien, also den Jahren, die erfahrungsgemäß die größten Kosten verursachen (z. B. die 1905 gegründeten Haftpflichtversicherungsanstalten der landwirtschaftlichen Berufsgenossenschaften und der Haftpflichtverband der deutschen Eisen- und Stahlindustrie). Auch infolge Abzugs der Rückversicherungsprämien können die Verwaltungskosten leicht unverhältnismäßig hoch erscheinen. Während die Rückversicherungsgesellschaften den Haftpflichtversicherungsgesellschaften eine Provision auf die Prämie gewähren, also dadurch die Verwaltungskosten gemindert werden, scheint das bei den von den Verbänden abgeschlossenen Rückversicherungen nicht der Fall zu sein, da sie ja auch ihrerseits im allgemeinen keine Provision gewähren. Rechnet man aber die Rückversicherungsprämie hinzu, so ergeben sich zum Teil weit günstigere Resultate. So z. B. für den Haftpflichtverband der Eisen- und Stahlindustrie 28,6 % anstatt 48,7 %, für den der Ziegeleibesitzer 22,3 % statt 28,9 %. Im übrigen weisen die eng an eine Berufsgenossenschaft angelehnten Verbände geringere Kosten auf als z. B. die mehr selbständig organisierten, wie der Haftpflichtverband des Westfälischen und des Rheinischen Bauernvereins. Bei letzterem fallen besonders 12 956,50 M. Provisionen ins Gewicht. Daher darf man wohl unter Berücksichtigung aller angeführten Umstände sagen, daß bei den Haftpflichtversicherungsverbänden sich im allgemeinen die Verwaltungskosten geringer stellen werden wie bei den Versicherungsgesellschaften, wenn auch die Ersparnis in manchen Fällen nicht groß ist und in wenigen sogar die letzteren billiger arbeiten. Die Kosten der Haftpflichtversicherungsgesellschaften sind hoch durch die Agenturprovisionen. Nach der amtlichen Statistik entfallen von den Verwaltungskosten der Unfall-

und Haftpflichtversicherung in Höhe von 21 073 000 M. auf Agenturprovisionen 11 049 000 oder 52,4 % und 22,6 % der Nettoprämien. Vereinzelt zahlen auch die Verbände Agenturprovisionen, wie der Rheinische Bauernverein und der Weichsel-Nogat-Haftpflicht-Schutzverband, sowie die Ostpreußische Berufsgenossenschaft in Gestalt von Vergütungen an die Kontrollbeamten der Landesversicherungsanstalt. Auch werden für die Besorgung des Inkassos Hebegebühren gezahlt, jedoch nicht mehr als 5 % (vgl. den Haftpflichtversicherungsverein Sächsischer Landwirte, Weimarischer Landwirte, des Hannoverschen Provinzialverbands [4 %]; Hessen-Nassau führt unter den Verwaltungskosten 262,12 M. Hebegebühren oder 1,5 % der Beiträge auf). Aber alle diese Ausgaben reichen nicht an die Agenturprovisionen der Gesellschaften heran. Die direkte Verwaltung selbst wird, wenn sie ehren- und nebenamtlich geführt wird, billiger, wenn sie dagegen selbständig ist, wenigstens bei kleineren Verbänden, relativ teurer sein als die der Versicherungsgesellschaften.

Freilich eins darf nicht vergessen werden. Die Haftpflichtversicherungsverbände müssen alle danach trachten, ein Vermögen sich zu schaffen, das das ihnen fehlende Aktienkapital ersetzen soll. Daher überall Bestimmungen über die Ansammlung eines Reservefonds, oft noch eines Betriebsfonds. Nur die beiden Haftpflichtversicherungsverbände der Eisenbahnen sehen davon ab. Diese Beiträge, die zur Bildung eines eigenen Vermögens verwandt werden, belasten natürlich den Versicherten und verteuern die Versicherung. Wo freilich hauptsächlich nur die Gewinnüberweisungen in Frage kommen, wird dadurch kaum eine Verteuerung der Prämie gegenüber den Versicherungsgesellschaften geschaffen, wenigstens den Aktiengesellschaften. Wohl allerdings gegenüber dem Stuttgarter Verein. Doch kann sich unter Umständen diese Verteuerung wieder durch sonstige Ersparnisse ausgleichen. Als Beispiel sei das Geschäftsergebnis der Haftpflichtversicherungsanstalt der Hessen-Nassauischen landwirtschaftlichen Berufsgenossenschaft angeführt. Hier betrugen 1905 die Zuweisungen an Betriebs- und Reservefonds 9695,39 M. oder 53 % der Einnahmen. Freilich fällt davon der Hauptbetrag — 6603,13 M. — auf den Überschuß. Die Versicherung selbst ist aber trotzdem, da nur die Grundtaxe gefordert wurde, sehr billig gewesen. Noch größer ist natürlich die Belastung da, wo unmittelbar die Beiträge so berechnet sind, daß sie zur Bildung des Reservefonds beitragen sollen oder zu diesem Zweck Umlagen erhoben werden.

Dazu kann dann noch die Verzinsung des Gründungsfonds kommen. Beim Haftpflichtverband der Eisen- und Stahlindustrie wurden 1905 für den Reservefonds erhoben 11 548,57 M., außerdem den Gründungsfondszeichnern 5000 M. Zinsen gezahlt, zusammen 16 548,57 M. oder 20,6 % der Bruttoprämien. Freilich handelt es sich bei den 11 548,57 M. um eine einmalige Ausgabe bei Zahlung der ersten Prämie (vgl. S. 60), sie belastet den Versicherten also auch nur einmal. Aber zweierlei ist zu berücksichtigen. Einmal, daß die Versicherten auch bei den Haftpflichtversicherungsgesellschaften durch ihre Prämien zur Bildung von freien Reserven beigetragen haben, die sich Ende 1905 allein bei 12 vorzugsweise die Unfall- und Haftpflichtversicherung betreibenden Gesellschaften auf über 26 Millionen Mark beliefen, daß, wie bei jenen der Gründungsfonds, so hier das bedeutend größere Aktienkapital zu verzinsen ist, und daß, schließlich wenn die nötigen Reserven einmal gebildet sind, diese Verteuerung fortfällt. Freilich zeigt die Zusammenstellung in der Tabelle auf S. 127, 129, daß die meisten Verbände noch weit von diesem Ziel entfernt sind. Es ist natürlich von den dort angegebenen Summen der Gründungsfonds abzuziehen, da er getilgt werden muß, also nicht Vermögen des Verbandes darstellt, wenn er auch selbstredend zu den Sicherheitsfonds gehört.

Ziehen wir den Schluß aus diesen Betrachtungen, so kommen wir zu dem Ergebnis, daß nicht immer und ohne weiteres die Versicherung bei den Haftpflichtversicherungsverbänden wohlfeiler ist als bei den Versicherungsgesellschaften, daß aber doch im allgemeinen sich bei ihnen die Versicherung billiger gestaltet. Freilich steht dem die Möglichkeit immer gegenüber, durch Nachschüsse einmal bedeutend mehr zahlen zu müssen als bei einer Versicherungsgesellschaft. Schließlich aber werden die Gesellschaften ihre etwas teueren Prämien mit dem Hinweis auf die größere Sicherheit, die sie bieten, zu rechtfertigen suchen. Es bedarf daher also auch diese Frage einer eingehenden Untersuchung.

§ 17.

Die Sicherheit.

Für die Beurteilung der Sicherheit einer Versicherungsunternehmung kommen eine Reihe von Umständen in Betracht; so die Zahl der Versicherten, Größe des übernommenen Risikos, Schutz durch Rückversicherung, freies Vermögen. Auch wenn wir nach der

Sicherheit fragen, die die Haftpflichtversicherungsverbände ihren Versicherten für die Erfüllung ihrer Verbindlichkeiten gewähren, sind diese verschiedenen Momente zu beachten.

Im allgemeinen hält man die Sicherheit einer Versicherungsunternehmung mit einer großen Anzahl Versicherter ceteris paribus für größer als einer kleinen Unternehmung, weil im kleinen Kreis die Abweichung der wirklich eintretenden Schäden von den erwarteten leicht sehr groß sein kann, während bei den großen nach dem Gesetz der großen Zahl ein besserer Gefahrenausgleich sich ergibt. Allerdings gilt dieser Grundsatz nicht durchweg. Kleinere Sterbekassen haben z. B. wenig mit dieser Gefahr zu kämpfen, ihre Schwäche liegt meist auf einem anderen Gebiet, nämlich dem der mangelhaften Einrichtung ihrer technischen Grundlagen. Wo dagegen überhaupt die Schadenereignisse innerhalb der einzelnen Beobachtungsperioden große Schwankungen aufweisen, selbst bei einer größeren Zahl beobachteter Objekte, da wird im kleinen Kreis die Gefahr noch bedeutend größer, daß gute Jahre durch sehr böse abgelöst werden können. Zu diesen Gefahren gehört z. B. die Hagelgefahr. Ob auch in der Haftpflichtversicherung mit sehr großen Schwankungen zu rechnen ist, läßt sich genau nur an Hand der Statistik feststellen. Leider ist das Material, das die Verbände bieten, sehr unvollständig. Immerhin gibt es einige Anhaltspunkte. Ich verweise zunächst auf die Tabelle auf S. 76, die die Schadenergebnisse der Haftpflichtversicherungsanstalt des Hannoverschen Provinzialverbandes angibt, ferner auf die Tabelle auf S. 84, die die Schadenergebnisse des Haftpflichtversicherungsvereins Sächsischer Landwirte anzeigt. Außerdem habe ich noch die Ergebnisse folgender Haftpflichtversicherungsvereine ermitteln können.

Schäden des Versicherungsvereins gegen Haftpflicht für Landwirte der Provinz Westfalen.

1896/97	854,00	M.
1898	2 906,00	„
1899	5 757,00	„
1900	13 905,00	„
1901	15 146,00	„
1902	14 861,00	„
1903	16 806,00	„
1904	20 458,00	„
1905	26 450,00	„

Unfallhaftpflichtgenossenschaft der Ziegeleibesitzer.

Jahr	Zahl der Mitglieder	Schäden M.
1899	400	—
1900	430	11,25
1901	440	560,10
1902	472	383,09
1903	469	168,45
1904	521	670,95
1905	634	728,31

Unfallgenossenschaft der deutschen Tiefbauunternehmer.

Jahr	Zahl der Mitglieder	Schäden M.
1899	79	300,—
1900	81	731,75
1901	83	3377,42 [1]
1902	89	1657,10
1903	91	3993,45 [2]
1904	88	8189,15 [3]
1905	96	9125,75 [4]

Unfallgenossenschaft der deutschen Steinindustrie.

Jahr	Zahl der Mitglieder	Schäden M.
1895	477	8 736,02 [5]
1896	489	477,—
1898	495	11 208,25 [6]
1899	495	7 322,19 [7]
1901	479	12 435,73 [8]
1902	466	9 862,27 [9]
1903	476	19 996,26 [10]
1904	466	12 660,90 [11]
1905	475	26 703,91 [12]

1) Darunter 3000 M. zurückgestellt für schwebende Entschädigungsfälle.
2) „ 3413,95 M. „ „ „ „
3) „ 7000,— „ „ „ „ „
4) „ 7000,— „ „ „ „ „
5) Darunter 8 500,— M. zurückgestellt für schwebende Fälle.
6) „ 10 866,63 „ „ „ „ „
7) „ 3 464,30 „ „ „ „ „
8) „ 9 243,82 „ „ „ „ „
9) „ 8 235,35 „ „ „ „ „
10) „ 15 874,27 „ „ „ „ „
11) „ 9 910,08 „ „ „ „ „
12) „ 24 023,91 „ „ „ „ „

Was ist nun das Ergebnis? Wir sehen bei den größeren landwirtschaftlichen Haftpflichtversicherungsverbänden ein mit dem Steigen der Mitgliederzahl im Verhältnis stehendes Anwachsen der Haftpflichtschäden, eine gewisse Regelmäßigkeit, die nur bei der Hannoverschen Anstalt im Jahre 1896 eine allerdings starke Abweichung zeigt:

Schäden	1896	24 151,50 M.
„	1897	904,19 „

Von den industriellen Haftpflichtverbänden hat der der Ziegeleibesitzer eine ziemlich gleichmäßige Entwickelung gehabt, dagegen zeigen sich bei den beiden anderen, den Tiefbauunternehmern und der Steinindustrie, stärkere Schwankungen. Allerdings ist zu berücksichtigen, daß der Hauptteil der Schadenzahlungen auf die Rückstellungen fällt, die nicht immer später zu Zahlungen verwendet werden. Die starke Zunahme der Rückstellungen bei der Steinindustrie nach 1902 hängt anscheinend mit den Vorschriften des Versicherungsaufsichtsgesetzes über die Berechnung der Rentenreserven und den vom Aufsichtsamt erlassenen Vorschriften über die Rechnungslegung der Versicherungsunternehmungen zusammen. Sind nun auch die Abweichungen relativ groß, so ist doch ihre absolute Höhe nicht so groß, daß eine Gefährdung der Sicherheit des Verbandes bis jetzt eingetreten wäre. Immerhin zeigt der Schußwaffenfall Hannover, daß eine, wenn auch geringe, Möglichkeit eines großen Schadens besteht. Je kleiner aber die Zahl der Mitglieder, um so stärker die Belastung des einzelnen. Geht diese Belastung über die finanzielle Kraft des einzelnen hinaus, so wird die Sicherheit des Verbandes erschüttert. Ob aber das einzelne Mitglied die Last tragen kann, also in letzter Linie die Sicherheit eines kleinen Verbandes, hängt von der Kapitalkraft der Mitglieder ab. Wenige, aber sehr kapitalkräftige Mitglieder können eine größere Sicherheit gewähren als die drei- oder fünffache Anzahl finanziell schwacher Versicherter. Deshalb kann ein Verband der Großindustrie ungefährdet viel weniger Mitglieder zählen als ein landwirtschaftlicher Haftpflichtversicherungsverband, namentlich in Gegenden, in denen der kleine und mittlere Besitz überwiegt, wie z. B. im Westen Deutschlands. So ist der Verband der Privateisenbahnen mit seinen 22 Mitgliedern wohl im stande, seinen Verpflichtungen nachzukommen. Man wird ferner eine Belastung bis zu 5 ‰ der Jahreslohnsumme als eine für größere Betriebe ertragbare bezeichnen können. Das würde aber z. B.

bei der deutschen Steinindustrie schon eine Summe von fast 250000 M. ausmachen. Umgekehrt würde ein Verlust von 300000 M. auf die rund 30000 Mitglieder des Hannoverschen Provinzialverbandes verteilt, nur eine Belastung von 10 M. durchschnittlich für die Person bedeuten, die die Landwirte wohl aufbringen können. Dagegen kann natürlich ein großer Schaden die Sicherheit eines kleinen landwirtschaftlichen Verbandes in Frage stellen, wenn nicht anderweitiger Schutz getroffen ist.

Dieser kann bestehen in einer Einschränkung des Risikos, also entweder Beschränkung des Versicherungsschutzes auf bestimmte Gefahren — Ausschluß nicht landwirtschaftlicher Nebenbetriebe, des Automobilfahrens, der Jagdhaftpflicht u. s. w. — dann vor allem durch eine Begrenzung der Ersatzleistung. Wo z. B. nur bis 60000 M. Ersatz geleistet wird, da kann ein einigermaßen großer Verband wohl für die Erfüllung seiner Verbindlichkeiten als sicher gelten. Anders steht es dagegen mit der unbegrenzten Ersatzpflicht. Die Versicherungsgesellschaften haben sie früher zum Teil für sehr bedenklich gehalten, und auch von anderer Seite (Ehrenberg) ist erklärt worden, es sei ein ganz unberechtigtes Ansinnen an die Versicherungsgesellschaften, ein solch grenzenloses, unübersehbares Risiko zu übernehmen und es sei ein durch nichts gerechtfertigter Leichtsinn der Gesellschaft, sich darauf einzulassen. Sie spielten damit in Wahrheit va banque, und was einige Jahre gut gehen und — nur zu reichliche — Prämienüberschüsse abwerfe, könne eines Tages sehr unliebsam endigen[1]). Wenn nun auch sehr große Schäden, wie schon erwähnt, außerordentlich selten sind, so ist doch die Möglichkeit, daß sie eintreten, nicht ausgeschlossen. Ein Verband kann aber durch einen solchen Schaden, wenn ihm nicht andere Hilfsmittel zur Verfügung stehen, in den Konkurs getrieben werden. Freilich bestimmen die Verbände, die die unbegrenzte Haftpflicht übernehmen, daß die Nachschüsse begrenzt sind und nach Aufzehrung der Mittel Reduktion eintritt. Dadurch wird zwar der Konkurs verhindert, aber der Verband selbst nach Erschöpfung aller Mittel und nachdem er ganz außerordentliche Leistungen von seinen Mitgliedern gefordert hat, kaum lebensfähig bleiben. Besitzt also ein Verband nicht außergewöhnlich große Mittel oder ist er durch Rückversicherung hinlänglich geschützt, so erscheint die Übernahme der unbegrenzten Deckung

1) Vgl. Manes, a. a. O. S. 129.

als sehr bedenklich (vgl. die Haftpflichtgenossenschaft der deutschen Tiefbauunternehmer). Es kann vielleicht — wie bis jetzt — gut gehen, es ist sogar wahrscheinlich, daß es gut gehen wird, aber sicher ist es nicht. Eine Versicherungsunternehmung soll aber Sicherheit bieten. Deshalb ist es sehr vernünftig, daß die geplante Neugründung, nämlich die Haftpflichtversicherungsanstalt der Tiefbauberufsgenossenschaft, die Haftung auf 150000 M. begrenzt.

Hohe Nachschüsse sind immer etwas Mißliches. Ihr Eingehen ist nicht sicher, sie veranlassen viele Mitglieder zum Austritt und schrecken andere Versicherungslustige vom Beitritt ab. Deshalb bedürfen die Verbände eines freien Vermögens, das zur Deckung außerordentlich großer Verluste zu verwenden ist. Betrachten wir die letzte Spalte der auf S. 127, 129 angeführten Tabelle, die die Sicherheitsfonds angibt, so sehen wir, in welch verschiedener Weise die Haftpflichtversicherungsverbände vorgegangen sind. Der Verein der Privateisenbahnen hat überhaupt keine Reserven angesammelt und seinem Beispiele will der Versicherungsverband deutscher Eisenbahnen und Kleinbahnen nachfolgen. Bei diesen beiden Einrichtungen, wo eine Umlage von Fall zu Fall auf sehr kapitalkräftige Mitglieder stattfindet, kann auch davon abgesehen werden. Bei den jüngeren Verbänden, die dem Versicherungsaufsichtsgesetz unterworfen sind, ist durch Bereitstellung eines Gründungsfonds, der bei dem Haftpflichtverband der deutschen Eisen- und Stahlindustrie 500000 M., bei dem der Zuckerindustrie 100000 und dem des Rheinischen Bauernvereins 50000 M. beträgt, von vornherein ein größerer Sicherheitsfonds geschaffen worden, der namentlich in den Anfangsjahren notwendig erscheint. Von den anderen Verbänden hat vor allem der Versicherungsverein für die Landwirte der Provinz Westfalen es verstanden, seine Überschüsse zur Ansammlung eines Sicherheitsfonds von nahezu 300000 M. zu verwenden, der in Verbindung mit der Begrenzung des Risikos, der Bürgschaft des Provinzialverbandes und angesichts der großen Mitgliederzahl den Verband als durchaus sicher erscheinen läßt, zumal er ja außerdem noch gefährlichere Risiken durch Rückversicherung zu verringern sucht. Recht ansehnliche Fonds hat auch die Unfallgenossenschaft der Steinindustrie (152065,52 M.), die Haftpflichtgenossenschaft Sächsischer Landwirte (138233,15 M.), diejenige der Mecklenburgischen Landwirte (129296,97 M.) und die Haftpflichtversicherungsanstalt des Hannoverschen Provinzialverbandes (108340,71 M.) angesammelt. Außerdem kommt bei letzterer Anstalt noch die Bürgschaft des Provinzialverbandes in Betracht. Dagegen ist bei den älteren industriellen Haftpflichtgenossenschaften, mit der einen Ausnahme der Steinindustrie, die Bildung eigenen Vermögens erst sehr langsam vorgeschritten. Gegenüber dem großen Risiko, das z. B. die Unfallgenossenschaft der deutschen Tiefbauunternehmer läuft, muß ein Fonds von 44521,41 M. als unzureichend betrachtet werden. Es wäre hier wohl richtiger gewesen, anstatt den Versicherten große Dividenden auf die Prämien zu gewähren (vgl. S. 42), die Überschüsse ausschließlich zur Bildung von Reserven zu benutzen. Auch die landwirtschaftliche Unfallentschädigungsgenossenschaft zu Altenburg hätte im Laufe ihres mehr als zehnjährigen Bestehens ein größeres Vermögen als 26971,68 M. ansammeln müssen.

Am wenigsten befriedigen von diesem Standpunkt aus die neugegründeten Haftpflichtversicherungsanstalten der Ostpreußischen, Hessen-Nassauischen und Schlesischen landwirtschaftlichen Berufsgenossenschaft. Von Hause aus bringen sie gar kein Vermögen mit, sondern müssen sich das erst sehr langsam schaffen. Es steht allerdings hinter ihnen die Berufsgenossenschaft. Aber deren Vermögen darf nicht, wie bereits erwähnt, zu Zwecken der Anstalten verwendet werden, sie kann auch diesen kein Darlehen geben, sondern kann sich nur selbst Geld für die Zwecke der Haftpflichtversicherung leihen. Aber auch das ist ihr, wie schon auf S. 29 hervorgehoben, nicht sehr leicht gemacht. Allerdings wird bei der engen Verbindung der preußischen landwirtschaftlichen Berufsgenossenschaften mit der Provinzialverwaltung und bei dem Vorhandensein zahlreicher landwirtschaftlicher Kreditinstitute das Geld wohl beschafft werden können. Für gewerbliche Berufsgenossenschaften wird es nicht ganz so leicht sein. Wenn man vielleicht darauf hinweisen könnte, daß doch auch für den Haftpflichtverband der deutschen Eisen- und Stahlindustrie 500000 M. gezeichnet worden sind, für deren Rückerstattung nur die Beiträge der Mitglieder in Frage kommen, so liegt doch dieser Fall etwas anders; denn es ist natürlich leichter Geld zur Bildung eines Garantiefonds zusammenzubringen, wenn die Geldgeber hoffen, daß der Fonds nicht angegriffen zu werden braucht, als Deckung zu geben für einen bereits eingetretenen Verlust. Denn hier ist doch die Wiedererstattung viel zweifelhafter. Dazu kommt, daß ein Gründungsfonds nicht voll eingezahlt zu werden braucht — beim Haftpflichtverband der deutschen Eisen- und Stahlindustrie ist nur ein Viertel bar eingezahlt — während natürlich auf eine zur Deckung eines Verlustes erhobene

Anleihe volle Einzahlung zu bewirken ist. Aus diesen Gründen können die Haftpflichtversicherungsanstalten der Berufsgenossenschaften nicht die gleiche Sicherheit bieten, wie die mit einem großen Gründungsfonds ausgestatteten Verbände, die sich nur an die Berufsgenossenschaft anlehnen, Personalunion mit dieser besitzen, aber rechtlich vollständig selbständig und unabhängig sind.

Als letzte Sicherheitsmaßregel bleibt die Rückversicherung. Ihr Zweck ist eine weitere Verteilung des Risikos. Kann eine Versicherungsunternehmung auch Schäden bis zu einer bestimmten Höhe tragen, so versagt sie, wenn ein einziger Schadenfall eine außergewöhnliche Größe hat, wenigstens wird dadurch ihr Geschäftsergebnis mehr oder weniger ungünstig beeinflußt. Deshalb sucht man die Möglichkeit einzelner übermäßig großer Schäden dadurch zu vereiteln, daß man sich bezüglich solcher Objekte mit anderen — den Rückversicherern — in das Risiko teilt. Wenn z. B. eine Feuerversicherungsgesellschaft eine Fabrik mit 600 000 M. versichert, so würde ein großer Fabrikbrand ihr eine im Verhältnis zu den sonstigen Schäden, die sie erleidet, unverhältnismäßig große Ersatzleistung verursachen. Sie wird also eine Vereinbarung mit vielleicht noch fünf anderen Feuerversicherungsgesellschaften treffen, der zufolge diese gegen Abgabe von je ein Sechstel der Prämie die Verpflichtnug übernehmen, von jedem Schaden je ein Sechstel zu bezahlen, so daß der Höchstschaden der ersten Feuerversicherungsgesellschaft höchstens 100 000 M. betragen kann anstatt 600 000 M. ohne Rückversicherung [1]). Da nun auch die Haftpflichtversicherung mit einzelnen sehr großen Schäden rechnen muß, machen auch die Verbände teilweise von der Rückversicherung Gebrauch und zwar in der verschiedensten Form. Es wird entweder von Fall zu Fall Rückversicherung genommen (z. B. Haftpflichtversicherungsverein für die Landwirte der Provinz Westfalen), also in den Fällen, wo nach Ansicht der Leitung eine größere Gefahr vorzuliegen scheint: größere Tierhaltung, größerer Nebenbetrieb u. s. w., oder wo die Haftpflicht in besonders hohem Maße übernommen wird. So beim Haftpflichtverband des Rheinischen Bauernvereins, der unbegrenzte Versicherung nur gewähren darf, wenn er sich rückgedeckt hat. Oder es wird generell Rückversicherung in der Form genommen, daß der Rückversicherer einzutreten hat, wenn der

---

1) Über Rückversicherung siehe Moldenhauer, Das Versicherungswesen, Leipzig 1905, S. 145 ff.

Schaden eine bestimmte Summe übersteigt, z. B. bei der Steinindustrie 10000 M., Glasindustrie 6000 M., Zuckerindustrie 3000 M., Eisen- und Stahlindustrie 5000 M. Etwas ähnliches erreicht auch der von dem Verein der Privateisenbahnen mit dem Stuttgarter Verein abgeschlossene Vertrag, wenn auch in anderer Form (vgl. S. 31). Hier tritt der Stuttgarter Verein für Schäden von 40000 M. bis 150000 M. ein. Schließlich ist noch der von den Haftpflichtversicherungsanstalten der Ostpreußischen, Hessen-Nassauischen und Schlesischen Berufsgenossenschaft abgeschlossene Vertrag zu erwähnen, demzufolge diese Anstalten alle 5000 M. übersteigenden Schäden gemeinsam tragen. Aus den Geschäftsberichten geht hervor, daß auch die Haftpflichtunfallgenossenschaft der Ziegeleiindustrie von der Rückversicherung Gebrauch macht, ebenso die der Weimarischen Landwirte, in welcher Art, ist mir dagegen nicht bekannt geworden. Andere, wie z. B. die Genossenschaft der Tiefbauunternehmer, laufen das ganze Risiko für eigene Rechnung, wieder andere sehen im Statut wenigstens die Möglichkeit einer Rückdeckung vor, z. B. die noch dem Bundesrat zur Genehmigung vorliegenden Statuten der landwirtschaftlichen und gewerblichen Berufsgenossenschaften.

Die Notwendigkeit einer Rückversicherung ist für die Haftpflichtversicherungsverbände verschieden groß. Wo die Versicherung nicht in unbegrenzter Höhe gewährt wird, die Zahl der Versicherten groß und der Sicherheitsfonds nicht zu gering ist, kann sie sogar entbehrt werden, wenn ihre Anwendung auch vorteilhafter erscheint. Wichtiger wird sie, wo zwar begrenzte Versicherung gewährt wird, aber die Zahl der Versicherten gering ist oder nicht genügende Sicherheitsfonds vorhanden sind. Deshalb war der Zusammenschluß der drei landwirtschaftlichen Haftpflichtversicherungsanstalten für diese von großer Bedeutung. Dadurch wird das Risiko auf über 25000 Versicherte verteilt, also das Fehlen eines Sicherheitsfonds in etwa ausgeglichen. Die geplanten landwirtschaftlichen Haftpflichtversicherungsanstalten (Hessen, Oldenburg und Reuß j. L.) werden gut tun, sich diesem Verbande anzuschließen. Wo aber unbegrenzte Versicherung übernommen wird, muß eine Rückversicherung als unbedingt notwendig erachtet werden und zwar eine solche, die den Rückversicherer in weitem Maße verpflichtet, wie z. B. der Rückversicherungsvertrag der Zucker- und anscheinend auch der Eisen- und Stahlindustrie. Auch der seitens des Vereins der Privateisenbahnen mit dem Stuttgarter Verein abgeschlossene Vertrag wird dem Bedürfnis gerecht. Dagegen ist die von der Unfallgenossenschaft der deutschen Steinindustrie genommene Rückdeckung zu eng, da sie den Rückversicherer nur zu einer Höchstleistung von 60000 M. verpflichtet. Hier müßte entweder eine Erweiterung erfolgen oder die Begrenzung der Haftpflicht eingeführt werden. Eine solche auf 300000 M. würde vollauf genügen und eine Summe darstellen, die aufzubringen dem Verband nicht zu schwer fallen dürfte.

Freilich wird es nicht immer leicht sein, Rückversicherung zu erlangen. Wie bereits erwähnt (S. 38), hat es der Unfallversicherungsverband seinen Mitgliedern untersagt, den Haftpflichtversicherungsverbänden Rückversicherung zu gewähren. Deshalb haben der Haftpflichtverband der Eisen- und Stahl- und der Zuckerindustrie in Oesterreich, die übrigen bei Outsidern (Atlas) Rückdeckung genommen. Wie aber, wenn es den Haftpflichtversicherungsgesellschaften gelingen sollte, den Verbänden den ganzen Rückversicherungsmarkt zu sperren? Auf die Entwickelung der landwirtschaftlichen Haftpflichtversicherungsverbände würde es keinen großen Einfluß haben, da sie schon ohnehin nicht in ausgedehntem Maße bei Versicherungsgesellschaften rückversichern und vor allem der von den drei landwirtschaftlichen Berufsgenossenschaften geschlossene Rückversicherungsverband weitere Entwickelungsmöglichkeiten bietet. Etwas anders liegt die Sache für die Industrie. Denn während das landwirtschaftliche Risiko in den einzelnen Provinzen keine sehr großen Unterschiede aufweisen wird, also ein Rückversicherungsverband unschwer zu konstruieren ist, zeigen die einzelnen Industrien einmal eine verschiedene Haftpflichtgefahr, vor allem ist aber der Versicherungsschutz selbst bei den Verbänden sehr verschieden. Auch weichen z. B. die beiden großen Verbände der Zucker- und der Eisen- und Stahlindustrie in der Art der Aufbringung der Mittel sehr voneinander ab. Es fragt sich aber, ob unter dem Zwang der Not es nicht auch hier zur Bildung von Rückversicherungsverbänden kommen würde. Ob daher die Haftpflichtversicherungsgesellschaften gut tun, jede Rückversicherung zu verwehren, erscheint mir zweifelhaft. Soweit ich ermitteln konnte, wurden von den industriellen Haftpflichtversicherungsverbänden 1905 an Rückversicherungsprämien gezahlt:

1) Unfallgenossenschaft der deutschen Steinindustrie	2449,15	M.
2) Unfall-Haftpflichtgenossenschaft der Ziegeleibesitzer	3129,40	„
3) Haftpflichtgenossenschaft der Glasindustrie	2309,31	„
4) Haftpflichtverband der Eisen- und Stahlindustrie	32952,19	„
5) Haftpflichtversicherungsverband der Zuckerindustrie	4336,44	„
zusammen	45176,49	M.

Diese Einnahmen, die zudem eine steigende Tendenz haben, würde man verlieren, ohne sicher zu sein durch eine Beseitigung der Verbände das ganze Geschäft wieder an sich zu reißen. Welche Geschäfte die Rückversicherer bis jetzt mit den Verbänden gemacht haben, kann leider nicht angegeben werden. Es scheint im ganzen, daß sie nicht schlecht davongekommen sind, wie z. B. die Ergebnisse der Verbände der Ziegeleibesitzer und der Glasindustrie ergeben.

Als Schluß dieser Betrachtung haben wir demnach das Ergebnis, daß unter Berücksichtigung aller Faktoren die große Mehrzahl der Haftpflichtversicherungsverbände ihren Versicherten zur Zeit die nötige Sicherheit für die Erfüllung ihrer Verbindlichkeiten gewähren, in einer irgendwie gefährdeten Lage sich aber überhaupt keiner der Verbände befindet.

§ 18.
Schlußergebnisse.

Ziehen wir den Schluß aus unseren vorstehenden Untersuchungen, so ergibt sich, daß die Haftpflichtversicherungsverbände der Industrie und Landwirtschaft bisher im allgemeinen ihren Zwecken gerecht geworden sind, denn sie haben, soweit sich dies feststellen ließ, geringere Prämien gefordert, von einigen Ausnahmen abgesehen, einen ausreichenden Versicherungsschutz gewährt und auch die nötige Sicherheit geboten. Kohl erwähnt zwar, daß eine unter günstigen Auspizien ins Leben getretene Selbstgründung der Haftpflichtbranche vor einigen Jahren durch einen Schaden zur Liquidation ihres Geschäftes genötigt worden sei, bei dem es sich um einen Anspruch von 300 000 M. gehandelt habe [1]). Näheres ist mir leider nicht bekannt geworden. Es ist aber bezeichnend, daß wir nirgends in der Versicherungspresse, soweit sie mir zur Verfügung stand, auf Mitteilungen über zusammengebrochene Haftpflichtversicherungsverbände stoßen. Der Hauptwert der Haftpflichtversicherungsverbände liegt aber darin, daß sie es gewissen Industriegruppen und der Landwirtschaft ermöglichten, die Haftpflichtversicherung auf eigene Rechnung zu übernehmen, so also zu einer weiteren Verschmelzung der Interessen führend. Auf die Zeit des Individualismus, wo jeder auf eigene Faust den Kampf ums Dasein führte und das freie Spiel der Kräfte dem Tüchtigsten den Sieg geben sollte, ist die Zeit des Zusammenschlusses gekommen, wo

1) Kohl, a. a. O. S. 72.

man erkennt, daß in der Vereinigung möglichst vieler Kräfte auf ein Ziel hin mehr Heil liegt als in dem Kampf aller gegen alle. Wir sehen die Industrie sich kartellieren, wir sehen in der Landwirtschaft sich mächtige Verbände entwickeln, die die gemeinsamen Interessen wahrnehmen. Auf dem Wege dieser Entwickelung liegt es, auch die Haftpflichtversicherung in die Tätigkeit der Unternehmerorganisation einzubeziehen, damit durch sie noch fester die einzelnen Glieder zusammengehalten werden. Scharf erkennt das auch das Kaiserliche Aufsichtsamt für Privatversicherung, wenn es in seinem Geschäftsbericht für 1905 betont, daß neben der Hoffnung auf bessere Befriedigung des Versicherungsbedürfnisses es sich vielfach darum handle, schon bestehenden beruflichen Organisationen einen reicheren Inhalt und festeren Zusammenhalt zu gewähren [1]), oder im Geschäftsbericht für 1903 hervorgehoben wird, daß vielfach die Versicherung nicht der Hauptzweck sei, sondern als Klammer dienen solle, welche die sonst nach Stand, Beruf u. s. w. zusammengehörigen Mitglieder fester zusammenhalten soll [2]).

Dürfen wir nun aus der bisherigen Entwickelung einen Schluß für die Zukunft ziehen? Es sind in den vorhergehenden Paragraphen eine Reihe von Ausstellungen an den Einrichtungen der Haftpflichtversicherungsverbände gemacht worden, namentlich bezüglich des Versicherungsschutzes und der Sicherheit. Werden die gerügten Mängel abgestellt, so kann man wohl den Verbänden im allgemeinen eine glückliche Weiterentwickelung voraussagen. Allerdings wird hierbei, wie ja schon angedeutet, die Rückversicherungsfrage wenigstens für die industriellen Haftpflichtversicherungsverbände, eine große Bedeutung haben. Ganz besonders gilt dies für die künftigen Neugründungen. Auch die Entwickelung des Haftpflichtrechts wird auf die Gestaltung der Haftpflichtverbände einigen Einfluß ausüben. Die Einführung der Krankenversicherungspflicht der ländlichen Arbeiter und des ländlichen Gesindes wird den Verbänden, die die aus der Gesindeordnung resultierende Fürsorgepflicht dem Arbeitgeber abnehmen, wie in Westfalen, eine große Erleichterung schaffen, ebenso die namentlich von der Landwirtschaft mit großem Eifer geforderte Einschränkung der Haftung des Tierhalters. Für die industriellen Haftpflichtversicherungsverbände wird die schon bei Gelegenheit der

1) Veröffentl. 1906 S. 56.
2) Veröffentl. 1904 S. 91.

letzten Novellen zu den Unfallversicherungsgesetzen besonders auch von dem deutschen Haftpflicht- und Versicherungsschutzverband geforderte Beseitigung der noch bestehenden Haftpflichtreste (vgl. S. 19) eine Erleichterung bieten. Es kann sich natürlich nur um die Haftpflicht für Betriebsunfälle der im Betriebe beschäftigten Personen handeln, denen aber diejenigen gleichzustellen sind, die auf Grund eines Betriebsunfalles überhaupt Anspruch gegen eine Berufsgenossenschaft haben, sei es gegen dieselbe, der auch der Unternehmer des betreffenden Betriebes angehört — der Monteur einer Maschinenfabrik erleidet bei einer beruflichen Tätigkeit in einer anderen Maschinenfabrik einen Betriebsunfall — oder sei es gegen eine andere — der Monteur wird in einer Brauerei verletzt. Man hat damals der Aufhebung dieser Haftpflichtreste, namentlich des Rückgriffrechtes der Berufsgenossenschaft wegen fahrlässiger Herbeiführung des Unfalls seitens des Unternehmers widerstrebt, weil man fürchtete, dadurch das Interesse an guten Unfallverhütungsmaßregeln zu beeinträchtigen. Bei näherem Zusehen erweist sich dieser Einwand nicht als stichhaltig. Denn einmal ist wohl jeder größere Unternehmer gegen diese Gefahr versichert. Dann aber ist durch die Entwickelung der Haftpflichtversicherungsverbände eine eigenartige Situation geschaffen worden. Sie sind entweder Einrichtungen der Berufsgenossenschaft selbst oder doch meist in Personalunion mit derselben verbunden. Dieselben also, die darüber als Vorstandsmitglieder der Berufsgenossenschaft zu befinden haben, ob Regreß zu nehmen ist, müssen sich als Vorstandsmitglieder des Haftpflichtversicherungsverbandes darüber schlüssig werden, ob hier ein Regreß berechtigt ist. Wird hier nicht die Gefahr vorliegen, daß man, um die schwächere Haftpflichtversicherungsanstalt zu schonen, zu Ungunsten der Berufsgenossenschaft auf den Regreß verzichten wird? Andeutungen wie die des Landeshauptmanns der Provinz Ostpreußen lassen fast darauf schließen. Es heißt da in einem Rundschreiben vom 16. Dezember 1905: „Es ist dem Landeshauptmann begreiflicherweise selbst nicht angenehm, als Vertreter der Berufsgenossenschaft Ersatz zu verlangen und als Vertreter der Haftpflichtversicherungsanstalt den geforderten Ersatz zu bezahlen. Es wird deshalb das Bestreben obwalten, ein derartiges Vorkommnis nach Möglichkeit zu vermeiden." Und weiter heißt es: „Fälle, in denen die Haftpflichtversicherungsanstalt für Ersatzansprüche der Berufsgenossenschaft einzutreten hat, werden um deswillen voraussichtlich nicht vorkommen, weil die Berufsgenossenschaft solche

Ansprüche nicht erheben wird." Wegen dieses möglichen Pflichtenkonfliktes in der Brust des Vorsitzenden der Berufsgenossenschaft hat man überhaupt die auf Grund des § 23 errichteten Anstalten als für die Haftpflichtversicherung ungeeignet erklärt [1]). Man vergißt aber dabei, daß auch für die an die Berufsgenossenschaften angelehnten Haftpflichtversicherungsverbände die Sachlage genau ebenso liegt. Es gibt daher meines Erachtens aus diesem Dilemma nur den Ausweg, daß man endlich die Forderung der Industrie und Landwirtschaft auf Aufhebung der noch für Betriebsunfälle bestehenden Haftpflicht, soweit dem Unternehmer nicht Vorsatz zur Last fällt, bewilligt. Die Belastung für die Berufsgenossenschaft wäre nach den auf S. 151 angeführten Zahlen nur eine ganz minimale [2]). Das Interesse an guten Unfallverhütungsmaßregeln bleibt aber bestehen infolge der strafrechtlichen Verantwortlichkeit und der Möglichkeit, die Gefahrenziffer des Unternehmers zu erhöhen (vgl. § 49 Abs. 5 und § 112 Abs. 1 des GUVG.).

Die beabsichtigte Verschärfung der Automobilhaftpflicht wird dagegen die Haftpflichtversicherungsverbände kaum berühren, da nur wenige von ihnen dieses Risiko überhaupt übernehmen.

Schließlich ist noch auf Grund unserer Untersuchungen eine Frage zu entscheiden: Welche Organisation sollen neu sich bildende Haftpflichtversicherungsverbände wählen? Es kommt nur in Frage die Form des Versicherungsvereins auf Gegenseitigkeit und der Haftpflichtversicherungsanstalt auf Grund des § 23, da die Haftpflichtgenossenschaft aus gesetzlichen Gründen (vgl. S. 26) ausscheidet. Gegen die Anstalten sprechen folgende Momente: Erstens gewähren sie bei den auf Grund der Unfallversicherungsgesetze erhobenen Ansprüchen nur Ersatz in Höhe von zwei Drittel derselben. Zweitens bieten sie eine geringere Sicherheit als die Versicherungsvereine, da diese durch Beschaffung eines genügend großen Gründungsfonds von vornherein über mehr Mittel verfügen. Den Vorteil, den sie in der gleichzeitigen Benutzung der Verwaltung und Einrichtungen der Berufsgenossenschaften besitzen, können sich auch die Versicherungs-

---

1) Vgl. Molt a. a. O. S. 37: Man kann doch wahrlich nicht Strafrichter, Strafvollzieher, Verteidiger, Urteilssprecher, Schadenersatzforderer und Wohltäter, d. h. Versicherer in ein und derselben Person sein.

2) Vgl. namentlich auch die hierüber von van der Borght angestellten Untersuchungen in Heft 6 der Mitteilungen des deutschen Haftpflicht- und Versicherungs-Schutzverbands, Berlin 1897.

vereine dienbar machen, wie das Beispiel des Haftpflichtverbandes der deutschen Eisen- und Stahlindustrie beweist. Nur insofern kann der Anstalt der Vorzug gegeben werden, als die Zugehörigkeit zur Berufsgenossenschaft ein stärkeres Werbemittel sein wird, namentlich in ländlichen Kreisen; auch die Ausnutzung des Beamtenapparates der Provinzialverwaltung wird den Haftpflichtversicherungsanstalten der landwirtschaftlichen Berufsgenossenschaften ganz anders möglich sein als den nur an die Berufsgenossenschaft angelehnten Versicherungsvereinen. Da dies Moment aber für die Industrie wegfällt, ergibt sich wenigstens für diese als geignetere Organisationsform der in engster Verbindung mit der Berufsgenossenschaft stehende Versicherungsverein auf Gegenseitigkeit.

Über die Wirkung der Haftpflichtversicherungsverbände auf die Haftpflichtversicherungsgesellschaften ist bereits an anderer Stelle (S. 131 ff.) eingegangen und nachgewiesen worden, daß eine Verdrängung der letzteren in absehbarer Zeit nicht zu befürchten ist. Das hat gewiß sein Gutes. Denn auch die Haftpflichtversicherungsgesellschaften erfüllen eine bedeutungsvolle volkswirtschaftliche Mission. Ihr riesiges Agentenheer trägt überallhin den Gedanken der Versicherung und erreicht so eine Verbreitung derselben, die den Verbänden allein nie gelingen würde. Sie werden auch in Zukunft die breite Basis des Haftpflichtversicherungswesens bilden. Aber die Konkurrenz wird ihre guten Wirkungen auch weiterhin dahin äußern, daß sie die Haftpflichtversicherungsgesellschaften zwingt, soweit es die Vorschriften eines rationellen Versicherungsbetriebes gestatten, den berechtigten Wünschen der Versicherten gerecht zu werden.

Anhang.

1) Rückversicherungsvertrag zwischen dem Haftpflichtverbande der Vereinszuckerfabriken zu Berlin und der ersten Österreichischen Allgemeinen Unfall-Versicherungsgesellschaft, Direktion für Preußen in Berlin.

§ 1. Die Gesellschaft gewährt dem Haftpflichtverbande für die gemäß seiner Satzung vom 13. September 1904, welche die Grundlage dieses Vertrages bildet, seinen Mitgliedern zu leistenden Entschädigungen Rückversicherung und zwar dergestalt, daß die Gesellschaft dem Haftpflichtverbande in jedem Schadenfalle die von ihm zu leistenden ohne Prozeß- und Verteidigungskosten den Betrag von 3000 M. übersteigenden Entschädigungssummen, sowie die nach dem Verhältnis der von ihr zu zahlenden Entschädigungssumme zu der vom Verbande zu zahlenden Entschädigungssumme zu berechnenden Prozeß- und Verteidigungskosten voll rückvergütet.

Demgemäß ist Gegenstand dieses Vertrages der 3000 M. übersteigende Schadenexzedent, es kann also die Gesellschaft bei Schäden, welche nicht mehr als 3000 M. Entschädigungssumme ohne Prozeß- und Verteidigungskosten erfordern, in keiner Weise, auch nicht an etwa entstandenen Prozeß- und Verteidigungskosten beteiligt werden. Wird der Haftpflichtverband zur Zahlung von Renten verpflichtet so wird die auf seinen Anteil entfallende, der Priorität von 3000 M. entsprechende Rente nach Maßgabe der zu diesem Vertrage angefügten Rententabelle berechnet und an der von der Gesellschaft zu leistenden Entschädigung gekürzt.

§ 2. Der Haftpflichtverband verpflichtet sich, seinen Mitgliedern lediglich nach Maßgabe der Satzung Haftpflichtversicherung zu gewähren. Besondere Vereinbarungen, welche von dieser Satzung abweichen, oder eine Änderung des Umfanges der Versicherung dürfen ohne Genehmigung der Gesellschaft weder im allgemeinen noch einzelnen Mitgliedern gegenüber vorgenommen werden. Die Vereinbarung zwischen dem Versicherten und dem Verbandsvorstande, durch welche der Begriff des Fabrikgrundstücks festgelegt wird (vgl. Tarif letzter Absatz) gilt nicht als eine besondere Vereinbarung im Sinne dieses Paragraphen.

§ 3. Ist ein Schadensfall eingetreten, welcher voraussichtlich die Inanspruchnahme der Gesellschaft zur Folge haben wird, so ist der Haftpflichtverband verpflichtet, ersterer von dem betreffenden Schadensfalle ohne Verzug, nachdem er von demselben Kenntnis erlangt hat, Mitteilung zu machen.

Die Anerkennung eines Schadenersatzanspruches, welcher Gegenstand dieses Vertrages ist, ferner die Festsetzung einer Entschädigung für denselben im Vergleichswege oder die Führung eines Prozesses über den qu. Schadenersatzanspruch sind für die Gesellschaft nur dann rechtsverbindlich, wenn deren vorherige Zustimmung dazu eingeholt worden ist, wobei es nach § 1 dieses Vertrages sich von selbst versteht, daß die Gesellschaft an § 23 der Satzung des Verbandes gebunden und besonders auch dem dort in Absatz 2 eingesetzten Schiedsgericht unterworfen ist.

§ 4. Die Zahlung der von der Gesellschaft zu leistenden Entschädigungen erfolgt an den Haftpflichtverband innerhalb 14 Tagen, nachdem die Zahlungsverpflichtnng des Haftpflichtverbandes bezw. der zu leistende Entschädigungsbetrag nach § 2 dieses Vertrages und § 23 der Satzung des Verbandes festgestellt und anerkannt worden ist.

Bei gerichtlichen Urteilen hat sofortige Zahlung bezw. Hinterlegung stattzufinden, falls das betreffende Urteil die sofortige Vollstreckbarkeit ausspricht.

§ 5. Der Haftpflichtverband zahlt der Gesellschaft für die durch diesen Vertrag gewährte Rückversicherung eine Prämie von 30 Pf. für je 1000 M. aller Löhne, welche von den Mitgliedern alljährlich der Berufsgenossenschaft nachgewiesen werden, außerdem 2 M. für jeden vorhandenen Straßenübergang und 1 Pf. pro laufendem Anschlußgleis, soweit das Verbandsmitglied nach dem der Satzung beigefügten Tarif für den Straßenübergang bezw. das Anschlußgleis eine Vorausleistung zu machen hat. Die Gesellschaft ist berechtigt, sich durch Einsichtnahme in die betreffenden Bücher des Haftpflichtverbandes von der Richtigkeit der aufgegebenen Gesamtlohnsumme zu überzeugen.

§ 6. Die Zahlung der Rückversicherungsprämie erfolgt pränumerando spätestens bis zum 1. März (mit Ausnahme des Jahres 1905, in welchem die Zahlung der Rückversicherungsprämie bis spätestens zum 1. Juni zu erfolgen hat) nach Maßgabe der für das abgelaufene Vertragsjahr beim Haftpflichtverband angemeldeten Gesamtlöhne der Mitglieder der nach § 5 zu berücksichtigenden Straßenübergänge und der Länge des nach § 5 zu berücksichtigenden Anschlußgeleises und zwar zu Händen der Direktion für Preußen. Für die im Laufe eines Vertragsjahres successive eintretenden Mitglieder erfolgt die Prämienverrechnung am Schlusse des betreffenden Quartals. Die Gesellschaft haftet bei den successive eintretenden Mitgliedern trotz der späteren Prämienverrechnung bereits vom Tage des Beitritts an.

§ 7. Vorstehender Vertrag ist auf die Dauer von 10 Jahren und zwar vom 1. April 1905 bis 31. Dezember 1914 abgeschlossen und prolongiert sich stillschweigend jedesmal auf die gleiche Zeitdauer, sofern er nicht von einem der Kontrahenten spätestens 3 Monate vor Ablauf mittels eingeschriebenen Briefes gekündigt wird.

§ 8. Im Falle der Haftpflichtverband in Liquidation tritt, erlischt der Vertrag mit dem Tage des betreffenden Beschlusses und hat die Gesellschaft von diesem Tage ab von dem Haftpflichtverbande weder Prämien zu fordern, noch für die von diesem Zeitpunkte ab eintretenden Schadenfälle an ihn Ersatz zu leisten. Die über den Tag der beschlossenen Liquidation hinaus bezahlten Prämien des betreffenden Vertragsjahres hat die Gesellschaft dem Haftpflichtverbande zurückzuzahlen.

§ 9. Bei Streitigkeiten, welche zwischen dem Verbande und der Gesellschaft aus diesem Vertrage entstehen, ist das Gericht der beklagten Partei zuständig.

Dieser Vertrag ist doppelt ausgefertigt, von jedem der Kontrahenten unterschrieben und jedem derselben ein Exemplar behändigt worden.

2) Rückversicherungsvertrag der Ostpreußischen, Schlesischen und Hessen-Nassauischen landwirtschaftlichen Berufsgenossenschaften.

§ 1. Wenn die Haftpflichtversicherungsanstalt einer der vertragschließenden Berufsgenossenschaften in die Lage kommt, für einen einzelnen Schadensfall Aufwendungen machen zu müssen, die zuzüglich der etwa entstehenden Prozeßkosten, jedoch ausschließlich aller sonstigen durch die Schadensfeststellung entstehenden Kosten den Betrag von 5000 M. übersteigen, so werden diese Aufwendungen, soweit sie über den Betrag von 5000 M. hinausgehen, von den Haftpflichtversicherungsanstalten der vertragschließenden Berufsgenossenschaften gemeinsam getragen. Laufende Rentenzahlungen werden mit ihrem Kapitalwert in Ansatz gebracht. Über die Grundsätze, nach denen der Kapitalwert zu berechnen ist, wird besondere Vereinbarung vorbehalten.

Voraussetzung für das gemeinsame Eintreten ist jedoch, daß es sich um einen Schadensfall handelt, für den auch die anderen Haftpflichtversicherungsanstalten nach ihrer Satzung hätten eintreten müssen, wenn einer ihrer Versicherten von diesem Schadensfalle betroffen wäre. Trifft diese Voraussetzung für eine der beteiligten Haftpflichtversicherungsanstalten nicht zu, so nimmt diese auch an den für den fremden Schadensfall zu machenden Aufwendungen nicht teil.

§ 2. Die Verteilung der gemeinsam zu tragenden Aufwendungen erfolgt nach Verhältnis der Summe der Grundsteuern, die auf die bei den einzelnen Haftpflichtversicherungsanstalten am Schlusse des vorhergehenden Jahres versicherten Betriebe entfallen.

Maßgebend für die Höhe der in Rechnung zu ziehenden Grundsteuern ist bei der Schlesischen Haftpflichtversicherungsanstalt diejenige Grundsteuer, nach der die bei der Anstalt versicherten Betriebe von der Schlesischen landwirtschaftlichen Berufsgenossenschaft bei der letzten Umlage zu den Beiträgen herangezogen sind. Die für die Nebenbetriebe und die Löhne der Betriebsbeamten, Facharbeiter ꝛc. fingierte Grundsteuer bleibt dabei außer Betracht.

Für die Ostpreußische und die Hessen-Nassauische Haftpflichtversicherungsanstalt wird die bei der Verteilung zu berücksichtigende Grundsteuer nach einem Durchschnittssatze berechnet, der nach dem Verhältnis ermittelt wird, in dem die Grundsteuer dieser beiden Provinzen zu dem Geldwert der Jahresarbeitsleistung steht, den die betreffende Berufsgenossenschaft bei der letzten Umlage der Verteilung ihrer Beiträge zugrunde gelegt hat. Die bei dieser Berechnung in Rücksicht zu ziehende Grundsteuer ist für Ostpreußen auf 2426311 M. und für Hessen-Nassau auf 2376245 M. anzunehmen. Nach dem so ermittelten Durchschnittssatze wird die Grundsteuer berechnet, die dem Geldwert der Jahresarbeitsleistung entspricht, nach dem die bei den beiden Anstalten versicherten Betriebe bei der letzten Umlage zu den Beiträgen herangezogen sind.

Jede der vertragschließenden Berufsgenossenschaften hat zu Anfang jedes Kalenderjahres den anderen Beteiligten die Zahl der am Schlusse des vorhergehenden Jahres bei ihr versichert gewesenen Betriebsunternehmer und die Summe der auf die Gründstücke entfallenden bezw. für dieselben in Anrechnung zu bringenden Grundsteuer mitzuteilen.

§ 3. Sobald eine der beteiligten Haftpflichtversicherungsanstalten Grund zu der Annahme hat, daß ein entstandener Haftpflichtschaden zuzüglich der etwa entstehenden Prozeßkosten den Betrag von 5000 M. übersteigen könnte, so muß sie unverzüglich den anderen beteiligten Anstalten Anzeige machen. Sie darf diesen Schadensfall ohne Zustimmung der anderen Anstalten weder ganz noch teilweise anerkennen, auch darf sie nur unter Zustimmung der anderen über denselben einen Vergleich abschließen.

§ 4. Entsteht über einen Haftpflichtschaden, an dem die anderen vertragschließenden Anstalten beteiligt sind, ein Rechtsstreit, so ist derselbe von der zunächst beteiligten Anstalt zu führen. Diese Anstalt ist jedoch verpflichtet, die anderen Anstalten über den Fortgang des

Rechtsstreites fortlaufend zu unterrichten; auch muß sie alle Einwendungen geltend machen und Beweisanträge stellen, die von einer der anderen Anstalten für zweckentsprechend erachtet werden.

§ 5. Verstößt eine Haftpflichtversicherungsanstalt in einem Schadensfalle, in dem sie auf den Beistand der anderen beiden Anstalten Anspruch hätte, gegen die Vorschriften der §§ 3 und 4 dieses Vertrages, so kann sie von den anderen Anstalten in diesem Falle keinerlei Leistungen verlangen, es sei denn, daß die Nichtbeachtung der Vorschriften als eine unverschuldete anzusehen ist, in welchem Falle die anderen Haftpflichtversicherungsanstalten insoweit einzutreten haben, als sie bei Beachtung jener Vorschrift hätten eintreten müssen.

§ 6. Die Deckung des gemeinsam zu tragenden Schadens liegt derjenigen Anstalt ob, deren Versicherter von dem Schaden betroffen ist.

Nach erfolgter Deckung werden dieser Anstalt ihre Aufwendungen von den anderen Anstalten in dem vertragsmäßigen Umfange erstattet. An Stelle einer laufenden Rente sind die anderen Anstalten in jedem Falle nur zur anteiligen Zahlung des Kapitalwertes verpflichtet.

§ 7. Streitigkeiten zwischen den beteiligten Berufsgenossenschaften, die sich aus diesem Vertrage ergeben, werden einem aus 3 Personen bestehenden Schiedsgericht unterbreitet. Sämtliche 3 Schiedsrichter werden von dem Präsidenten des Reichs-Versicherungsamtes ernannt, und es wird auch von diesem bestimmt, wer von den 3 Schiedsrichtern den Vorsitz zu führen hat. Die Entscheidung des Schiedsgerichts ist für alle Beteiligten unter Ausschluß des Rechtswegs verbindlich.

§ 8. Dieser Vertrag tritt am 1. Februar 1906 in Kraft. Er kann von jedem der Vertragschließenden mit halbjähriger Frist zum Schlusse eines jeden Rechnungsjahres aufgekündigt werden. Hat jedoch bei einer Haftpflichtversicherungsanstalt ein Schadensfall stattgefunden, für den die anderen Haftpflichtversicherungsanstalten haben eintreten müssen, so ist für diejenige Berufsgenossenschaft, deren Haftpflichtversicherungsanstalt von dem Schadensfalle betroffen ist, die Kündigung zu dem auf den Schadensfall folgenden Kündigungstermin ausgeschlossen; die Kündigung kann vielmehr frühestens erst an dem zweitfolgenden Kündigungstermine ausgesprochen werden.

3) Allgemeine Versicherungsbedingungen des Unfallversicherungsverbandes für die Generalhaftpflichtversicherung industrieller, gewerblicher, landwirtschaftlicher und kaufmännischer Betriebe.

§ 1. Die Gesellschaft ist verpflichtet, dem Versicherungsnehmer, entsprechend der Festsetzung in der Police, entweder in unbegrenzter Höhe oder bis zu den dort genannten Beträgen [1]) diejenigen Entschädigungszahlungen, einschließlich einer etwaigen Buße, zu ersetzen, welche er in seinen in der Police näher bezeichneten Eigenschaften wegen der durch Unfall während der Dauer dieser Versicherung erfolgten Tötung oder Beschädigung von Menschen auf Grund gesetzlicher Haftpflichtbestimmungen zu leisten hat.

Die Versicherung umfaßt die gesetzliche Haftpflicht des Versicherungsnehmers für Unfälle sowohl der in seinem Betriebe angestellten oder beschäftigten Personen, wie auch dritter, dem Betriebe nicht angehöriger Personen.

Die Versicherung wird zugleich, ohne daß es hierzu eines besonderen Vertragsabschlusses bedürfte, auch den Bevollmächtigten, Repräsentanten, Betriebs- oder Arbeitsaufsehern des Versicherungsnehmers gegen die ihnen in dieser Eigenschaft obliegende gesetzliche Haftpflicht gewährt, und es finden die Bestimmungen des Versicherungsvertrages auf die von diesen Personen zu vertretenden Schadenfälle sinngemäße Anwendung.

Eingeschlossen in die Versicherung ist auch die Haftpflicht, welche dem Versicherungsnehmer als Haus- und Grundbesitzer bezw. Mieter obliegt, soweit sich diese Haftpflicht auf die Betriebsstätten bezieht. Die Haftpflicht, welche den Versicherungsnehmer aus Anlaß von Neubauten und Umbauten von Betriebsstätten trifft, ist, sofern die Kosten der Neubauten und Umbauten den Betrag von 1000 M. übersteigen, nur dann in die Versicherung eingeschlossen, wenn dies ausdrücklich vereinbart ist.

Die Versicherung umfaßt auch die gesetzliche Haftpflicht des Ver-

---

1) „In unbegrenzter Höhe" dürfen nicht versichert werden: Unternehmer von Berg- und Bohrwerken, Elektrizitätswerken, Eiswerken (Natureis), Baubetrieben aller Art, Gruben und Gräbereien, Steinbrüchen, Fabriken von explosiblen Stoffen, Gasfabriken, Badeanstalten, Baggereien, Schiffahrtsbetrieben, selbständigen Bahnbetrieben, Betrieben von Fahrstühlen, Gastwirtschaften aller Art, Automobilfahrer, Personen der Gesundheitspflege und der Gesundheitspolizei, Theater, Zirkus und sonstige Schaustellungen.

sicherungsnehmers für solche Unfälle, welche durch Mängel der von ihm während der Versicherungsdauer gelieferten Arbeiten und Waren veranlaßt werden, sofern Ersatzansprüche innerhalb dreier Jahre nach Lieferung gegen den Versicherungsnehmer geltend gemacht werden. Für Haftpflichtschäden dieser Art haftet die Gesellschaft aus dieser Police bis zum Gesamtbetrage von 60 000 M. für ein mehrere Personen betreffendes Ereignis, jedoch nicht über den Betrag von 20 000 M. für jede einzelne beschädigte Person.

Ist mit dem versicherten Betriebe ein Eisenbahn-, Schiffahrts- oder Fuhrwerksbetrieb verbunden oder finden bei demselben Sprengungen statt, so ist die dem Versicherungsnehmer daraus obliegende Haftpflicht in die Versicherung nur dann eingeschlossen, wenn dies unter den „Besonderen Bedingungen" dieser Police ausdrücklich beurkundet ist. — Ist insbesondere mit dem landwirtschaftlichen Betrieb eine Zuckerfabrik, Brennerei, Mälzerei, Ziegelei, Müllerei, Steinbruch, Gräberei, Brauerei verbunden, so ist die dem Versicherungsnehmer daraus obliegende Haftpflicht in die Versicherung nur dann eingeschlossen, wenn dies unter den „Besonderen Bedingungen" dieser Police ausdrücklich beurkundet ist. Dagegen ist der Fuhrwerksbetrieb von Landwirten in diese Versicherung stets eingeschlossen, insoweit es sich nicht um einen gewerbsmäßigen Lohnfuhrwerksbetrieb handelt.

Ausgeschlossen von der Versicherung sind Entschädigungszahlungen für Tötungen oder Beschädigungen, welche der Versicherungsnehmer oder der Versicherte vorsätzlich herbeigeführt hat, für alle im Auslande vorkommenden Schadenfälle, wenn sie nicht als Betriebsunfälle im Sinne des Gewerbe-Unfallversicherungsgesetzes von der Berufsgenossenschaft anerkannt sind oder wenn sie nicht durch besondere Bedingung in diese Versicherung ausdrücklich eingeschlossen sind; ausgeschlossen sind ferner Entschädigungszahlungen an Personen, welche bis zum dritten Grade mit dem Versicherten verwandt oder verschwägert sind. Zahlungen und Unterstützungen gemäß § 12 des Gewerbe-Unfallversicherungsgesetzes, § 50 des Krankenversicherungsgesetzes, § 617 des Bürgerlichen Gesetzbuches, auf Grund von Gesindeordnungen, auf Grund der §§ 27 und 165 des landwirtschaftlichen Unfallversicherungsgesetzes und ähnliche Unterstützungsleistungen fallen nicht unter die Haftpflichtversicherung.

Die Versicherung kann, sofern dies besonders beantragt und in der Police unter den besondern Bedingungen ausdrücklich beurkundet ist, gegen Bezahlung besonderer Prämien erstreckt werden:

1) auf die gesetzliche Haftpflicht für nicht durch Unfall verursachte Erkrankungen,

2) auf alle und jede gesetzliche Haftpflicht wegen Tötung und Beschädigung von Menschen, welcher nach Stellung des Versicherungsantrages der Versicherungsnehmer auch in anderen Eigenschaften, als den in der Police genannten, ausgesetzt werden kann (Vorsorgeversicherung § 5 der allgemeinen Bedingungen),

3) auf diejenige gesetzliche Haftpflicht, welche dem Versicherungsnehmer wegen der durch Unfall erfolgten Beschädigung fremder Sachen — auch fremder Tiere — erwächst (§ 16 der allgemeinen Bedingungen).

§ 2. Die Verpflichtung der Gesellschaft beginnt mit der Einlösung der Police durch Zahlung der Prämie nebst Kosten und bar verauslagtem Stempel, wenn nicht ein späterer Zeitpunkt für den Beginn in der Police selbst bestimmt ist. Die Kosten betragen für eine Police

mit einer Jahresprämie bis zu 5 M.	0,50 M.,
mit einer Jahresprämie über 5 M. bis zu 10 M. . . .	1,— M.,
mit einer Jahresprämie über 10 M. bis zu 100 M. . .	2,— M.,
mit einer Jahresprämie über 100 M.	3,— M.

Die später fällig werdenden Prämien sind mit Beginn eines jeden Versicherungsjahres zuzüglich einer Quittungsgebühr von M. 0,20 zu entrichten. Unterbleibt die Zahlung, so ist der Versicherungsnehmer auf seine Kosten durch eingeschriebenen Brief unter Hinweis auf die vertragsmäßigen Folgen fortdauernden Verzuges zur Einlösung der Prämienquittung aufzufordern. Erfolgt alsdann die Zahlung nicht innerhalb zwei Wochen nach Empfang der Aufforderung, so ruht von da ab auf die Dauer des Verzuges die Entschädigungsverpflichtung der Gesellschaft und tritt erst für später eintretende Schäden wieder in Kraft, nachdem die Prämie nebst Kosten bezahlt ist. Im Falle des Verzuges steht es der Gesellschaft frei, den Vertrag als aufgehoben zu betrachten oder die Prämie gerichtlich einzuziehen.

§ 3. Wird der Prämie eine der Veränderung unterliegende Zahl zugrunde gelegt (Gesamtsumme der Löhne und Gehälter, Areal, Kilometerzahl, Anzahl der Pferde u. s. w.), so findet alljährlich am Schlusse des Versicherungsjahres eine endgültige Verrechnung der Prämie statt. Zu diesem Zwecke ist der Versicherungsnehmer verpflichtet, innerhalb zweier Monate nach Ablauf des Versicherungsjahres der Gesellschaft auf einem von ihr zuzustellenden Formular die hierzu erforderliche Nachweisung zu liefern, wobei er berechtigt ist, hinsichtlich der von ihm gezahlten Löhne und Gehälter die von ihm der Berufsgenossenschaft gemäß § 99 des Gewerbe-Unfallversicherungsgesetzes vom 30. Juni 1900 zuletzt eingereichte Nachweisung zugrunde zu legen. Auf Grund der gelieferten Nachweise wird die endgültige Prämie für das abgelaufene Versicherungsjahr festgestellt.

Der Unterschied zwischen der auf Grund der Nachweisung festgestellten und der in der Police verrechneten Jahresprämie ist von dem Versicherten nachzuzahlen bezw. von der Gesellschaft zurückzuerstatten, wobei — soweit die Prämie nach der Lohnsumme berechnet ist — mindestens eine Prämie für eine Lohnsumme von 10000 M. in Ansatz zu bringen ist.

Unterläßt der Versicherungsnehmer, vorstehende Angaben rechtzeitig zu machen, so ist die Gesellschaft berechtigt, den Betrag der in der Police berechneten Prämie als Prämiennachzahlung für das verflossene Versicherungsjahr zu erheben. Werden die Angaben nachträglich, aber noch im Laufe des begonnenen Versicherungsjahres gemacht, so ist die Gesellschaft verpflichtet, den hiernach etwa zu viel gezahlten Betrag der Prämie zurückzuerstatten.

Der Versicherungsnehmer ist verpflichtet, auf Erfordern der Gesellschaft die von ihm gemachten Angaben über seine Leistungen an Beamte und Arbeiter durch seine Bücher nachzuweisen.

§ 4. Der Versicherungsnehmer ist verpflichtet, gleichzeitig mit den nach § 3 einzureichenden Nachweisen der Gesellschaft auf einem von ihr zuzustellenden Formular über etwaige wesentliche Änderungen in der Beschaffenheit des Risikos Auskunft zu erteilen. Falls die Änderungen eine erhebliche Erweiterung oder Erhöhung des Risikos in sich schließen, erstreckt sich die Versicherung auf das erweiterte oder erhöhte Risiko nicht mehr, wenn nicht innerhalb Monatsfrist nach erstatteter Anzeige eine Vereinbarung über eine entsprechende Erhöhung der Prämie mit dem Versicherungsnehmer zustande gekommen ist. Kommt eine solche Vereinbarung nicht zustande, so steht es beiden Teilen frei, die Versicherung mit einmonatlicher Frist aufzukündigen.

Wenn das versicherte Interesse dauernd in Wegfall kommt, steht es dem Versicherungsnehmer frei, die Versicherung ohne Frist aufzukündigen. Geht das versicherte Unternehmen in seiner Gesamtheit auf andere Personen über, so treten diese ohne weiteres in den Versicherungsvertrag ein, sofern der Versicherungsnehmer nicht von seinem Aufkündigungsrecht Gebrauch macht. Der Gesellschaft ist unverzüglich von dem Übergang des Unternehmens Anzeige zu machen, wonach dieselbe berechtigt ist, innerhalb 14 Tagen nach erhaltener Anzeige den Versicherungsvertrag mit einmonatlicher Frist aufzukündigen.

§ 5. Sofern die Versicherung auf alle und jede gesetzliche Haftpflicht wegen Tötung oder Beschädigung von Menschen, welcher der Versicherungsnehmer nach Stellung des Versicherungsantrages auch in anderen Eigenschaften als den in der Police genannten ausgesetzt werden kann, erstreckt ist (Vorsorgeversicherung), gelten hierfür folgende Bestimmungen:

a) Der durch die Police gegebene Versicherungsschutz wird auf alle Haftpflichtgefahren, die für den Versicherungsnehmer zur Zeit seiner Antragstellung noch nicht vorhanden waren, sondern erst nach Stellung des Antrages eintreten, ausgedehnt. Die Gesellschaft ist demgemäß verpflichtet, dem Versicherungsnehmer außer den in der Police näher bezeichneten Entschädigungszahlungen auch alle anderen Entschädigungszahlungen zu ersetzen, welche er wegen der Tötung oder Beschädigung von Menschen auf Grund gesetzlicher Haftpflichtbestimmungen leisten muß, sofern die Gefahr, aus welcher ihm die Haftpflicht erwachsen ist (das Risiko), erst nach Stellung des Versicherungsantrages eingetreten ist.

b) Diese Vorsorgeversicherung beginnt sofort mit dem Eintritt eines neuen Risikos, ohne daß es einer besondern Anzeige bedarf. Der Versicherungsnehmer ist aber verpflichtet, auf Aufforderung der Gesellschaft, die auch durch einen der Prämienquittung beigedruckten Hinweis erfolgen kann, binnen eines Monats jedes neu eingetretene Risiko anzuzeigen, den Einschluß dieses Risikos in die Versicherung zu beantragen und die entsprechende tarifmäßige Mehrprämie vom Eintritt des Risikos ab binnen 4 Wochen nach dem Empfang der Prämienrechnung zu entrichten.

c) Unterbleibt auf die vorstehend bezeichnete Aufforderung der Gesellschaft die Anzeige eines neuen Risikos, so wird angenommen, daß der Versicherungsnehmer die Versicherung auf dieses Risiko nicht auszudehnen beabsichtigt hat. Die Vorsorgeversicherung bleibt in Wirksamkeit für alle nach Ablauf der unter b) bestimmten Frist eintretenden Haftpflichtgefahren.

d) Die Vorsorgeversicherung wird in derselben Begrenzung gewährt, welche für die Versicherung überhaupt durch die Police festgesetzt ist. Für diejenigen Risiken jedoch, welche in der Anmerkung zu § 1 aufgeführt sind, und für das Risiko als Jäger wird die Haftung der Gesellschaft auf den Gesamtbetrag von 60000 M. für ein mehrere Personen betreffendes Ereignis, jedoch nicht über den Betrag von 20000 M. für jede einzelne beschädigte Person beschränkt.

e) Die Risiken der Eisenbahnen, Straßenbahnen und Schiffahrt werden von dieser Vorsorgeversicherung nicht erfaßt.

f) Ausgeschlossen von dieser Vorsorgeversicherung ist ferner die Haftpflicht wegen Sachbeschädigung, auch wenn dieselbe im übrigen in die Police eingeschlossen ist.

§ 6. Werden gegen den Versicherten Ersatzansprüche erhoben, welche Gegenstand dieser Versicherung bilden, so ist er verpflichtet, der Gesellschaft (Direktion oder Generalagentur) nach erlangter Kenntnis unverzüglich hiervon unter Beifügung aller Briefe, Klageakten und sonstiger Schriftstücke, welche sich auf diese Ansprüche beziehen, mittels eingeschriebenen Briefes Kenntnis zu geben, ihr auch jede verlangte Auskunft zu erteilen, sowie alle ihm später noch zugehenden, diese Angelegenheit betreffenden Schriftstücke unverzüglich zu übersenden.

Dieselbe Verpflichtung liegt dem Versicherten ob, wenn wegen eines Ereignisses, aus welchem gegen ihn ein haftpflichtiger Anspruch hergeleitet werden könnte, ein strafrechtliches Verfahren eingeleitet wird.

§ 7. Dem Versicherten ist es nicht gestattet, irgend welche Ersatzansprüche, die gegen ihn erhoben werden, ohne vorherige Genehmigung der Gesellschaft anzuerkennen oder zu befriedigen oder einen Vergleich über dieselben abzuschließen oder sonstwie die Abwehr dieser Ansprüche zu erschweren.

Entsteht aus einem Schadensfall gegen den Versicherten ein Prozeß, so ist derselbe von der Gesellschaft im Namen des Versicherten zu führen. Der letztere ist verpflichtet, dem ihm von der Gesellschaft zu bezeichnenden Rechtsanwalt Vollmacht zu erteilen und die Führung des Prozesses lediglich der Gesellschaft zu überlassen. Er ist jedoch zu jeder von ihr verlangten Auskunftserteilung sowie zur Beschaffung aller Nachweise, die er liefern kann, verpflichtet.

Die aus der Führung des Prozesses erwachsenden Kosten bestreitet die Gesellschaft, ohne dieselben auf die zu leistende Entschädigung in Anrechnung zu bringen.

§ 8. Wenn der Versicherte infolge veränderter Verhältnisse das Recht erlangt, die Aufhebung oder Verminderung einer zu zahlenden Rente zu fordern, so ist er verpflichtet, dieses Recht auf seinen Namen von der Gesellschaft ausüben zu lassen. Für den Fall, daß dies im Prozeßwege geschehen müßte, gelten hinsichtlich der Prozeßführung die in § 7 enthaltenen Bestimmungen.

§ 9. Sobald die Höhe der Entschädigung festgestellt ist, hat die Zahlung der danach fälligen Beträge unverzüglich, jedenfalls aber spätestens innerhalb 8 Tagen, die Zahlung später fällig werdender Renten an den für dieselben bestimmten Fälligkeitstagen zu erfolgen. Die Zahlungen werden mangels anderer Vereinbarung bei der Hauptkasse der Gesellschaft in . . . . . . geleistet.

Die Gesellschaft ist verpflichtet, den Versicherten gegen eine drohende Zwangsvollstreckung nach erlangter Kenntnis unverzüglich zu schützen. Die Gesellschaft ist ferner verpflichtet, Sicherheiten, zu deren Bestellung der Versicherte verurteilt werden sollte, zu bestellen und eine hypothekarische Eintragung auf Grund einer Verurteilung zu Rentenzahlungen durch Hinterlegung mündelsicherer Wertpapiere abzuwenden.

Soweit in dieser Police die Haftung der Gesellschaft auf einen Höchstbetrag beschränkt ist, gilt diese Beschränkung auch hinsichtlich der Erfüllung der vorstehenden Verpflichtungen.

§ 10. Sofern in dieser Police die Haftung der Gesellschaft auf einen Höchstbetrag beschränkt ist, findet eine Erstattung zu leistender Renten nur insoweit statt, als bei Anrechnung der Renten mit ihrem Kapitalwert dieser Höchstbetrag nicht überstiegen wird. Der Kapitalwert der Renten wird zu diesem Zweck auf Grund der im Kaiserlichen Statistischen Amt aufgestellten Sterblichkeitstafel für die männliche Gesamtbevölkerung des Deutschen Reiches (Novemberheft zur Statistik des Deutschen Reiches, 1887) und eines Zinsfußes von jährlich $3\frac{1}{2}$ % ermittelt.

§ 11. Regreßansprüche des Versicherungsnehmers aus dem stattgehabten Schadensfall gegen dritte Personen gehen bis zur Höhe der von der Gesellschaft gezahlten bezw. zu zahlenden Ersatzleistung auf die Gesellschaft über. Regreßansprüche gegen die eigenen Beamten und Angestellten des Versicherungsnehmers und die zu seiner

Familie oder seinem Hausstande gehörigen Personen jedoch nur dann, wenn der Schadensfall durch eine vorsätzliche Handlung der genannten Personen verursacht ist. Für den Übergang der Ansprüche bedarf es keiner besondern Cession; die Gesellschaft ist jedoch berechtigt, auf ihre Kosten noch eine besondere Cession in der von ihr vorgeschriebenen Form zu fordern.

§ 12. Hat der Versicherungsnehmer im Antrag oder in sonstigen Erklärungen, auf Grund deren die Versicherung abgeschlossen oder abgeändert worden ist, Umstände, welche auf den Entschluß der Gesellschaft, sich überhaupt oder bedungenermaßen auf die Versicherung einzulassen, von Einfluß gewesen sind oder von Einfluß hätten sein können, absichtlich oder fahrlässigerweise unrichtig angegeben oder verschwiegen, so ist die Gesellschaft berechtigt, jede Entschädigung abzulehnen. Das gleiche Recht steht der Gesellschaft zu, 1. wenn der Versicherte die ihm nach § 4 und § 6 obliegenden Pflichten nicht oder nicht rechtzeitig erfüllt hat, sofern er nicht beweist, daß ihm kein Verschulden an der Nichterfüllung zur Last fällt; 2. wenn der Versicherte den Bestimmungen des § 7 zuwidergehandelt hat, es sei denn, daß er durch seine Handlungsweise die Gesellschaft nachweislich nicht benachteiligt hat.

§ 13. Nach jedem Schadensersatzanspruch, welcher entweder von der Gesellschaft anerkannt wird, oder welcher zu einem Prozesse Veranlassung gegeben hat (§ 7, Abs. 2), steht es sowohl ihr als auch dem Versicherungsnehmer frei, den Versicherungsvertrag durch einfache schriftliche Anzeige mit zweiwöchentlicher Frist aufzuheben, und zwar im ersteren Falle innerhalb 4 Wochen nach geleisteter Entschädigung, im zweiten Falle spätestens 4 Wochen nach eingetretener Rechtskraft des Urteils.

§ 14. In allen Fällen vorzeitiger Auflösung dieses Versicherungsvertrages verbleibt die für das laufende Versicherungsjahr gezahlte Prämie der Gesellschaft, unbeschadet der Verpflichtungen des Versicherungsnehmers gemäß § 3, die im Falle der Aufhebung sofort zu erfüllen sind.

War die Prämie für mehrere Jahre vorausgezahlt, so wird die Prämie, welche ohne Vorauszahlung bis zum Aufhebungstermine zu zahlen gewesen wäre, festgestellt und der Mehrbetrag ohne Abzug zurückerstattet.

§ 15. Für alle aus diesem Versicherungsvertrage entstehenden Rechtsstreitigkeiten sind neben den sonstigen gesetzlich zuständigen

Gerichten die Gerichte des Wohnsitzes des Versicherten zuständig, sofern er nicht im Ausland liegt.

§ 16. Sofern diese Versicherung auch auf die gesetzliche Haftpflicht wegen Sachbeschädigung ausgedehnt worden ist, gelten dafür noch folgende besondere Bestimmungen:

a) Beschädigungen von Sachen, die dem Versicherungsnehmer zur Aufbewahrung, Bearbeitung, Reparatur, miet- oder leihweisen Benutzung oder Beförderung übergeben worden sind, sowie Beschädigungen von Waren, die verkauft, aber noch nicht abgeliefert worden sind, fallen nicht unter die Versicherung.

b) Beschädigungen von Sachen durch Explosion oder durch Feuer sowie Flurschäden durch Vieh fallen nur unter die Versicherung, wenn dies besonders beantragt und beurkundet ist;

c) 20% jeden Schadens, mindestens aber 20 M. sind von dem Versicherten für eigene Rechnung zu tragen, gegen welche Verpflichtung er sich nicht durch anderweitige Versicherung decken darf.

§ 17. Der Versicherungsvertrag wird für die in der Police festgesetzte Zeit mit der Maßgabe abgeschlossen, daß derselbe jeweilig auf ein Jahr fortgesetzt wird, sofern nicht ein Monat vor Ablauf desselben mittels eingeschriebenen Briefes von einem der Vertragschließenden eine Kündigung des Vertrages erfolgt ist.

Frommannsche Buchdruckerei (Hermann Pohle) in Jena — 3210

Kolibri 360 GmbH
Ferdinand-Jühlke-Straße 7
99095 Erfurt, Deutschland
produktsicherheit@kolibri360.de